经典名篇

从文本细读到教学解读

走进语文经典名篇

张心科 著

山东教育出版社

·济南·

图书在版编目（CIP）数据

从文本细读到教学解读：走进语文经典名篇／张心科著. --
济南：山东教育出版社，2024. 8. -- ISBN 978-7-5701-3086-3

Ⅰ．G633.302

中国国家版本馆 CIP 数据核字第 2024PC1663 号

责任编辑：周红心
责任校对：刘　园
装帧设计：闫　姝

CONG WENBEN XIDU DAO JIAOXUE JIEDU: ZOUJIN YUWEN JINGDIAN MINGPIAN

从文本细读到教学解读：走进语文经典名篇　　　　张心科　著

主管单位：山东出版传媒股份有限公司
出版发行：山东教育出版社
　　　　　地址：济南市市中区二环南路 2066 号 4 区 1 号　　邮编：250003
　　　　　电话：（0531）82092660　　网址：www.sjs.com.cn
印　　刷：济南鲁艺彩印有限公司
版　　次：2024 年 8 月第 1 版
印　　次：2024 年 8 月第 1 次印刷
开　　本：710 毫米 ×1000 毫米　1/16
印　　张：17
字　　数：260 千
定　　价：68.00 元

（如印装质量有问题，请与印刷厂联系调换）印厂电话：0531-88665353

目　录

上编

解读理论探讨

文本细读及其应用

　　"文本细读"近年来成为语文界的一个热词。一些专家大声疾呼，相关的书籍连续出版，不仅使之成为某些地域语文教育及研究的招牌，更有天下应者云集之势：不仅某些专家的文本细读著作在中学语文教师中几乎人手一册，还有人"旗帜鲜明"地主张要在中学语文课堂上"敲打词语"，甚至一些以小学教科书中课文为细读对象的著作也纷纷出版，就连小学语文教师也开始将课文"讲深讲透""讲新讲奇"了。面对这股热潮，有必要进行冷思考，以利于语文教育及研究健康地发展。

一、文本细读兴盛的原因

　　文本细读盛行，除了与21世纪以来人文思潮高涨、语文教科书中的文学作品增多以及一些从事文学研究的学者介入语文教育有关，可能还与2001年颁布的《全日制义务教育语文课程标准（实验稿）》的两个倾向有关。一是轻视知识。其实，无知即无能。标准提出"语文是实践性很强的课程，应着重培养学生的语文实践能力，而培养这种能力的主要途径也应是语文实践，不宜刻意追求语文知识的系统和完整。语文又是母语教育课程，学习资源和实践机会无处不在，无时不有。因而，应该让学生更多地直接接触语文材料，在大量的语文实践中掌握运用语文的规律"[1]。此处所谓的"语文知识"实际上指的是过去语文教科书和教学中常见的静态的字、词、句、篇、

---

[1] 中华人民共和国教育部制订：《全日制义务教育语文课程标准（实验稿）》，北京师范大学出版社2001年版，第2页。

语法、修辞、逻辑、文学知识等"基础知识"。这些知识即便系统也无大用。然而，动态的识字、写字、阅读、写作、口语的技能性知识（"基本技能"），恰恰是语文学科的本体性知识，不仅有用而且需要这一学科的从业人员去系统地建构。二是抛弃训练。其实，能力的形成和提高离不开训练。取舍的关键要看其是机械的重复训练还是有意义的迁移训练。没有知识可教而且反对训练，加之主张发挥学生的主体性，提倡创造性阅读、多元解读，就导致语文课堂教学的形态是教师围绕一篇篇课文讲深讲透，或者是让学生分小组合作围绕一篇篇课文讨论交流，解读的结果求新求异。其结果是教师讲得十分精彩，学生学得十分高兴，但一问到底教了什么、学了什么，往往教师不知所云，学生一片茫然。正如我在《现代语文课程知识重构的历程》中所说的，对"双基"否定其实就是将两种语文知识驱逐出了语文课程。又因为教科书选文的文学色彩浓厚，且按主题组织单元，结果实际的语文课堂教学在失去"知识"这个抓手之后，其教学内容侧重于欣赏课文的内容，教学方式多转变为小组讨论。[1] 这也是 21 世纪初一些学者提出要"重构语文教学内容""语文知识要除旧纳新"的重要原因。

二、文本细读的基本价值

文本细读在阅读教学及研究中有一定的作用，对此我们不能否认。首先，对于阅读教学来说，文本细读者力纠时弊，主张阅读是依据文本的阅读，避免阅读教学像此前那样误入歧途。新课程改革之初，人文主义高涨，批判性阅读风行，出现了一些脱离文本、大谈思想的无中生有式的创造性阅读，出现了所谓没有"语文味"的语文课。文本细读者主张回归文本，确实对现实的阅读教学起到了纠偏的作用。其次，对于学生来说，因为认知结构不完善，阅读取向存在问题，所以往往"他可能注意到作品的故事而忽略了结构，他可能注意到语言而忽略了意象，他可能注意到语词的本义而忽

---

[1] 张心科：《现代语文课程知识的重构历程》，载《语文建设》2013 年第 2 期。

视了引申义，他可能注意到语言能指和所指的吻合而忽视了能指和所指的背离，他可能注意到表层意义而忽视了深层意义，等等"[1]。这时，教师有必要通过文本细读的指导将学生的理解引向全面、深入。最后，对于教师来说，只有在备课时反复咀嚼、深入研究文本，将文本看得清晰，才能在上课时用浅易、简要的语言将文本的精妙之处揭示出来，即所谓的"深入浅出"；教师只有课前进行细读，才能在上课时对个别或部分学生在研读过程中出现的一些奇怪的想法或不正确的读法给予回答或纠正；教学论文难写难发，文学鉴赏类文章则相对易写易发。不过，事情往往有正确和不当两面性，文本细读不当的一面也是我们要注意的。

三、文本细读存在的问题

我对这种敲打词语式的文本细读从理论的原创性和教学的有效性两方面提出过批评。[2]

（一）理论的原创性问题

一些主张文本细读的学者标榜自己的理论原创，大批特批西方文论的不是。但是大凡对西方文论稍有接触的人就知道，其细读的内容和英伽登文本层次结构理论中所提出的文本五个层次没有多大差别，而细读的方式方法与欧美新批评学派所使用的词语批评模式有着惊人的相似之处。词语批评模式"主要是指 20 世纪 20—50 年代英美'新批评'所代表的注重词语分析的批评模式，其主要代表是英美大学的一批学者或学院批评家。简要说来，词语批评模式体现如下特点：第一，在文学的基本问题上，认为文学不是对社会的再现或情感的表现的产物，而是词语的形式构造；第二，在批评的对象上，认为不是作家或社会状况而是作品本体才是批评的对象；第三，在批评的重心上，致力于分析作品词语中的富有意义的特殊状况，如'朦胧'

---

[1] 王纪人主编：《文艺学与语文教育》，上海教育出版社 1995 年版，第 130 页。
[2] 张心科：《审视文本细读及其教学》，载《语文建设》2014 年第 1 期。

（ambiguity）、'张力'（tension）、'反讽'（irony）、'悖论'（paradox）等；第四，在批评方式上，采用文本'细读'（close reading）法，即异常精细地阅读和分析具体文本词语。这种批评模式的批评程序表现为如下步骤：第一步是寻找在词语和意义上都有深度的文本，第二步是细读词语，第三步是发现其中的特殊语言状况并加以阐释"[1]。目前国内的一些文本细读案例，只是将细读的对象由词语稍微扩大到文本结构等而已，在其他方面与"词语批评"并没有太大的差异。读者只要将国内竭力标榜文本细读的学者的论述与这段引文比较一下即明白其中的奥妙，此处不再其实也不必赘述。

再从我国的阅读及教学理论来看，文本细读也并非新鲜事物。且不说历代的经典注疏之法，就是在语文界也有叶圣陶著 1937 年出版的《文章例话》及其与朱自清合著 1942 年出版的《精读指导举隅》等文本细读的经典著作。目前文本细读论者在提倡比较阅读法时的相关论述和鲁迅在《不应该那么写》中的话语（如主张比较文本的定稿与未定稿）竟然差异不大。其实多年来教科书的编者和一般教师都在提倡并实践着比较阅读法。而其所提倡的还原法，不仅古有知人论世、以意逆志之说及沉潜、涵泳之法，近人陈寅恪更是提出了对作者要"具了解之同情"，俞平伯提出了阅读《红楼梦》要"回到曹雪芹的意思"等有名的主张。可见，当下所谓文本细读论者所谓的"创新"虽不能完全说是食人余唾，但确实只是把别人说过的话综合了一下并作些细化而已。

（二）教学的有效性问题

就目前所实施的这种"文本细读"教学来说，可以用"高耗低效"四字来概括。"高耗低效"主要表现在以下五个方面。

1.**忽视教学对象的特征。**美国学者艾德勒和范多伦在《如何阅读一本书》中将阅读分为由低到高的四个层次：一、基础阅读。通常在小学阶段完成。指直接读出字面意思的阅读，如只要读出一组文字符号表述的是"猫坐

---

[1] 王一川主编：《批评理论与实践教程》，高等教育出版社 2005 年版，第 10—11 页。

在帽子上"即可，并不去关心猫是不是坐在帽子上，或者这句话对于猫、帽子或整个世界有什么意义。二、检视阅读，又称"略读"。因为有一定的时间限制，所以阅读成为搜索关键信息的行为。其目的是从总体上把握一个文本，如文本的主要内容、组织方法等。三、分析阅读。就是"全盘的阅读、完整的阅读"，就是咀嚼与消化式的阅读。四、主题阅读。将同一主题的不同文本放在一起进行比较性阅读。[1]目前学界所称的"文本细读"是指第三、四层次的阅读。学生是具有特定知识能力水平及心理思维特点的个体。教学应根据不同学段的学生的特征选择相应的教学内容和教学方法，否则教学将会低效甚至无效。对于小学生和中学低学段的学生来说，更多的是要训练其基础阅读和检视阅读的能力，而非分析阅读和主题阅读的能力，所以在小学和中学低学段进行文本细读教学就忽视了学生的年龄特征，超越了其接受能力。从已发表的文本细读案例来看，在中学高年段的文本细读教学中所传授的一些新奇的发现、独到的见解，只是一些原来从事文艺理论的专家"个人"的，其实往往也只有他们才能读出这种结果，普通教师是根本读不出的。把学科专家的读解结果灌输给普通学生，学生必然无法理解。

2. **不明阅读教学的任务。**首先，阅读教学不仅要培养学生的精读能力，还要培养学生的略读能力。很显然，目前的文本细读培养的是学生的精读而非略读能力。其次，阅读教学是教师引导、辅助学生理解文本，而不是以教师自己的阅读来代替学生的阅读。目前所谓"文本细读"教学，其实就是学生听教师将文本讲深讲透，或者说学生在"欣赏"老师表达他个人或专家对这个文本的欣赏结果。这与其说是引导学生进入文本以体验、领悟，还不如说是教师以自己的体验、领悟代替学生的体验、领悟。因为如果是让学生体验、领悟，那么一般要设置一些教学环节让学生自己去读解，如让学生展开想象进入文本，通过诵读用声音或通过批注用文字表达自己的体会，而不

---

[1]〔美〕莫提默·J.艾德勒、查尔斯·范多伦著，郝明义、朱衣译：《如何阅读一本书》，商务印书馆2004年版，第16—21页。

是游离在文本之外去理解老师的分析。而且，阅读能力也只有读者自己在阅读实践中才能形成，难以在听老师的讲解中形成。再次，阅读教学的主要任务是教给学生阅读方法，而不是教一篇篇的课文。如果只是带领学生一篇篇地细读课文，那么这种"暗中摸索"的教学和古代的教学（如诵读、串讲《古文观止》一类的读本）有什么本质的区别？现代教学的一个重要表征就是要进行"明里探讨"。就阅读教学来说，就是要探讨某一类文本的文体样式及其阅读技能，而不仅仅是专注某一篇文本的特色。就目前所见的海量的文本细读案例来看，绝大多数是抒写撰者个人的点滴领悟，而没有上升到方法论的层面，没有去总结与这一篇文本相类似的某一类文本的文体样式及其阅读技能，或者说，没有用某一类文本的文体样式及其阅读技能去解读这一篇文本。以小说类文本样式知识的建构为例，其建构应该有四个层次：第一，小说作为文学文本中的一种所具备的与其他类别文学文本共同的特点；第二，小说这一种文体的共同特点；第三，小说这一种文体所包含的不同类别的各自特点（如分成情节小说、人物小说、心灵小说等）；第四，某个作家某部（篇）作品的特色，即在符合前三个方面规范的基础上的创新部分，这一部分显得尤为重要但以前常被忽视。不过，现在的文本细读又走向了反面：多关注单个文本的特殊性而忽视了某类文本的普遍性。最后，如果阅读教学的主要任务是教给学生阅读方法，那么就应该以不同方法的依次呈现而不是用单篇文本的连缀来组织教学内容。按前者组织教学内容，学习之后获得的是显性、系统的阅读技能，有利于学生阅读能力的形成；按后者组织教学内容，学生可能会随机获得一些隐性的、零碎的阅读技能，不利于其阅读能力的形成。

3. **漠视文本的不同功能。**换句话说，不是任何文本都需要细读的。任何一个文本在教科书中都承担着特定的教学功能。夏丏尊、叶圣陶说："文章是多方面的东西，一篇文章可从种种视角来看，也可应用在种种的目标上。例如朱自清的《背影》可以作'随笔'的例，可以作'抒情'的例，可以作'叙述'的例，也可以作'第一人称的立脚点'的例，此外如果和别篇比较对照起来，还可定出各种各样的目标来处置这篇文章。"[1]然而，目前的"文本细读"教学就是教师将一篇文章"应用在种种的目标上"，带领学生"从种种视角来看"。其实一个文本至少有四重教学功能。如果教科书编者要发挥文本的"全息"功能，那么教师自然应该带领学生细读，就像叶圣陶在《朱自清〈背影〉》中那样依次探讨了《背影》中的词语的划分、主要词语的辨明、材料的选择及其表达、全文主旨、对话描写、动作描写、心理描写和词语运用等[2]。目前的文本细读其实就是将任何文本都当成一个"全息"体来对待并试图发挥其"全息"功能。如果要发挥文本的"例子"功能，那么教学时应将其当成学习某项写作技能的范例，如在《国文百八课》中《背影》只是充当学习"抒情方式"知识的一个例证，而在《文心》中《背影》被认为是"描写人物的好例子"。如果要发挥文本的"凭借"功能，则在教学时应着眼于读写技能的训练、能力的培植和习惯的养成，如夏丏尊、叶圣陶在《文章讲话》中分析了《背影》的首句"我与父亲不相见已二年余了，我最不能忘记的是他的背影"的"几种不同的句读法"——在不同位置分别将上半句、下半句断成四种、三种，再与原句比较，辨析其中意味的不同[3]。如果让学生这样来学习《背影》，其实是以此为凭借训练精读的技能。如果要发挥文本的"引子"功能，那么文本就成了课堂上讨论的话题或给材料作文的材料。如将《背影》仅仅作为课堂讨论父子之爱的阅读材料或仅仅作为课外写作以父母师长为题材的作文的话题，则是发挥其引子的功能。[4]文本细读显然忽视了文本自身所具有的多重功能，也漠视了编者所赋予的某重功能，而认为其只有一重功能——"全息"功能。

   4. 混淆文本的体式区分。不是任何文本都适合细读的。文学文本是一

   [1]中央教育科学研究所编：《叶圣陶语文教育论集》（上册），教育科学出版社1980年版，第178页。

   [2]叶圣陶：《文章例话》，辽宁教育出版社2005年版，第1—7页。

   [3]夏丏尊、叶圣陶：《文章讲话》，上海文艺出版社2001年版，第2—4页。

   [4]张心科：《夏丏尊、叶圣陶的语文教科书选文教学功能观评析——兼说"教教材"与"用教材教"》，载《中学语文教学》2008年第5期。

个由不同层次和维面构成的"召唤结构"，其中的语音、语义、句法、结构、意象、意境、情节等存在的未定性和空白点星罗棋布，在文学作品这一类"虚构本文中，这一关联性则被趋向于丰富多彩形态的空白所打破。它开放了不断增加的多种可能性"[1]。文学文本应该也可以供读者细读。然而，记叙类、议论类、说明类和应用类等"解释性本文无论何时都是在阐明一种论点或传播某一信息"[2]，尤其是其中的应用类文本，怎么可能去细读？又能细读出什么丰富的结果？近年来，一些专家甚至主张这类实用性文本也可细读一番，这与在鸡蛋里找骨头、在豆腐里挑筋无异，这种阐释还不能算是"过度阐释"，简直是另一种"无中生有"式的阐释。

5. **虚构特有的阅读方式。**目前文本细读的方式，既非自然阅读，也非教学阅读，甚至不能算学术阅读，而是一种"伪阅读"。首先，这是一种扭曲的阅读方式。如一些教师读出《小狗包弟》中运用了七八种对比手法，读出《别了，不列颠尼亚》中精心设计的几次升旗降旗。一般的读者在正常阅读时是不会这样去寻找文本里的"秘妙"的，其实其所读出的结果根本就不是作者在写作时有意设计的，只不过是文本细读者采用这种扭曲的阅读方式读出的结果，所以这种结果往往会出乎作者的意料。有人称这是一种为了上课时形成美观的板书而进行的"备课阅读方式"，或者是为了使自己写作的文本鉴赏文章显得层次清楚便于发表而进行的"研究阅读方式"。学生要掌握的是正常的阅读方式，而不是教师这种职业性的阅读方式，更何况学生根本就难以掌握这种教师的"专业技能"。其次，这采用的是一种怪异的阅读取向。在有些人看来，既然是细读，那么就要有和别人不一样的读解结果，否则就是"粗疏"地读了，于是求新求怪成为其追求的基本目标。我曾见实习生在试讲时用细读法证明贺知章的《咏柳》是在描摹一个美女，《采

---

[1] [德]沃尔夫冈·伊瑟尔著，金元浦、周宁译：《阅读活动——审美反应理论》，中国社会科学出版社1991年版，第222页。"本文"今译为"文本"，下同。

[2] [德]沃尔夫冈·伊瑟尔著，金元浦、周宁译：《阅读活动——审美反应理论》，中国社会科学出版社1991年版，第222页。

薇》是讲述一盘野菜的故事，简直让人瞠目结舌！

总之，目前流行的文本细读教学，没有顾及教学对象的特征、教学目标的限定和教学材料的功能和体式等，没能选择恰当的教学内容并运用合理的教学方法，结果导致阅读教学的高耗低效、弊大于利。相应的文本细读研究，也多只是连篇累牍地发表细读案例，然而这些案例只限于单篇文本的解读而没有上升到某类文本的文体样式和阅读技能的总结而使研究处于较低层次且作平移滑动，所以这样的研究成果除了供教师备课参考并没有多少学术价值。而那种试图建构以"文本解读"为终结目标的"语文教学论"学科体系的举动更是令人怀疑，因为且不说文本细读本身存在很多问题，就是语文教学能否以阅读为核心也是一个争议性很大的话题。

四、文本细读的适用范围

我在《审视"敲打词语"式的文本细读》中，从批评有人根据语文学科的根本任务和最终目的就是学习语言文字的理解与运用的论断或者将"语文味"等同于"言语形式味"而主张"敲打词语"式的文本细读法入手，进一步讨论了文本细读的适用范围：一要区分文本类型。在阅读教学中，文学作品尤其是文学经典需要细读，实用文章尤其是应用文则不必。在写作教学中，文本作为积累词语的材料时才需要细读。二要区分语体类型。相对于白话文，文言文需要细读。三要区分选文功能。选文只有作为一个全息体时才需要细读，作为例子、凭借和引子时则不必。四要区分教学类型。在阅读教学中，经典文学作品作为全息文时需要细读；在写作教学中，范文作为积累词语之外的学习写作方法之类的材料使用时则不必。五要区分教学方法。不同文体、语体、功能的文本，教学方法应是不同的，不必一律用细读法。[1] 如果说《审视文本细读及其教学》主要是从"破"的角度探讨文本

---

[1] 张心科：《审视"敲打词语"式的文本细读》，载《福建基础教育研究》2022 年第 11 期。

细读，那么《审视"敲打词语"式的文本细读》就主要是从"立"的角度来探讨的。

　　21世纪以来，无论是在语文教学大纲还是在语文课程标准中，义务教育阶段有"指导学生正确理解和运用祖国的语言文字"之类的表述，普通高中阶段有"进一步提高学生正确理解和运用祖国语言文字的水平"之类的表述。于是，有人认为语文学科的根本任务和最终目的就是学习语言文字的理解和运用。这种说法初看是有些道理，比如：难道阅读不是理解由语言文字组成的文本吗？难道写作和说话不是用语言文字来表达的吗？不过，如果仔细推敲，会发现这种认识又似乎是偏狭的。语言文字只是一个工具，对于一个初学者来说，当然要掌握其基本用法，如要会识字、写字，要知道一些词语的意思和用法之类，因为只有这样才能正常地读、写、听、说。甚至掌握语言文字精深的含义、精妙的用法，熟悉句段的延展尤其是篇章布局的不同方式，更能提高其读、写、听、说能力。不过，如果要使语文教学深入下去，那么我们要问：提高读、写、听、说能力的手段仅仅是语言文字的理解与运用吗？显然不是。换句话说，语言文字的理解和运用能力的提高仅仅靠掌握语言文字这个符号本身吗？不是。它还要靠语言文字所代表的及相关的东西的支撑。当我们积累了一定的词汇、掌握了很多的语言现象之后，有三个语言文字所代表的及相关的东西对提高学生的读、写、听、说能力更为重要：一是内容性知识。你知道的越多（知识面越广），对所读、写、听、说的文本内容的熟悉程度越高，你的读、写、听、说能力就越强。二是读、写、听、说的方法与策略。你对阅读、写作、口语的方法与策略知道得越多，使用得越熟练，你的读、写、听、说能力就越高。三是思考问题的角度（或者叫思维方式）。你的思维方式越独特，你在阅读时越能辟蹊径、有新见，得出一些创造性阅读成果；你的思维方式越深刻，你写作的文本质量会越高，你说的话会越有效。这三点与对语言文字的理解与运用相关，但是关系不大。语言文字仅仅是读、写、听、说的工具，是用以表达上述三点的媒介；没有以上三点，仅仅有这个媒介，我们仍然读不懂、写不出、听不清、说不好。更不要说一些非智力（能力）因素对读、写、听、说能力的提高也很重要，如动机、兴趣、习惯、情感、意志等。

在语文学科的根本任务和最终目的就是学习语言文字的理解和运用的观念的影响下，在 21 世纪初语文课程改革"淡化"语文知识而导致语文课堂无"知识"可教的窘境催逼下，语文教学目标和教学内容逐渐窄化（简化），教学方法也变得单一。于是，"旗帜鲜明地敲打词语"之类的口号一度出现，"文本细读"的教法广泛流行。二者似乎成了解决语文教学"教什么"与"怎么教"难题的制胜法宝。

在古代，确实因为创作诗文时注重炼字炼句而有"下马推敲"的典故和无数"一字之师"的佳话流传。古人阅读诗文，多动嘴诵读、动心涵泳、动手评点，更提倡含英咀华、咬文嚼字。这种注重文字推敲的教学沿用至今，"文本细读""敲打词语"大行其道。现在的语文课堂教学如果不涉及语言而只讲内容，则被认为是历史课、政治课等，被认为语文课上得没有"语文味"。2005 年 3 月 31 日至 4 月 2 日，我参加了在西子湖畔举行的一场以"演绎激情，本色语文"为主题的全国语文课堂教学观摩研讨会。当时的语文课因为只突出学生的主体性、关注课文题材的人文性，所以出现了许多类似于生物课、历史课、哲学课之类的现象，这被批评为"非语文""泛语文"。会上不止一个专家提出要"理直气壮地敲打词句"。于是，这次会议期间一位非常年轻的教师在执教一篇散文时，从头到尾不停地在问："这个词是什么意思？为什么好？这句话是什么意思？为什么这样写？从前文能找到依据吗？"是的，这篇散文很美，值得咀嚼的地方很多。但如果没有从总体上把握，只重单个字词的咀嚼，就如"七宝楼台，炫人眼目，碎拆下来，不成片段"。学生收获的是片金碎银，脑袋里留下的是一个个的认知碎片。况且词句只是构成文章的一个较小单位，还有段落、篇章等，它们是怎样写的，为什么这样写，这些也属于言语形式，也是我们语文教学要关注的。

如果我们把上述专家们所说的"敲打词句"界定为鉴赏字、词、短语及句子，而不涉及在讨论"言语形式"时提到的段落、篇章等较大语言单位的形式，那么，还需要继续追问：是不是任何文本类型都应该"敲打词句"？一个文本是不是在任何情况下都应该"敲打词句"？也就是说，不管它的功能如何，也不管它分属于阅读教学还是写作教学，面对词句之类，是不是都要采用鉴赏式的"敲打"？

（一）区分文本类型

朱自清在《〈文心〉序》中说："只注重思想而忽略训练，所获得的思想必是浮光掠影。因为思想也就存在语汇，字句，篇章，声调里；中学生读书而只取其思想，那便是将书里的话用他们自己原有的语汇等等重记下来，一定是相去很远的变形。这种变形必失去原来思想的精彩而只存其轮廓，没有什么用处。"[1] 此处"训练"指对语言文字的鉴赏。其作用有两种：对于阅读来说，如果只重信息的获取而漠视语言文字在表达信息方面所起的作用，那么可能只获得浅层的信息；对于写作来说，学习成篇文本的语言文字，可以改变自己的心理结构，提高写作能力，包括扩大词汇数量，提高对基本技法的熟悉程度，等等。那么，这种词句鉴赏在阅读与写作教学中在要求及方式方面是否会因对象的文体的差异而不同呢？

1. 阅读教学

如果说阅读是从文本中获取信息，进而与文本交流、对话的过程，那么阅读教学就应该是教师带领学生从文本中获取信息，进而与文本交流、对话的过程。相应地，阅读教学要教的就应该是从文本中获取信息进而与文本交流、对话的技能或策略。那么，怎么获取信息呢？语言是表达信息的媒介，或者说信息隐藏在语言之中。有人说："只有关注'怎么说'，才能准确把握'说什么'。"如果把"说什么"当成词句内容，把"怎么说"当成词句形式，那么在他看来，就是只有从词句形式入手才能获取词句内容。这并非高论，因为古人就说过因言及义，今人朱光潜也说过语言是渡河的桥。就一般的阅读行为及过程来看，这话也不错。其实就像有人说的，"信息"不仅

---

[1] 夏丏尊、叶圣陶：《文心》，生活·读书·新知三联书店 2005 年版，第 5 页。

包含在词句内容中，还包含在词句形式中，"语言本身就是思想"。

　　首先，词句形式不同，则其表达的信息也不同。不同的词句形式对信息的表达效果或者说所表达的信息是不同的，同一题材的不同体裁的文本所表达的信息是有差异的。所以，在阅读教学中要关注词句形式，只不过要关注词句的形式是如何表达信息的，而不是关注词句形式本身。关注词句形式本身主要是写作教学的内容。

　　其次，词句形式中的信息多少，与文体的不同也存在着极大的关系。如果我们把文本分为文学作品与实用文章两大类，那么词句就因为文体不同而分为文学语言和"科学语言"。表达信息的方式或特点在文学作品的词句中又分为两种。如果用玻璃来比喻词句，那么一种是雕花毛玻璃，玻璃及花纹本身就包含了信息（字面意思），还能透过它看到背后的信息（潜藏意义），一种是普通毛玻璃，本身不包含什么信息，必须透过它才能得到其背后的信息。然而，实用文章的词句就是普通的透明玻璃，一望就穿，一望而知。

　　"雕花毛玻璃"指文学精品的词句[1]，"普通毛玻璃"指普通文学作品的词句（本身并不精美）。例如文章大家归有光的代表作《项脊轩志》就是几块用精美的雕花玻璃镶嵌的折叠屏风。其中有"然余居于此，多可喜，亦多可悲"一句，由前文述项脊轩外面景色和室内读书的情景之乐转入下文写人事之悲。悲在家破人亡。"家破"体现在哪里？为什么可悲呢？"先是，庭中通南北为一。迨诸父异爨，内外多置小门，墙往往而是。东犬西吠，客逾庖而宴，鸡栖于厅。庭中始为篱，已为墙，凡再变矣。"这段话中每个词的意思不难理解，单个的句子如果对照着注释翻译起来也并不困难。但是，理解其含义并不容易，因为其含义"存在词汇，字句，篇章，声调里"。其

---

　　[1]叶圣陶在《文艺作品的鉴赏》中说："如果拘于有迹象的文字，而抛荒了言外之意、弦外之音，至多只能够鉴赏一半；有时连一半也鉴赏不到，因为那没有说出来的一部分反而是极关重要的一部分。这一回不说'言外'而说'言内'。这就是语言文字本身所有的意义和情味。鉴赏文艺的人如果对于语言文字的意义和情味不很了了，那就如入宝山空手回，结果将一无所得。"（龙协涛编：《鉴赏文存》，人民文学出版社1984年版，第3—4页。）可见，就语言文字本身的鉴赏来说，也不能仅了解其词典意义，还要理解其内在的情味。

实这几句话写了家破的三个方面：一是空间由原来的完整变得支离破碎。（原来几代同堂，有序居住，然而现在四处开门，随意设墙，没有人统一安排，各行其是。）二是人际由原来的亲近变得疏离陌生。（"东犬西吠"，说明连看家的狗都把原来的家人当成现在的客人了。）三是空间阻隔、人际疏离使原来和谐的氛围变得混乱、紧张乃至使人窒息。（厨房在古代是要掩饰起来的，鸡原来都是关起来的，而现在客人经过厨房而宴，鸡栖于厅，以邻为壑，墙也越筑越高。）人亡，指写了大母、母亲和妻子这三位至娴至亲至爱之人先后故去。全文几乎每一处叙述、描写的词句都值得揣摩。如"娘以指叩门扉"一句中的"叩"字，如果从字面意思去理解那就是"敲"。为什么要用"叩"呢？一是古人用以表达动作施行的对象为"扉"时多用"叩"，如"今日行人欲叩扉"；如果是木门则多用"敲"，如"僧敲月下门"。二是用"叩"而不用"拍"表示用力小、声音轻，一般人只有发怒时才有用力拍桌之类的举动，而这里用"叩"字就表明母亲怕把襁褓中的姐姐惊吓到了，表达了母亲对幼姊的怜爱。三是"叩"可以用手背，也可以用手指，文中"以指叩"表明母亲为人贤淑、修养极高，不会像村妇那样做出拊掌槌门的举动。在阅读教学中让学生揣摩这些词句并不是要他会用这些词句去写作，而是要学会运用挖掘词句的深层含义的策略。

如果是实用文章，如药品说明书、借条、合同等，那么其语言本身就是清晰、准确、简洁、平实的。阅读教学中就没有必要将重点放在词句形式的鉴赏上，只要提示实用文章词句的基本特点，让学生对此特点有大致的印象即可。

2. 写作教学

从写作的角度来说，鉴赏语言主要是积累词句、学会运用。词句积累的量的多少与运用熟练程度的高低，决定着一个人思想的复杂精深程度。关于语言平庸化的问题近几年引起了广泛的关注。语言与思维是相关的。思维以语言作为媒介，语言被用来表达思维的结果，而思维的对象又多来自生活。但是，现在中小学生在写作时常出现词不达意，用陈话、套话来敷衍的现象。有人指出，"汉语丰富的词汇，现在都不知所终"。例如西汉时期的《广雅》中表示"大"的词有 38 个，三国时期的《广雅》表示"取"的词有 20 多个，表示"击"的词有近 60 个，而吃饭的工具也有几十种叫法。[1]然而现在，都被"大""取""击"及"碗""筷""叉"等词给简易化了。

　　这从表面上看是词语简易化了，实际上是我们的思维贫瘠化了，或者可以进一步说是生活简陋化了。语言学家爱德华·萨丕尔说："如果有一本特定部落的语言辞典可供随意使用，我们可以在很大程度上推测出该辞典使用群体的自然环境特点和文化特征。"[2]自然环境不必说，例如在美国沿海部落努特卡人所使用的词汇中有很多精确指称海洋中脊椎动物和无脊椎动物的词语。荒原部落南派尤特人用来指称地形的词汇则十分详尽，包括分水岭、岩架、沙平地、半圆山谷、圆形山谷、山脊环绕的山中小块平地、群山环抱的平原山谷、沙漠、高地、无水峡谷、溪谷、洼地或水沟、沟壑、向阳的山坡或峡谷壁、背阳的山坡或峡谷壁、与若干小山脊相交的起伏的乡村。之所以用词如此复杂，是因为只有这样才能在生活中表意更加精确。在文化环境中也是如此。萨丕尔认为："如果说语言的复杂程度意味着词汇中暗含的兴趣范围，那么语言的复杂程度和文化的复杂程度之间肯定具有恒定的相关性。"[3]"一种特定的文化越是觉得有必要区分一定范围内的现象，就越不可能产生涵盖这一范围的泛称。相反，对某些元素的文化态度越是冷漠，这些元素就越可能被一个通用名称所囊括。"[4]现在的中小学生写作往往用词单一少变化、笼统欠具体、肤浅无蕴藉、粗糙不精致、含混不准确，首先是由其

---

　　[1]熊建：《警惕汉语滑向贫瘠》，载《人民日报》2013 年 5 月 17 日第 5 版。

　　[2][美]爱德华·萨丕尔著，高一虹等译：《萨丕尔论语言、文化与人格》，商务印书馆 2011 年版，第 49 页。

　　[3][美]爱德华·萨丕尔著，高一虹等译：《萨丕尔论语言、文化与人格》，商务印书馆 2011 年版，第 53 页。

　　[4][美]爱德华·萨丕尔著，高一虹等译：《萨丕尔论语言、文化与人格》，商务印书馆 2011 年版，第 51 页。

所处的自然环境和文化环境导致的。他们远离现实生活。在他们眼里，小麦、韭菜、狗尾草都是"杂草"，杨树叶、柳树叶、榆树叶都是"树叶"。或者说，社会发展（工业化、信息化、商业化）、阶层变化（有闲、有钱、消费）导致他们的生活方式产生了根本的变化，他们远离某种生活，不需要也不能在参与中体验某种情境、掌握某种知识、习得与某种情境及知识相关的语词。就像中国台湾作家黄春明说的，"我们小时候要去放风筝，得学很多动词的，得把一个树或竹子砍了，然后刨干净了，然后切，然后再剪，然后再粘……大概十几个动词构成了一个风筝，然后才可以放"，"现在小孩子就一个词，买！整个复杂过程全都消失了，接受方式变成了一个词汇"。[1]

当然，还有一个主观原因是学生缺乏积累经验和体验的意识。即使客观条件导致现在的中小学生不能像过去的中小学生，也不能像其他群体那样广泛、深入地接触社会生活，但是他们仍然处于现实之中，仍然能有限地接触到现实生活。即使不是亲手做风筝而是买风筝，如果能有意识地记录买风筝的经过，观察周围的环境以及其中的人的细微动作、表情，想象人物的心理，将人物进行比较，推想买之前与之后的情节，等等，那么仍有可能写出情节曲折、描写细腻、语言丰富的好作品。

另外，是因为他们的阅读趋向快餐化。其阅读的对象多是报纸或网络中的新闻，以获取主要信息为主，以便考试时作为写作素材使用，如记叙文

---

[1]这次访谈的主题为"外卖时代的爱情"。也就是说，个人不仅不会参与所需要的生活用品的生产，甚至连消费都不需要去固定的场所，如商场、食店，这如同点外卖，别人把加工好了的食物直接送到你工作或居住的地方。你也接触不到生产、加工它的人，接触到的只是快递员。除了接收这个动作和简单的确认的话语、日常的礼貌话语，几乎没有其他更多的信息交流，似乎只要点一下手机屏幕上的功能键即可解决一切。或者说生活因为太容易被满足（手机似乎可以解决一切），反而变得简单化。许知远在访谈开始时说："外卖时代"就"是个跳跃过程的过程，直接抵达一个终点"。在这篇访谈中，他在转述了黄春明当年给他说的这个看法之后称：社会似乎进入了一个所谓"single word"的时代，这个时代给人一种"直截了当带来的明快，信息充沛带来的筛选，然后某种意义上的放弃"的印象，即"实用主义"。许知远、叶三：《爱情就是永恒革命啊》，搜狐文化，2018年2月14日。

中涉及的事件基本过程、议论文中的论点和论据等。即使是阅读一些文学作品，所读也绝大多数是用语浅显的通俗文学，或者是内容励志、篇幅简短并充斥着"好词好句"的小品文字（或可因"心灵鸡汤"系列丛书为代表而谓之"鸡汤文学"），所以都无法、无须去品味经典作品中精妙的词语。

当生活和阅读这两种心理词典的源头都荒漠化了，心理词典自然也就几近干涸。

当然，造成这种现实困境还有其历史的原因，那就是近代以来改革者往往把语言文字的学习与运用的难易同语言文字本身的复杂与简单、典雅与通俗、精致与自然、蕴藉与浅白等简单地一一对应，进而又粗暴地将语言文字同其使用者的阶级身份相对应，认为复杂、典雅、精致、蕴藉的语言文字是有闲阶级使用的，而简单、通俗、自然、浅白的语言文字是劳苦大众使用的。随着教育大众化的推进和工农政权的建立，中国人的语言文字自然也就日趋"贫瘠化"了。

其实语言只是一种符号和工具，与意识形态并没有什么关系。人是一种符号的动物，或者说语言是人用以确认外界与自身进而得以与其他动物区分的一种方式。语言复杂程度与人的认知的广博及深入、情感的敏锐及细腻程度之间存在着对应关系。照此说来，心理词典不丰富的人，也往往是远离生活或生活单一，阅读面窄或不精，对外不敏感、情感较粗疏的人。符号是人的确证方式，也是一种工具，是人认识世界、社会、自我和表达这种认识的工具。所以，从写作的角度来说，只有深入生活（非仅是学习生活）、广泛阅读（尤其是名著）以丰富心理词典，才能在写作时顺利地表达。

对于写作来说，就像上述朱自清所说的，如果不揣摩原文语言、不用原文语言表达自己所获得的原文信息，而只用自己原有的"平庸"的语言去翻译、记录原文的信息，那就无法改变自己的心理词典，就无法像原文那样用"精彩"的语言去表达，这对于写作能力的提高是没有什么用处的。不顾及语言文字的读，只得到词句的字面意思；揣摩词句的读，才可得蕴含其中的意味。

所以，从写作的角度来说，词句掌握得越丰富则写作能力往往越强。那么，就文体来说，这种丰富程度是否也有文学作品与实用文章写作的区别呢？应该是有的。如果是专门写实用文章，自然不必追求文采，只要语言平实准确即可；如果是进行文学创作，那就需要使用复杂、典雅、精致、蕴藉的语言。换句话说，写作教学需要鉴赏词句，尤其是训练学生从事文学创作时，更需要提醒学生阅读一流的文学作品，并在阅读时鉴赏其词句。

（二）区分语体类型

首先是阅读教学中不同语体的词句如何学习。就了解语句的基本信息来说，相对于白话文，文言文的词句是一大障碍，所以教学文言文时指导学生敲打词句是有必要的。就理解词句的深层意蕴来说，古人在著文时强调内蕴、气韵，所以阅读文言文如果仅仅是翻译只能得词句的意思，只有敲打词句才能得词句的意味（王国维所说的"秘妙"、朱光潜所说的"佳妙"）。其次是写作教学中不同语体的词句如何学习。随着时代的发展，现在不再要求用文言写作，文言文的功能已经发生了很大的变化。文言文一般不再作为写作的示范要求学习文章形式知识（去"文"），而是作为掌握文言词句知识的凭借来要求掌握文言词汇的意思、用法和基本句式等（重"言"）。不过，写作白话文时也会从文言文中吸取一些词汇和句式，所以，从写作的角度来说，文言文学习也应该敲打词句。总之，文言文的读写要真正做到上课时咬文嚼字，结束后能熟读成诵。

（三）确定选文功能

我曾根据夏丏尊、叶圣陶的相关论述把语文教科书中选文的教学功能分为全息、例子、凭借和引子四重。[1] 全息功能是指把选文当成一个全息体，学生可以全方位、多层面地学习，而全面透彻地把握选文所包含的各种信息。如《背影》就可以从词语结构的划分、词义的辨析、词语的运用、材料的选择、线索的铺设、结构的安排、抒情方式、描写手法、全文主旨等各方

---

[1] 张心科：《夏丏尊、叶圣陶的语文教科书选文教学功能观评析——兼说"教教材"与"用教材教"》，载《中学语文教学》2008 年第 5 期。

面去学习。例子功能是让选文只充当某一具体写作目标的例子，只要求从某一个视角来看就可以了，不必像全息文那样要求"从种种视角来看"。如将《背影》当成印证间接抒情方式或者当成人物描写知识的一个典型的例子来学习。凭借功能就是把选文当成读写技能的训练、能力的培植和习惯的养成的一个媒介。如通过让学生变换《背影》中某些句子的不同句式来训练学生的精读技能，或者可以通过对《背影》的仿作来让学生获得散文的立意、选材、组材及表达等某一方面的写作技能。引子功能是指选文只被当成课堂上讨论的话题或给材料作文的材料，被用来触发学生进行与之有关联又有区别的阅读和作文。如将《背影》仅仅作为课堂讨论父子之爱的阅读材料或仅仅作为课外写作以父母师长为题材的作文的话题。我还认为任何一篇选文都具有多重功能。[1] 不过，某篇选文可能更适合发挥某种功能，这与其自身的特色是相关的，或者说其特点决定其更适合充当某种角色。也就是说，功能主要是人为附着的，但是其最适合发挥的功能可能与其客观条件（特征）直接相关。发挥全息功能的作品应该是经典，发挥凭借功能的应该是有许多语言标志（如总起句、过渡句、总括性的话语、阐发观点或抒发感情的句子）的作品（甚至是匠气很重的二流、三流作品），充当例子的作品应该是师生的习作，作为引子的作品就是介绍知识或阐发思想的文章。如果能做到课程分设、教材分编，那么识字、写字、阅读、写作、口语交际等不同教材中的选文的特征可能就不同。其中具有全息功能的经典作品主要是用来习得语言，目的是防止学生在写作时语言平庸化、单一化，所以教学内容和相关的方法就是鉴赏语言；阅读发挥凭借功能的选文，就是借助文本语言的编制方式来获取文本的信息，在获取信息的过程中掌握获取信息的技能（阅读方法）；学习作为写作例子的选文就是要从例文里总结出写作规则，然后据此练习；学习作为引子的选文就是要准确地获取文本中的知识，辩证地看待文本中的观点。总之，除了全息文应该引导学生鉴赏语言外，凭借文、例子

[1] 张心科：《语文课程论》，福建教育出版社2014年版，第158—167页。

文、引子文均不必要求鉴赏语言。

（四）认清教学类型

　　阅读教学和写作教学中要不要鉴赏语言？选文是属于阅读教学，还是属于写作教学中使用的材料？在阅读教学中是文学作品（文学文本），还是实用文章（阐述性文本）？这些不同，反映在对语言的关注程度上就应该有所区别：如果属于阅读教学中所读的文学作品，尤其是全息文，它的词句具有模糊性、私人性、多义性等特征，那么在阅读文学作品获取文字背后的信息时就要首先关注文字本身。前文说过文学语言有时就像一块毛玻璃，毛玻璃背后的景象是难以看清的、存在多种可能的，所以对玻璃本身要引起关注；但是并不是关注这个词句有多好，而是要揣摩词句所表达的信息是什么，就像面对毛玻璃并不是要你去夸这个毛玻璃如何美丽而是要你探讨毛玻璃背后的景象如何一样。关于词句如何好，这是写作教学的内容之一，是将选文作为积累词句或者作为训练推敲词句的例子来使用的，或者打个比方说，是揣摩毛玻璃是如何把其背后的景象传递给我们的。如果属于阅读教学中所读的实用文章，那么因为其语言力求准确、明晰，所以语言本身对获取信息就不会产生什么障碍，语言就像是一块接近透明的普通玻璃，所以不必要求鉴赏实用文章的词句。如果是写作教学中的选文，那么除了为达成注意遣词造句这个目标而要对上述全息文之类的经典作品的语言进行品味鉴赏之外，其他如果是将选文作为介绍静态的文本形式方面的知识，或训练一般的写作技能和特殊策略，或者是作为引发话题的材料来使用（就是如果把选文当成凭借、例子、引子）时，就不必鉴赏选文的词句。

（五）区分教学方法

　　语言学已由描写语言学、规范语言学转向认知语言学、功能语言学。前者侧重描述语言现象，即呈现"是什么"，如过去研究语言运用规则的语法、修辞、逻辑知识；后者侧重解释语言现象，即分析"为什么"，如现在研究语言表达的环境、意图、行为、效果等。或者说，前者重视对语言的静态的构成要素的归纳，后者重视对动态行为过程的分析。就教学来说，传统语言学理念观照下的语言教学是通过教师介绍语言知识并以语料印证以让学生掌握这些语言知识（学得），而现代语言学理念观照下的语言教学是通过各种教学活动让学生在语言实践中体会进而获得这些语言运用的规律等（习得）。两种教学方式都需要，不过就学生听说读写能力的提高来说，后者的作用比前者要大，所以教学时应以后者为主而以前者为辅。

相对于段落和篇章来说，单词和句子这种较小的语言单位在阅读教学和写作教学中的教学方法也应有所区别。首先，全息文的教学。在全息文的阅读教学中，应先引导学生通过涵泳（想象、品味）、诵读入乎其内，然后指导学生通过替换、比较关键词句或运用其他多种解读方法出乎其外，有时可以在鉴赏完之后介绍（讲解）相应的语言知识，为学生的理解提供支架（抓手）。入乎其内自然是感受、体会词句所表达的信息，而出乎其外同样是获取词句所表达的信息，只不过用了理性分析的方法。在全息文的写作教学中，词句教学的内容与方法除了和阅读教学相似外，还应有词句仿写。其次，凭借文的教学。主要是结合选文指点阅读和写作的方法（显性的和隐性的），如阅读教学中通过选文让学生掌握用替换词语的方式揣摩词义的方法，写作教学中通过这种方式让学生明白遣词造句的重要等。再次，例子文的教学。把选文当成写作的例子时，只需要结合例子总结写作知识或者是用例子来印证写作知识，主要的教学方法是讲解。最后是引子文的教学，主要是就其中的观点、思想、人物、事件组织学生讨论，然后进行写作活动。

（六）"敲打词句"："语文味"的有无

谈"语文味"的人一味地强调言语形式的教学，尤其是强调对词句的推敲，在言说时动辄引用朱光潜的一段话：

从前我看文学作品，摄引注意力的是一般人所说的内容。如果它所写的思想或情境本身引人入胜，我便觉得它好，根本不很注意到它的语言文字如何。反正语文是过河的桥，过了河，桥的好坏就不用管了。近年来我的习惯几已完全改过。一篇文学作品到了手，我第一步就留心它的语文。如果它在这方面有毛病，我对它的情感就冷淡了好些。我并非要求美丽的词藻，存心装饰的文章甚至使我嫌恶；我所要求的是语文的精确妥帖，心里所要说的与手里所写出来的完全一致，不含糊，也不夸张，最适当的字句安排在最适当的位置。那一句话只有那一个说法，稍加增减更动，便不是那么一回事。语文做到这个地步，我对作者便有绝对的信心。从我自己的经验和对于文学作品的观察看来，这种精确妥帖的语文颇不是易事，它需要尖锐的敏感，极端的谨严，和极艰苦的挣扎。[1]

很显然，朱光潜在这里是强调作者在写作时要注意词句运用的精确妥帖，而主要不是要求阅读时要言意兼顾。其实通过以上分析可以发现，只有在阅读经典的文学作品或者在写作教学中把选文当作学习文本形式的例子或积累词语的材料时才有必要言意兼顾，阅读一般的文学作品、实用文章，以及在写作教学中把选文当成训练写作技能的凭借和引子时，则恰恰应该得意而忘言。

可见，不能以是不是有"敲打词句"这种教学方法和内容来作为一堂课是否有"语文味"的标志，而是要看课程类别、文本类型、选文功能、教学种类与教学方法。例如阅读课程中的实用文章的阅读教学，敲打词语恰恰不是有"语文味"的表现，而训练阅读技能才是教学真正有"语文味"的表现。相应地，如果要避免有关"语文味""真语文"等似是而非问题的论争，就又应该回到前面提到的，要分设语文课程、分编语文教材（重定选文标准、类型和功能）分别进行教学（选择教学内容，确定教学方法）。

另外，如果再从历史的角度来看"语文味"，更无某种确定不移的标准。所谓"语文味"，涉及的是语文课应该"教什么"（教学内容）和"怎么教"（教学形式，包括教学过程、方法、手段）。然而，语文课"教什么"与"怎么教"又与语文课程目标相关。语文课程目标又与每个时代的教育宗旨、儿童（学生）观、选文功能观相关。每个时代的教育宗旨、儿童（学

---

[1] 朱光潜:《谈文学》，安徽教育出版社1996年版，第70页。

生）观、选文功能又是不同的。例如明清教育的主要目的是培养臣民（官吏），官吏治民主要是靠其自身能起到一种表率作用，成为文化、道德的象征，所以会吟诗作文是其必备的技能，熟悉"四书五经"等儒家经典的内容是首要的任务，而掌握生活中需要的各种实用知识、技能并非核心。近代以来，随着我国被西方列强侵略、瓜分，有识之士认识到教育必须以实用的知识、技能代替虚文来增强国力，教育目的由此转变为培养公民，而满足公民生活需要就要教会他们掌握各种日用知识和技能。如 1904 年颁布的《奏定初等小学堂章程》中"中国文字"科的"要义"、1912 年颁布的《小学校教则及课程表》中"国文"的"要旨"，除了要求培养学生的基本读写能力外，更重要的是要求其掌握生活中所需要的各种实用知识、伦理道德。1904—1920 年出版的国文教科书的内容类似于现在的常识教科书。相应地，教学方法主要是讲授、实验。1920 年之后，随着五四运动的爆发、文学革命和国语运动的推进、新教育的发起，"人"的意识开始觉醒，"儿童"被逐渐发现（儿童是在生理、心理上与成人不同的个体），于是教育目的又由培养公民转变为培养"人"（顺应"人"的发展）。这样一来，个性和趣味等就比"智德"更为重要，所以 1923 年颁布的《新学制课程标准纲要小学国语课程纲要》的课程目的为"练习运用通常的语言文字，引起读书趣味，养成发表能力，并涵养性情，启发想像力及思想力"[1]。小学国语教科书也变为"猫狗教科书"（课文是接近于纯美的儿童文学作品）。教学方法主要是想象、表演、诵读。1937 年全面抗战爆发，中华民族处在亡国灭种的边缘。为了抗日救国，教育目的立即转变为培养"国民"（集体中的一个成员），所以儿童自然成了"小国民"。在 1941 年颁布的《小学国语科课程标准》的"课程目标"中，除了规定基本的语文能力培养外，没有见到"涵养性情，启发想像力及思想力"之类的表述，而是换成了"培养儿童修己善群爱护国

[1] 课程教材研究所编：《20 世纪中国中小学课程标准·教学大纲汇编（语文卷）》，人民教育出版社 2001 年版，第 13 页。

家民族的意识和情绪"。[1] 国语教科书中的课文多数是用来灌输思想、传授知识的时文（相当于政治与自然教科书）。教学方法主要是教师的讲解和被规定了结论的学生的"讨论"。1949年至今，关于语文课"教什么"与"怎么教"一直处于变动不居之中。由此可见，每个时代的语文课"教什么"与"怎么教"是不同的。[2]

总之，"语文味"不等于教"言语形式"，更不等于用"敲打词语"的方法。没有应然的、亘古不变的"语文"[3]，只有实然的、与时俱进的"语文"。所以，不仅不能以有无"敲打词语"作为某堂课有无"语文味"的标志，而且不能以某一时代的语文教学内容与形式作为某堂课有无"语文味"的判断标准，而是要用全面的、发展的眼光看待"语文味"的问题。总之，没有确定不移的所谓"语文味"。

---

[1] 课程教材研究所编：《20世纪中国中小学课程标准·教学大纲汇编（语文卷）》，人民教育出版社2001年版，第40页。

[2] 张心科：《与时俱进，全面系统地看待语文教育改革》，载《小学教学（语文版）》2020年第7期。张心科：《论语文核心素养及语文教育改革》，载《河北师范大学学报（教育科学版）》2017年第5期。

[3] 如有些人声称："语文课上教语文"，"用语文的方式教语文"。

教学解读及其应用

　　文本细读在实施过程中出现了种种不当的做法和荒谬的解读结果，如不顾文本及学生的特点而强制解读，不注重示范方法而仅凭自己的艺术直觉解读，一味地求新求怪、求奇求异，等等。可能受一些学者对文本细读批评的影响，也可能出于对很多文本细读的文章和解读行为中的"教学"因素缺失的不满，大概在2019年疫情暴发后，网上不时出现"教学解读"这个名词，2020年就开始陆续有相关的论文发表甚至有著作出版。不过，有些论著在界定语文教学解读时出现了泛化的倾向，将"教学解读"等同于"语文教学"；相应地，对其教学实施中的原则、方法等的阐述就缺乏针对性。同时，在表述时出现了玄化的倾向，把相对简单的问题阐述得异常复杂、深奥。说实话，我不太能读懂这些论著的内容。我觉得没有必要把这个问题看得或弄得过于玄虚和复杂。下面，我先将教学解读与自然解读、文本细读比较，以确定其基本特征，然后据此分析其在实施时应注意的主要事项。

一、教学解读的基本内涵

　　在我看来，教学解读就是教师带领学生在课堂上解读文本。更进一步说，就是以掌握解读方法为主要目的的文本解读行为。教学解读是与自然解读相对的一个概念，是处于水平低的自然解读和水平高的自然解读之间的一个教学活动。也就是说，通过教学解读可以提高学生的自然解读的水平。可见，教学解读和自然解读相同的应该是都有一个自然的阅读过程并获取了文本的信息。不同点有四：一是时空。教学解读主要不是在家庭或社会上，而是在学校里教学时发生的。二是主体。教学解读的主体不是单一的主体，而是有老师和学生两个主体，正因为有这两个特殊的主体才有教学行为发生的可能。同时，学生这个主体还有学段之间的差异和个体之间的差异。三是文本。教学解读的文本是课文不是自然状态下的文本。因为是课文，所以其有编者和教师赋予的特殊的教学功能，又因为教学功能的确定既要考虑到语文学科的课程内容在不同学段的落实，又要考虑到不同学段学生的群体和个体差异，所以其解读的内容和方法就有相对的限制和选择。或者进一步说，教学解读有特定的目的。四是目的（任务）。这里就需要进一步辨析教学解读是在语文教学情境下的教学活动还是解读活动。借助文本所进行的识字、写字、写作、口语教学行为并以此达到训练学生的识字、写字、写作、口语技能为目的的教学，就不属于教学解读的范畴。教学解读的最主要目的（任务）是师生开展围绕文本获取信息并与文本、作者交流与对话的活动，进而借此掌握这种获取信息以及交流、对话的方法与策略。当然，如果课堂上发生的识字、写字、写作、口语行为的目的是解读文本或者其本身就是解读文本的某种方法、策略，那么其自然也属于教学解读的范畴。但是，现实中的教学往往是借助一个文本同时教学识字、写字、阅读、写作、口语，即所谓"语文教学"，所以往往既搞不清楚到底教了什么，也搞不清楚怎么去教。可见，只有"阅读教学"中的解读，才是"教学解读"。自然解读在这四方面与教学解读是相对或相反的。就第四方面来说，自然解读某个文本的目的（任务）主要是修身、求知、愉悦甚至是消磨时间，却很少以掌握解读文本的某种方法、策略为主要目的（任务）。

如果再进一步将文本细读与教学解读比较，二者也存在诸多差异：文本细读是读者与文本之间的二元对话，教学解读是在教师、学生、课文、编者、课标、教学情境等多元之间发生的以教师为主导、学生为主体的以教学课文解读为主要目的的活动；在文本细读过程中读者往往主要关注的是字词等细节和文本表层，而教学解读兼顾文本体式的特点和解读方法的教授，着眼于获取文本整体的信息；文本细读需要一定的文学理论素养，而教学解读除了需要文学理论素养外，还需要一定的教育学、心理学、写作学素养，还需要具备教学实践经验。

二、教学解读的实施要点

在实施教学解读时，除了要参考语文课程标准制定者和语文教材编者的意见（包括其所确定的教学内容及所作的文本分析），还要特别注意以下三点。

一是教学对象的特点。这是教学解读的立足点。

很多人在解读课文时不管接受对象的生活经验水平高低、知识结构完善与否，完全按照一个成人的接受水平来解读作品。如 20 世纪 50 年代很多人从阶级的立场来解读《背影》，认为它"是表现小资产阶级不健康的感情的"；前几年有人从哲学的角度来解读《背影》，认为它是感悟"死亡"与"新生"之理的。这些解读的不当除了因为没有注意这篇课文是回忆性散文这种文体特征外，还有一个重要原因是没有考虑到"儿童"作为教科书读者的特殊性。就像我在后文中说的，因为"儿童"的身份被遮蔽，"儿童"的立场被消解，所以在讨论《背影》是否适合作为课文以及如何确定教学目标时，也就无视了"儿童"的存在，而一味地以成人的立场来判断《背影》的价值，完全以成人的视角来解读《背影》的主旨，这就必然导致一系列不当甚至错误。[1]

二是文本体式的特征。这是教学解读的抓手（切入点）。

体式是文本形式与内容所呈现出的一种风貌。不同的文体和语体的文本呈现出不同的风貌。解读一个文本要从"这一类"和"这一亚类"文本的体式切入来阐释"这一篇"文本。例如解读《桥》，首先要从小说的"三要素"切入来比较诗化小说与其他亚类的小说的不同（情节散点化、人物写意化、环境虚设化），进而比较这一篇小说与西方现代短篇小说、中国古代

---

[1] 张心科：《〈背影〉论争：1950 年代初期的一个"课程事件"》，载《全球教育展望》2023 年第 2 期。

传统小说结尾方式的不同（采用了有别于西方现代短篇小说结尾的内隐性逆转和有别于中国古典传统小说结尾的未团圆结局）。当然，这样做的目的并不是要揭示其形式特点，而是紧密结合文本的内容分析其特有形式所要表达的特殊情意及其表意效果。[1]

三是解读方法的示范。这是教学解读的主要内容。

首先要提示学生掌握一般性的解读方法。如知人论世、以意逆志，顾及全篇、熟悉历史，关注文体、揣摩秘妙，结合写作、比较异同，沿波溯源、多面观照；又如诵读、涵泳、批注等。不过，要提防因方法的误用而导致的对文本的误解。如语文教学参考书的编者认为《故都的秋》"抒发了悲秋之感"，"抒发了向往、眷恋故都之秋的真情，并流露出忧郁、孤独的心境"，其所依据的是当时郁达夫因为参加"左联"而受到国民政府的白色恐怖的威胁，他衣食无所安，居无定所，辗转千里，颠沛流离，而且原文中出现了"清""静""悲凉"等词语。乍一看是在运用知人论世、以意逆志的解读方法，其实是误用。根据郁达夫的日记、相关的文章等材料可知，此时郁达夫并非衣食无所安、居无定所，更非辗转千里、颠沛流离，而是在杭州买了大房子甚至还有闲钱买奖券，他和王映霞隐居在富春江上过着神仙眷侣般的生活。1934 年，他更是一路上游山玩水，最后在北平写了《故都的秋》，而写作此文的直接动因是晨起上厕所见秋天的半角云天的触发和催稿信所逼，与国民政府的白色恐怖之类并无直接的关联。[2]同样是在战火纷飞的年代，有的人的作品写得激情澎湃，有的人的作品写得哀婉低沉，这是因为作家的个性不同；同一个作家创作，有时早上写得气干云霄，傍晚则写得凄凄惨惨戚戚，这是因为作家在创作时的心境不同。所以，不能简单地将作品与创作的年代简单地机械地关联。同样的道理，不能简单地根据某几个表达情绪、情

---

[1] 张心科:《最崇高的人性是党性——统编教材六年级上册〈桥〉的解读》，载《语文建设（小学版）》2023 年第 1 期。

[2] 张若朴:《悲秋还是赏秋:〈故都的秋〉主旨再探》，载《语文教学通讯（高中刊）》2018 年第 9 期。

感的字词来概括全篇的旨意。从《故都的秋》的全文来看，无论是开头及结尾的议论、抒情性文字，还是文中所描述的北平景物及其描述方式，都流露出一种玩赏的趣味。当然，这篇散文的底色里也许有"悲伤"的成分，这可能与作者小时候遭受歧视而自卑以及成年后留学日本之后受"物哀"美学思想的影响有关。又如有人将课文《我与地坛》的主旨解读为歌颂母爱，这也是误读，因为没有运用顾及全篇、熟悉历史的读法。我在中学任教时，每次上这一课，都会给学生看史铁生在清平湾插队时头上扎着白毛巾、双手抱起一头小牛犊的照片，并讲他的经历，还提示学生：这么一个身体健壮的年轻人却突然双腿瘫痪，所以此后"生存"还是"死亡"成为他一直思考的问题，也经常成为他的作品的主题。我还会把原文完整地读一遍，因为教科书中的课文节选自《我与地坛》的第一、第二部分。当我把他的经历讲完，将全文读完，学生就意识到：课文的第一部分借写"我"与古园来思考关于"人是否要死"的问题。古园虽然废弃、荒芜，其中的古殿檐头的琉璃剥蚀，门壁上的朱红淡褪，高墙坍圮了，但是还有树木、藤蔓、蜜蜂、蚂蚁和瓢虫，"园子荒芜但并不衰败"，就像"我"虽然身体残疾了但生命还存在一样，所以他写道："死是一件不必急于求成的事。"接着从第二部分到最后都是通过"我"与他人来写人到底要怎样活的问题。他人包括母亲、一对老人、一个热爱唱歌的小伙子、一个爱喝酒的老头、一个捕鸟的汉子、一个很有天赋的长跑家、一个漂亮而不幸的小姑娘等。他通过观察这些人的不同的活法来思考"人该怎么活"的问题。选入课文的第二部分就是写一个面对儿子突遭变故的母亲是如何坚韧地活下去的。可见，课文所选的这一部分并不是歌颂母爱。作者歌颂母爱的散文有《秋天的怀念》《合欢树》等。

其次要让学生掌握不同文体、语体的文本的特有读法。除了掌握词义推导、段意归纳、篇章旨意总结的各种方法外，还要针对不同的文体、语体的文本选择不同的切入点，采用不同的解读路径。虽然关注教学对象的特点、文本的体式特点及示范一般性的解读方法已经比敲打词语式的教学文本细读前进了一大步，但是这仍然不是我心目中的教学解读；因为此时虽然解读与教学都存在，但是二者的关联性并不大。阅读教学中的解读与教学怎样才能有机地关联起来呢？为此，我在《语文有效阅读教学：精要的内容与适宜的形式》一书中建构了八种不同文体、语体的阅读教学模型，其实就是从文体、语体的层面来建构小说、诗歌、散文、剧本、议论文、说明文、应用文、文言文的阅读技能。在此书的后记中，我再次对这种"文本细读"提出了批评："目前的所谓的'文本细读'法，也多停留在原则层面（如主张'还原'之类）而没有多少具体可行的操作方法（只有'替换''比较'等屈指可数且极其简陋的方法），诸多倡导者也多凭自己的艺术直觉在不停地解读单个的文本。这除了给普通教师备课、一般读者解读文本提供了一些参考资料外，对语文学科的发展并无多大帮助。这就好比切西瓜，我们要去设法开发、总结切的方法，而不是沉湎于重复去切的行为。切几个西瓜，检验一下方法的有效性，或者向其他人示范一下切法，这是可以的，也是有必要的。如果只是自己反复运用某种方法不停地切着不同的西瓜，即便你切了一万个，也只能说明你体力好而已。"[1]总之，我希望研究出"这一类"作品的阅读方法，让教师们在此基础上去教读"这一篇"作品，从而不仅掌握并能运用阅读"这一类"作品的技能，又能理解"这一篇"的内容及其特色。这八种阅读教学模型——诗歌诵读教学模型（分"疏解地读""逻辑地读""审美地读"三步教学）、基于"三要素"有机联系的小说教学模型（从人物入手，分析具体情境中人物的言行和目的，以及作者的旨意）、不同类型的散文教学模型（分为写人叙事、写景状物、抒情励志三类并确定不同的教学内容，按阅读心理过程将教学过程分为审美性阅读、批评性阅读、研究性阅读三步）、基于"空间·会话·冲突"三要素的戏剧教学模型（将"空间·会话·冲突"作为戏剧新的三要素，将教学过程分为文本鉴赏和戏

---

[1] 张心科：《语文有效阅读教学：精要的内容与适宜的形式》，华东师范大学出版社2020年版，第382页。

剧表演）、"五要素—三大步"议论文教学模型（围绕论题、论点、论据、论证、论旨五个要素，分理解、批评、讨论三步教学）、以"获取信息"为原点的说明文教学模型（分讲解讨论和情景驱动两步，教给学生各种获取文本信息的技能）、"读写结合·知写促读"的应用文教学模型（从了解不同应用文的结构及文本各部分的功能入手获取文本信息）、以"言"为本位的文言文教学模型（运用评点切入、原文重现、同题比较等方法，教学文言词句的意义和用法，兼顾鉴赏文学艺术、分析文章作法、探讨文化内涵），就是试图解决阅读教学中解读与教学割裂的难题。我在书中建构八种阅读教学模型时，所确定的目标是试图将阅读过程、解读过程、教学过程合一，就是将在自然状态下一个人阅读一个文本的过程（阅读过程）、有效获取文本信息的过程（认知过程或者叫解读过程）和教学过程统一起来。老师应根据文本的特点和学生阅读一个文本的过程，设计一个有助于学生解读这个文本的过程（包括解读哪些内容、按照什么过程、采用什么方法等），然后再据此设计一个教学过程。这样一来，看起来是阅读教学，其实是解读文本，看起来是解读文本，其实又是教学生如何去解读，从而达到（自然）阅读、（教学）解读和（阅读）教学有机统一在一起。学生在以后的学习、工作、生活中就能自如地运用当年在阅读教学中所掌握的解读方法（阅读教学模型）进行阅读。

下面以诗歌阅读（教学）为例来谈谈。目前的诗歌教学的内容多是教学生寻找意象、体会意境、揣摩情感、品味语言、总结手法、探究主旨等。其教学过程的安排，要么是按照上述内容逐一解决，要么是一味地提倡反复诵读、涵泳，或一味地将诗歌切块串讲、讨论。然而，在现实中一般是没有人这样读诗的。即使这样读也很难真正读懂一首诗。在我看来，诗歌的特点并非很多人说的它是律诗还是绝句、是七言还是五言之类，而是其中的私人性与音乐性。私人性是指其表达了个人的情感、思想。与表意相对隐秘相关的是诗歌的语言呈现出模糊性、多义性等特点。音乐性主要指诗歌往往会押韵、对仗并注意诗句内部的节奏感。既然诗歌往往因为具有强烈的私人性而不是一次就可以读懂的，那么就多读几遍；既然诗歌具有明显的音乐性，那就去诵读，因为诵读是声音与意义的结合，就是读者通过出声读来表达自己对意义的理解，或者说诵读反过来可以促进对诗歌的理解。基于此，我建构了一个诗歌三级（三步）阅读教学模型：第一步，疏解地读（初读）。主要是让学生读准字音、正确停顿，同时初步了解诗歌。一般分成两个环节：先集体朗读，再个别朗读。如果发现有人字音、停顿读错了，读完教师就指正，并再指名三四个同学朗读。这样学生不仅能做到读音、停顿正确，而且读过几遍后对这首诗的内容与形式会有初步的了解。之所以在这里可以让学生集体地读，一是因为教师更容易发现学生在读的时候出现的字音和停顿的错误，二是因为学生对这首诗还没有深入理解，个体很难读得抑扬顿挫、声情并茂。第二步，逻辑地读（再读）。分为读、想与读、写两个环节。读、想时让同桌互读互听，并展开想象和联想：一个同学读，读的速度较慢，一句停半秒（包括题目），读完停一秒。一个同学听，听时闭上眼睛，想象和联想诗中出现了哪些人、哪些事、哪些物、哪些景。然后两人互换角色。这样学生就初步进入诗歌所记述的事件、所描绘的情境中。读、写时先要提醒学生把自己脑海中依次出现的人、事物、景写出来，并尽量写得具体一点，写完后交换着阅读。然后，教师推荐四五个学生，读出或说出自己写的文字。要求每个学生说出之后，紧接着再读一下这首诗。这时学生不仅能再现诗歌所写的内容，还在填补诗歌的空白点、确定诗歌的未定处时添加了许多内容且有自己的一些理解。这样他再读这一首诗时读法就有了明显的变化，他们会将对语句意义的理解与声音的高低、停连、快慢结合起来，并注意变化，从而读出文本气势的转变、作者情感的变化，并读出自己的体验。鉴赏诗歌，首先要入乎其内，其次要出乎其外。然而，目前的诗歌教学乃至整个文学作品的教学，往往是教师带领学生先整体把握再局部分析，教师讲解得很精彩、学生讨论得很热烈，似乎是在鉴赏，其实师生始终是游离于文本之外的，因为他们根本就没有经历读、想和读、写两个环节而真正进入诗歌内部。第三步，审美地读（三读）。分为鉴赏和吟诵两个环节。鉴赏就是让学生说出自己最喜欢的地方或者最特别的地方，其实就是让他们寻找这首诗的"秘妙"。在学生讨论、陈述完毕后，让每个学生将自己想象成作者，用各自的方言去读，用心去读，读出自己的理解和体验（如出己手，如出己口）。因为此时每个学生都有自己独特而深入的理解、切身的体验，所以他们能采用个人化的抑扬顿挫、声情并茂的方式读出文本所表达的情感、趣味，也能读出自己的性情。在整个教学过程中虽然没有出现意象、意境、语言、手法、情感、思想、主旨等名词，但是都涉及了。显然，按照诗歌三级阅读教学模型实施教学，不仅契合诗歌文本的体式特点，而且符合读者的认知规律。如果这样教学，那么学生以后读诗就会按这三个步骤六个环节去解读。这样一来，不仅能将解读与教学有机地结合起来，而且可真正做到通过教学解读来提高学生的自然解读水平。

下编

经典名篇解读

《桥》：最崇高的人性是党性

  谈歌的《桥》是教育部组织编写、人民教育出版社 2018 年版《义务教育教科书（五·四学制）·语文》六年级上册第四单元中的一篇课文，与列夫·托尔斯泰的《穷人》、奥莱尔的《在柏林》共同构成小说单元。小说该如何解读和教学？当然要关注人物、情节、环境三要素。不过，相比本单元内的其他两篇小说，《桥》又有其独特性，是一篇将诗的意蕴内化到小说中的"诗化小说"。作为"这一篇"，它又与一般的诗化小说以及西方的情节小说、我国传统的小说在结尾的设置方面不同。因此，本节将从诗化小说这一小说大类中的亚类的视角解析《桥》的文本特点，进而明确它不同于其他小说的独特之处，在此基础上探究小说的主旨和题目的内涵。

一、"这一类"的文体特点：作为诗化小说的《桥》

  作为小说中一个亚类，诗化小说在情节的安排、人物的塑造、环境的设置上都会呈现出一种诗意，或者诗味。具体到这篇小说来说，其诗化的特点主要体现在以下几个方面。

（一）环境营造的意境化

  意境是中国古典诗歌理论中的一个重要概念，也是中国古典诗歌在艺术表现方面所追求的最高境界，即将内在的情感、情绪、情趣与外在的景物、景致、景况交融在一起的一种方式。环境的意境化，是诗化小说非常重要的特点。

  首先，是自然环境的散点化。在《桥》这篇小说中，开篇没有细致地描摹当时的自然环境，只是提到黎明时突然下暴雨，山洪暴发；在人们奔跑的过程中也没有写洪水如何汹涌，只是用了"逼近""蹿上来""舔着人们的腰""吞没了"等形象化的词语来表现洪水的状态。寥寥数语，便足以让我们感受到雨水之多、雨势之大，以及河中洪水之汹涌。

其次，是社会环境的虚设化。这篇小说发表于1989年12月25日的《北京晚报》，但从小说本身来看，并没有具体交代当时的社会背景。这种虚设也恰恰给了我们莫大的联想空间。小说中设置的环境是一个山村，村民中有党员、有群众。平时生活中，党员和群众一样，都是普通百姓。然而，在危难的时刻，党员会在第一时间站出来承担责任。这其实就是当时中国大部分村子的样子，甚至到现在也是中国社会的基本形态。

（二）情节设置的片段化

所谓情节的片段化，就是小说不是完整地展现故事的首尾，而是在中间以似断实连、忽实又虚的形式，营造出一种诗意的氛围。

在这个故事里，山洪暴发之前村子里的老支书以及大家的生活，我们是不清楚的；两个人被洪水吞没之后的情节，我们也是不清楚的；最后老太太来祭奠，这之前发生的事情我们依旧是不清楚的。在这三个片段中间有许多的空白点和未定性，给我们留下了相当大的想象和联想空间。这与传统小说的有头有尾、严丝合缝是不一样的。另外，通过结尾，我们可以推断出山洪暴发时老支书的妻子也在撤离的群众中，但是作者不直接将其在故事情节中表述出来，而是让读者自行揣摩，使作品产生了一种诗意。

（三）人物描写的写意化

人物写意化借用的是中国绘画的概念，指在诗文中以简洁洗练的语言将人物的主要特征表现出来，而不对其做细致的描摹。

在这篇小说中，作者主要写了三类人：老支书（老汉、父亲）、小伙子（儿子）、群众。无论是对单个人物的刻画，还是对人物群像的描摹，其人物描写的方法是写意，而非工笔描绘。我们不知道文中人物的长相和穿着，只是看到其言语和动作。这便是鲁迅先生所言的"正如传神的写意画，并不细画须眉，并不写上名字，不过寥寥几笔，而神情毕肖"[1]。这种大笔勾勒，因非工笔描绘，也充满了空白点和未定性，能够引发读者联想，从而产生一种诗意。

二、"这一篇"的独特手法：《桥》的结尾艺术

相较于孙犁的《荷花淀》和沈从文的《边城》等诗化小说，《桥》除了与二者一样采用环境意境化、情节片段化、人物写意化的手法，还有两点不同：一是内容。《荷花淀》《边城》虽然写到了战争、军人，但是写得如田园牧歌般；但是《桥》写的是灾难、逃离，写得非常悲壮。二是结尾。这一点更为特殊。一般的诗化小说，除了环境意境化、情节片段化、人物写意化以外，在结尾处往往也会采用诗意的写法。这种充满诗意的结尾有几种写法：戛然而止，就是留白；留有不确定性，也就是模棱两可地表达，如沈从文的《边城》，以"这个人也许永远不回来了，也许明天回来"结尾；寄寓或渲染某种思想、情感甚至情绪、氛围的景物描写，如《受戒》的结尾，写芦花、芦穗、野菱角等，营造了一种诗意的怅惘之境。而《桥》的结尾则有以下特点。

（一）内隐性的逆转

在《桥》这篇小说中，结尾并没有采用传统的诗意写法，而是采用了西方三大短篇小说家莫泊桑、欧·亨利、契诃夫在写短篇小说时常用的手法——逆转，也就是我们常说的"意料之外，情理之中"。随着情节的推进，我们发现老汉和小伙子两个人都在这次山洪中丧生了，但出乎我们意料的是，两个人竟然是父子。稍有不同的是，西方短篇小说结尾的逆转常常是一种显性的逆转，就是延续着前面的情节来转折，如《项链》《麦琪的礼物》等；而《桥》的转折是暗示，就是没有明确且着意地表现出来前面老汉和年轻人的关系，而是通过老太太祭奠自己的丈夫和儿子，含蓄地告诉我们丧生

---

[1]《鲁迅全集》（第六卷），人民文学出版社 2005 年版，第 394 页。

的两个人是父子，表现出了一种东方式的含蓄。

（二）未团圆的结局

除此以外，《桥》还通过悲剧的结尾展现了一种"将人生的有价值的东西毁灭给人看"[1]的诗意之"悲"。我国传统小说常有头有尾，采用大团圆式的结局，也即我们常说的"有情人终成眷属，无情人劳燕分飞""好人有好报，坏人遭天谴"；但《桥》并没有采用这类大团圆的结局让所有的人都得救，作者甚至"残忍"地没有设计一些偶然的情节让小伙子侥幸地活下来，以这种略带光亮的尾巴来使人感到一些希望与慰藉，而是让老汉和儿子全部走向了死亡。作品如果在"一片白茫茫的世界"处结束，不交代他们最终的结局，其实也是可以的，同样会留下带有诗意的想象空间。或者采用相对团圆的结局——老汉去世，但是儿子活下来了，也可以像我们常见的传统小说所写的那样，当一个家族面对灭顶之灾，当一个人不幸死去，只要能让孩子（新的生命）活着就能给人带来希望。由此看来，老汉和儿子的去世就是要让人在这样的"了无希望"中受到震撼，让读者明白"党员"二字的真正内涵。在我看来，小说这么设置，有其深意在，也产生了极具震撼力的艺术效果。

三、最崇高的人性是党性：《桥》的主题及主旨探索

理解了"这一类"（诗化小说的特点）和"这一篇"（《桥》的独特手法），我们还需要关注这篇小说到底表达了怎样的主题中心和旨意。正如前文所说，这篇小说的社会环境的虚设化可给我们带来一种超越时空的推想，每个时代每个地点都可能会发生这样的故事。其着意体现且比较显豁的有两个中心：一是舍己为人，二是父子情深。除此以外，本文似乎还有另一层旨意，就是探究并表现"党性"和"人性"的关系。本文之所以让我们深受触动，还因为它内在的隐含主旨，用一句话来概括就是"最崇高的人性是党

---

[1]《鲁迅全集》（第一卷），人民文学出版社2005年版，第203页。

性"。接下来，将从"党性"内涵的彰显、小说三要素的互动关系和小说标题的含义三个方面来谈谈自己的理解。

（一）牺牲的凛然：崇高党性对善良人性的升华

在我们入党宣誓的时候，誓词中有"随时准备为党和人民牺牲一切"。《桥》这篇小说中的老汉的所作所为便非常鲜明地表现了他身上的党性——牺牲自我，舍己为人。他时刻不忘自己的党员身份：在群众的生命和财产受到威胁时，他挺身而出，"清瘦的脸上淌着雨水"，像一座山一样"不说话，盯着乱哄哄的人们"；当人们慌乱逃生的时候，他在拥挤和混乱中让群众先走，选择牺牲自己；当他的儿子在逃生的过程中和群众发生冲突时，他提醒儿子要注意自己的党员身份，不让儿子先走。小说中的老汉就像领头的鹿，带领村子里的人走出危险。当然，在儿子身上也彰显了鲜明的党性：父亲把儿子从队伍中揪出来时，儿子"站到后面"，此时儿子的行为不单单是服从父亲的要求，更是服从组织的命令。

当然，小说中彰显的党性并不是与人性割裂的，而是对人性的升华。当人们都离开了，他们两人在一起的时候，"小伙子推了老汉一把"，让父亲先走，这里小伙子是以儿子的身份表达着对父亲的爱。父亲却吼道"少废话，快走"，然后用力把小伙子推上木桥。作为一个普通人，当我们愿意为另外一个人奉献生命的时候，大多是两种情况：一是对方是自己的子女，许多父母都有同样的心理，当孩子处于极大的危难中时，愿意为孩子献出生命；二是应激性行为的发生，比如我们常在新闻中看到有人在目睹别人落水时，奋不顾身地去救人，而在事后的采访中，救人者常常会说自己当时没有想太多，也没有害怕，只是不忍心看着另外一个人失去生命。这就是人性善良的地方。而这种善良的人性的最高境界，就是党性——愿意为了大家的利益自主地选择自我牺牲。

（二）"党员也是人"：小说三要素的互动关系

在《语文有效阅读教学：精要的内容与适宜的形式》中，我曾经提到，小说阅读及其教学在于重构三要素之间的关系。具体说，就是以获取文本内容信息为切入点，围绕人物自身的表现及人物之间的关系（情节）来探讨，并分析人物某种言行举止及其处理与他人之间关系时的处境（通过设置处境来呈现自然环境和社会环境）和目的（通过对各种人物的塑造来表达主题的不同侧面），最后结合文本的叙述、描写以及作者对人物、事件等直接评说的文字来探究作者的看法（主题）。[1] 在阅读《桥》时，也可以此探寻其主旨。

在小说中，有这样一个情节：

> 老汉沙哑地喊话："桥窄！排成一队，不要挤！党员排在后边！"
>
> 有人喊了一声："党员也是人。"
>
> 老汉冷冷地说："可以退党，到我这儿报名。"
>
> 竟没人再喊。一百多人很快排成队，依次从老汉身边奔上木桥。

"有人喊了一声：'党员也是人。'"这是小说中一个非常值得关注的点。"有人"的"人"是谁？作者为什么要说"有人"而不具体指出是谁？我们可以假想，这里的"有人喊了一声"可能有三种情况：第一，喊话的人是除了老汉和儿子以外的其他党员；第二，喊话的人是老汉的儿子；第三，喊话的人是群众，而非党员。接下来，我们逐一探求三类人的表现，思考他们是在什么样的情况下、出于什么样的目的喊出了这句话。

如果"有人"的"人"是党员（这是极少见的情况），他们当时处在危急之中，此时人的行为主要出于本能，目的是求生，那么这样的一句喊话暗含的是对老支书的不满。然而，从在老汉"可以退党，到我这儿报名"的呵斥之后"竟没人再喊"的结局来看，"退党"在这个人心目中的严重性比失去生命有过之而无不及，更凸显了党性在党员心中的分量。

如果"有人"的"人"是老汉的儿子，那么他的处境同样是处在危急之中，他的行为同样会像其他人那样是出于求生的本能，不过其目的不单单

---

[1] 张心科：《语文有效阅读教学：精要的内容与适宜的形式》，华东师范大学出版社 2020 年版，第 27 页。

是求生那么简单，还有对父亲的怜惜。他深知，在这种危急的情况下，年迈的父亲随时可能被吞没。另外，联系上下文，可知年轻人的母亲也就是老汉的妻子那天晚上也是在慌乱撤离的人群中的。所以，即使他是站在有些人的前面，从儿子应保护母亲的角度来看，也是情有可原的。接下来，老支书在人群中揪出了自己的儿子，让儿子站在后面，他便服从地站在了后面，且在最后关头推了父亲一把，让父亲先走，从中可以看出儿子既有党性又有人性。

如果"有人"的"人"是群众，那么结合前面所写——"人们翻身下床，却一脚踩进水里。是谁惊慌地喊了一嗓子，一百多号人你拥我挤地往南跑。近一米高的洪水已经在路面上跳舞了。人们又疯了似的折回来。"在这种情况下，有群众能说出这样一句话，更显可贵。因为他们怜惜其他人的生命，更是不愿意"他们的党支部书记，那个全村人都拥戴的老汉"牺牲自己的生命，不愿意他离开。在这种情况下，党性既有了来源，也有了归宿。老汉如果是一个更在意自己利益的人，群众是不会拥戴他的；而群众如果对党员不是这么拥戴，也难以激发其更深层次的党性。

无论喊出"党员也是人"这句话的人是其他党员、老汉的儿子，还是普通群众，通过探析他们的处境和目的，均能发现党员们身上的那种源于人性之善又超越普通人性的党性。

（三）"桥"的隐喻：小说标题的含义

基于以上分析，再来看本文的标题"桥"，不难发现其隐喻之义。这也是理解本文主旨的一个重要线索。

就本文所写的故事内容来看，首先，"桥"是有形之物，在危急之时（"东面、西面没有路。只有北面有座窄窄的木桥"），桥是一种有形的凭借，是人们逃生的必经之路。其次，这里的"桥"是一座生命的桥。"一百多人很快排成队，依次从老汉身边奔上木桥"，老支书和小伙子，这对父子，这两个共产党员，在危难之中为大家搭建了生命之桥。最后，"桥"还是精神的桥。在日常生活中，人们有时可能会为蜗角虚名而东奔西走，为蝇头微利而斤斤计较。然而，当读了这篇小说，其中党性的光辉和人性的善良会让我们深受感动，内心会油然而生一种崇高感。在这个意义上，桥就是救赎的意思，让我们从现实生活中脱离出来，变成一个精神高尚的人。或者像毛泽东在《纪念白求恩》的最后写的："现在大家纪念他，可见他的精神感人之深。我们大家要学习他毫无自私自利之心的精神。从这点出发，就可以变为大有利于人民的人。一个人能力有大小，但只要有这点精神，就是一个高尚的人，一个纯粹的人，一个有道德的人，一个脱离了低级趣味的人，一个有益于人民的人。"[1]这一点，也契合了统编教材六年级上册第四单元的导语中所写的："本单元的几篇故事，或讲述英雄人物在生死关头的抉择，或歌颂普通人心灵的美好，或展现人民在战争中遭受的深重苦难，都让读者看见了'不一样的人生'，从而获得情感的熏陶与心灵的启迪。"[2]

简而言之，《桥》这篇小说虽然短小，却呈现了一种诗化的美好，带给我们心灵的震撼。在大的灾难面前的表现，最能够体现人性，也最能够体现党性。小说通过写一个老汉、一个年轻人，凸显了一个政党、一个民族所具有的在特殊时期、特定情境下舍己为人的崇高精神。读罢这篇小说，我不由得想起一部电影《我和我的父辈》。电影里有一个情节：因为日本侵略者来到，村子里的人需要转移，为了保护村里的人，父亲把战火引向了儿子的那一边，儿子战死，父亲送给儿子的战马独自跑回。这种诗化的留白，正如《桥》的结尾一样，有生命之哀号，更有人性的美好、党性的崇高！

[1] 人民教育出版社编：《毛泽东同志论教育工作》，人民教育出版社2000年版，第76页。

[2] 教育部组织编写，温儒敏总主编：《义务教育教科书（五·四学制）·语文》（六年级上册），人民教育出版社2018年版，第65页。

《灯光》："记忆"与"想象"中的灯光

教育部组织编写、人民教育出版社 2018 年版《义务教育教科书（五·四学制）·语文》六年级上册第 8 课《灯光》是军旅作家王愿坚写的一篇故事，发表于《儿童文学》1981 年第 7 期。关于其主要内容、艺术特色和主旨，课后的"阅读提示"作了交代：

本文题为《灯光》，给人印象最深刻的就是"光"。开篇即写光——天安门广场明亮的灯光照耀着四周宏伟的建筑，之后叙述战争年代的往事。故事主人公是一位年轻的战斗英雄，他在战斗前借助火柴燃烧的微弱亮光看书，书中画的是电灯下孩子在读书的情景。这位战斗英雄，在随后的战斗中点燃了书本，用火光引导部队寻找到了攻击的突破口，而他也因此暴露了位置，壮烈牺牲。最后，作者又回到现实——天安门前璀璨的灯光下。仔细阅读课文，想一想：这些"光"之间有什么内在联系？

全篇以"光"为线索，现实与回忆交错，幸福与悲壮映衬，给人以精神的洗礼。当夜晚来临，你再看到通明的灯火时，会更珍惜这来之不易的幸福吗？[1]

与之配套的义务教育教科书教师用书所附录的崔峦发表于 1985 年的《一盏指路明灯——〈灯光〉浅析》，从"感人的内容""精巧的结构""深沉

---

[1] 教育部组织编写，温儒敏总主编：《义务教育教科书（五·四学制）·语文》（六年级上册），人民教育出版社 2018 年版，第 37 页。

的感情""留有想象的余地"四方面对全文作了分析。[1]

本册教材第二单元第5—8课是《七律·长征》《狼牙山五壮士》《开国大典》《灯光》。显然，这一组课文体现了《义务教育语文课程标准（2022年版）》中规定的"革命文化"部分的课程内容。如果能用"文化记忆"等理论的相关视角来考察，也许就能获得对作品更全面、深入、新颖的认识。故事写的是过去的事，回忆什么及如何回忆，直接影响着读者的接受效果。下面，试结合扬·阿斯曼著《文化记忆：早期高级文化中的文字、回忆和政治身份》和本尼迪克特·安德森著《想象的共同体——民族主义的起源与散布》等论著中所阐述的"文化记忆""想象的共同体"等理论从四个方面来重新解读《灯光》，分析其主旨、内容、技法等。

一、悼念亡者与激励生者

扬·阿斯曼在上书中指出，回忆不单是一种纯生理的活动而是"对'过去'的社会性建构"[2]，就是会赋予过去的人、物、事以社会意义。相应地，通过回忆一个民族、国家、组织、政党乃至个人的过去，就可以通过历史的叙述来赋予其正面的价值，并让这种价值在叙述和接受中得以存续。最适宜的叙述对象是"亡者"。"如果我们将回忆文化首先作为对过去的指涉，而这种指涉又是因为人们意识到了昨天和今天之差异的话，那么，死亡便是人对这种差异的最初体验，和亡者联系在一起的回忆也是文化记忆的最初形式。"[3]"群体和他们的亡者共同生活，将亡者不断带入持续向前的当下，以此方式构建出一幅关于统一性和整体性的图像，而亡者自然而然地也被纳

---

[1] 人民教育出版社、课程教材研究所、中学语文课程教材研究开发中心编著：《义务教育教科书（五·四学制）教师教学用书·语文》（六年级上册），人民教育出版社2018年版，第83—85页。

[2] [德]扬·阿斯曼著，金寿福、黄晓晨译：《文化记忆：早期高级文化中的文字、回忆和政治身份》，北京大学出版社2015年版，第27页。

[3] [德]扬·阿斯曼著，金寿福、黄晓晨译：《文化记忆：早期高级文化中的文字、回忆和政治身份》，北京大学出版社2015年版，第56页。

入这幅图像中。"[1]《灯光》的写作也是如此。课文借追述在解放战争期间牺牲的战斗英雄郝副营长的光辉形象、感人事迹，让生活在和平时期的人们感受先烈们伟大的志向、坚定的信念、坚强的意志和牺牲的精神，激励他们在生活、学习和工作中以无数的先烈为榜样。如文中写了郝副营长为了未来的孩子们（"儿童"）能过上幸福的生活，为了当天的战斗能取得胜利，不惜牺牲自己生命的利他（他人、集体）行为和无私的精神。悼念亡者的"功绩""名望"，无论是对当下的集体形成还是个体的成长来说都能起到一种激励（"促成"）作用。就集体形成来说，"一个集体在回忆中建立了与亡者的联系，从而确认自己的认同。记住某些名字这一义务背后隐藏着的，是对一种社会政治意义上的认同的承认"[2]。就个体的成长来说，"一个人若是虔诚地对待自己的先人，便可以期待其后人也如此对待他。在这里，社会互动的网络在时间层面上被永恒化"[3]。那么悼念什么样的亡者最能起到这种作用呢？著名英雄和无名英雄。著名的英雄如李大钊、方志敏、刘胡兰、董存瑞、黄继光、邱少云等。无名英雄更是数以百万计。这两者对后人所起到的激励作用是相同的。"成千上万名阵亡战士的姓名被镌刻于纪念碑之上，无名战士的墓碑上虽无姓名，但匿名的纪念意义仍在，这种纪念意义的最大作用便是促成认同。"[4]相对于著名英雄所起到的榜样示范作用，从无名英雄身上抽象出来的价值就成了集体精神的内核。正如本尼迪克特·安德森所说的，"没有什么比无名战士的纪念碑和墓园，更能鲜明地表现现代民族主义文化了。这些纪念物之所以被赋予公开的、仪式性的敬意，恰好是因为它们本来

---

[1]［德］扬·阿斯曼著，金寿福、黄晓晨译：《文化记忆：早期高级文化中的文字、回忆和政治身份》，北京大学出版社 2015 年版，第 57 页。

[2]［德］扬·阿斯曼著，金寿福、黄晓晨译：《文化记忆：早期高级文化中的文字、回忆和政治身份》，北京大学出版社 2015 年版，第 58—59 页。

[3]［德］扬·阿斯曼著，金寿福、黄晓晨译：《文化记忆：早期高级文化中的文字、回忆和政治身份》，北京大学出版社 2015 年版，第 57 页。

[4]［德］扬·阿斯曼著，金寿福、黄晓晨译：《文化记忆：早期高级文化中的文字、回忆和政治身份》，北京大学出版社 2015 年版，第 59 页。

就是被刻意塑造的，或者是根本没人知道到底是哪些人长眠于其下"，"尽管这些墓园之中并没有可以指认的凡人遗骨或者不朽的灵魂，它们却充塞着幽灵般的民族的想象"。[1]现代民族国家的产生，除了印刷术等能让不同地域的不同群体在文字阅读中产生对共同的国家的想象外，这些纪念物也起着相似的作用。也正因为这样，地方的烈士陵园除了有具体英烈的墓冢之外，还会建立起无名烈士纪念碑。就国家层面来说，除了有上述著名英烈的纪念场所外，天安门广场还建立了人民英雄纪念碑，以纪念近代以来在革命斗争中牺牲的为现代国家建立作出贡献的无名英烈。《灯光》由天安门的灯光写到全国解放前夕战场上郝副营长点燃的火光，虽然并没有明确写到人民英雄纪念碑以及无名英雄，但应该是由此而引发的联想，由人民英雄纪念碑想到无数的无名英雄再想到郝副营长。其实郝副营长有姓无名，而且是虚构出来的英雄，也是作者根据无数英雄的行为和精神进行"典型化"处理后的结果，所以实际上就是一个"无名英雄"。[2]从全篇来看，就是要告诉作为国家的未来和民族的希望的孩子们：祖国今天的繁荣、安宁，人们所享受的幸福、平静的生活，正是由过去的众多英雄，尤其是无名英雄用生命换来的。

[1]［美］本尼迪克特·安德森著、吴叡人译：《想象的共同体——民族主义的起源与散布》，上海人民出版社2005年版，第9页。

[2]曾雅诗认为《灯光》中的"郝副营长"实有其人，是陕南独立团团长郝世英。(《灯塔长明——记王愿坚〈灯光〉主人公原型郝世英》，载《读写月报》2021年7月中旬刊。)不过，课文里写的郝副营长是于1947年初秋在豫苏皖平原牺牲的，而郝世英是于1949年2月5日在解放商南的战斗中牺牲的。他们牺牲时的年龄也不同，一个是22岁，一个是34岁。而且曾文并未提及郝世英在牺牲过程中是否也有郝副营长这样的行为。所以，两人仅是姓氏相同而已。可见，"郝副营长"就像作者王愿坚写的《党费》中的黄新、《七根火柴》中的卢进勇、《普通劳动者》中的林将军等一样，是虚构出来的人物。

二、个体记忆与群体记忆

从记忆的主体来看，记忆分为个体记忆和群体记忆。不过，"个体同时属于许多不同的群体——从家庭到宗教的或民族的集体"[1]，个体记忆多数也是在参与一个集体中的活动或与人交往的过程中形成的。所以，"虽然记忆与回忆的主体仍然是单个的人，但他受制于组织其回忆的'框架'"[2]。这里的"框架"应该就是一个群体共同的价值观念、思维方式等。《灯光》正是通过"我"这一个体所记忆的一个人、一件事，将其转化成"我"这一代人的记忆。个人记忆能否转化成群体的记忆，主要视其所记忆的内容的"现时"价值："如果一个人或一个社会可以记住的，仅仅是那些处在每个当下的参照框架内、可以被重构为过去的东西，那么被忘记的就恰好是那些在当下已经不再拥有参照框架的东西。"[3]或者说，也正是因为通过个体记忆向群体记忆的转化才使被记忆的对象的价值得以凸显及存续。《灯光》正是通过"我"这一个体的记忆，形塑了郝副营长的高大形象，进而使其牺牲的精神在当下仍具有正面的意义，使其事迹被当下的人们讲述，其本人也被后人持续地追怀，进而变成"我"这一代人的记忆以及"我"及"我们"的后代们的记忆。

三、时空关联与群体关联

首先，记忆需要用时空使对象被具体化。"回忆形象需要一个特定的空间使其被物质化，需要一个特定的时间使其被现时化，所以回忆形象在空间和时间上总是具体的，但这种具体并不总意味着地理或历史意义上的具体，

---

[1][德]扬·阿斯曼著，金寿福、黄晓晨译：《文化记忆：早期高级文化中的文字、回忆和政治身份》，北京大学出版社2015年版，第29页。

[2][德]扬·阿斯曼著，金寿福、黄晓晨译：《文化记忆：早期高级文化中的文字、回忆和政治身份》，北京大学出版社2015年版，第29页。

[3][德]扬·阿斯曼著，金寿福、黄晓晨译：《文化记忆：早期高级文化中的文字、回忆和政治身份》，北京大学出版社2015年版，第29页。

且集体记忆会在具体时空中促发一些结晶点。"[1]《灯光》写了两组相对应的时空。一是清明节前的一个晚上和天安门广场，一是全国解放前夕一个夜晚和解放战争期间的一个战场。清明节是祭祀先人的特定节日，天安门广场上的人民英雄纪念碑是纪念先烈的建筑。在清明节的一个夜晚、天安门广场这一特定的时间和空间，想起全国解放前夕的一个夜晚和解放战争期间的一个战场这一特殊的时间和空间，就是将两者各自具体化并关联起来，使人们意识到正是无数次战斗中无数个英雄的生命才换取了新中国的成立和当下的生活，所以要在清明节等特定的节日、在天安门广场等特殊的地点缅怀这些先烈。一种"在集体中被经历的时间"（节日）和一个"被唤醒的空间"（纪念碑）[2]，更容易引发人的回忆，并在回忆中联想到与之相关的人、事、物、景（如将对先烈的缅怀与对祖先的追怀同构，并置于清明节这一传统的纪念节日之中；将郝副营长归属于人民英雄这个群体，而"我"又是"人民"的一员），积淀某种特殊的认识，如理念、信仰之类。

其次，记忆需要与群体关联并使其固定化。"集体记忆附着于其载体之上，不能被随意移植。分享了某一集体的集体记忆的人，就可以凭此事实证明自己归属于这一群体，所以，集体记忆不仅在空间与时间上是具体的……它在认同上也是具体的，这即是说，集体记忆完全是站在一个真实的、活生生的群体的立场上的。"[3]"作为回忆共同体而建立的社会群体主要从两方面来保存自己的过去：独特性和持久性。群体的自我认识，即群体为自身塑造的形象，强调了与外部的差异；同时，群体内部存在的差异则被有意弱

[1][德]扬·阿斯曼著，金寿福、黄晓晨译：《文化记忆：早期高级文化中的文字、回忆和政治身份》，北京大学出版社 2015 年版，第 31 页。

[2][德]扬·阿斯曼著，金寿福、黄晓晨译：《文化记忆：早期高级文化中的文字、回忆和政治身份》，北京大学出版社 2015 年版，第 31 页。

[3][德]扬·阿斯曼著，金寿福、黄晓晨译：《文化记忆：早期高级文化中的文字、回忆和政治身份》，北京大学出版社 2015 年版，第 32 页。

化了。"[1]《灯光》里的郝副营长这个典型的个体与"人民"这个群体，都有相同的理想、品质，都是与敌人相对立的，因此二者有一致性。课文通过"我"对郝副营长光辉事迹的回忆，对清明节前一天晚上的天安门广场情境的描述，将个人的记忆与群体记忆关联起来，让这个群体里的每一个人认识到"我"是集体中的一个成员，从而消除异端的想法、私人的欲望、单独的行动，以郝副营长以及人民英雄纪念碑上所赞颂的人民英雄的志向、情感和行为为"我们"的标准。

四、反复解释与重新建构

群体记忆的形式有两种：一种是有组织形式的仪式和节日及有物质形式的纪念物的文化记忆，一种是通过口头和书面表达、交流的交往记忆。[2]其中交往记忆中又有反复解释与重新建构等策略。反复解释，既可以让被记忆的对象变得有意义，使其在理解中被记住，又可以因为重复强化而被记得更牢固。重新建构就是赋予某个事物、现象、行为以新的内涵、价值。无论是反复解释还是重新建构，首先都要使对象重复出现。《灯光》是课文的标题，文中反复出现了不同的灯光：天安门广场上亮着的电灯、划着的火柴的亮光（一种战地读书用的临时灯）、书的插图中一盏吊着的电灯、郝副营长心中和口中一盏理想的灯（胜利后孩子们能在电灯下学习）、郝副营长用火柴点燃的那本书发出的火光（为突击队找到突破口也因此暴露了自己的位置而牺牲了自己的探照灯）、天安门广场上的郝副营长没来得及见到的璀璨的华灯。灯光，象征着光明、温暖。文中的灯光虽然出现在不同的时间、空间里，有着不同的形状，但是其给人的感觉是相同的，都给人以希望。这些灯光又是相关联的。郝副营长希望能看到胜利后孩子们在电灯下安静地读书，

---

[1]［德］扬·阿斯曼著，金寿福、黄晓晨译：《文化记忆：早期高级文化中的文字、回忆和政治身份》，北京大学出版社 2015 年版，第 33 页。

[2]［德］扬·阿斯曼著，金寿福、黄晓晨译：《文化记忆：早期高级文化中的文字、回忆和政治身份》，北京大学出版社 2015 年版，第 41 页。

为了这个目标他点燃了让战友前行而使自己牺牲的那本书。正是无数个像郝副营长那样的先烈，用生命换来了天安门广场上千万盏璀璨的灯。因此，文中三次出现了"多好啊"：一次是开头写新中国成立后一个清明节的晚上漫步在天安门广场上听到别人对广场华灯璀璨的赞叹，另外两次是写解放战争期间一个夜晚郝副营长对插图中孩子们在电灯下读书的羡慕和对胜利后孩子们能在电灯下学习的憧憬。第一个"多好啊"引发了对第二、第三个"多好啊"的回忆。虽然一个是由作者所见的现实场景引发的，另外两个是由郝副营长所见他人虚拟的场景和自己所憧憬的场景引发的，但是在"多好啊"的重复中让人们记住了幸福生活的模样，理解了其形成的过程和条件。在重复出现中通过重复解释达到重新建构的目的。如对中心事件郝副营长点燃书本的行为，不是将其视为一般性的战场上的应激反应，或者是常见的机智行为，而是通过重复解释其动机，将其升华为一种为了让亿万儿童过上幸福生活而牺牲自己生命的行为。作者先是通过郝副营长自己之口来解释："赶明儿胜利了，咱们也能用上电灯，让孩子们都在那样亮的灯光底下学习，该多好啊！"然后作者自己来阐释："这位年轻的战友为了让孩子们能够在电灯底下学习，不惜牺牲自己的生命，他自己却没有来得及见一见电灯。"同时，前文提到，作者通过对不同时空中出现的不同灯光的描述，赋予灯光以新的内涵：这不是自然的灯光，这是生命之光，是无数先烈用生命换来的胜利之光、希望之光、幸福之光。

《大雁归来》：依体而读，因文而教

教育部组织编写、人民教育出版社 2017 年版《义务教育教科书（五·四学制）·语文》八年级下册第二单元第 5—8 课，是一组科学小品文或者叫作文艺性说明文：《大自然的语言》（竺可桢）、《阿西莫夫短文两篇》（《恐龙无处不有》《被压扁的沙子》）、《大雁归来》（利奥波德）、《时间的脚印》（陶世龙）。《大雁归来》的解读与教学应在准确界定其文体的基础上，根据其文体特征来进行。

一、兼具科学性与人文性的文艺性说明文：《大雁归来》的文体及其特点

教科书的编者在第二单元的导语中提醒师生："学习本单元，要注意理清文章的说明顺序，筛选主要信息，读懂文章阐述的事理；还要学习分析推理的基本方法，善于发现问题、思考问题、质疑问难，激发科学探究的兴趣。"[1] 其中选自《沙乡年鉴》的《大雁归来》后的"阅读提示"称："本文是一篇富有文学色彩的科学观察笔记。"[2] 教科书编者对《大雁归来》的文体界定以及对包括《大雁归来》在内的这组特定文体的解读要点（除了与本单元的写作训练"说明的顺序"相关且学生很容易找出的说明顺序外，主要是"筛选主要信息，读懂文章阐述的事理"）和教学内容的确定（"学习分

---

[1] 教育部组织编写，温儒敏总主编：《义务教育教科书（五·四学制）·语文》（八年级下册），人民教育出版社 2017 年版，第 27 页。

[2] 教育部组织编写，温儒敏总主编：《义务教育教科书（五·四学制）·语文》（八年级下册），人民教育出版社 2017 年版，第 42 页。

析推理的基本方法，善于发现问题、思考问题、质疑问难，激发科学探究的兴趣"），无疑是抓住了说明文的基本特点，也符合语文课程标准的相关规定。虽然没有突出其文艺性（小品文）的特点，但是学生大致可据此解说并结合文体特点来解读这篇课文，教师也大致可据此来确定教学内容、设计教学过程、选用教学方法。

然而，与之配套的义务教育教科书教师用书的编者却在这一课的"教学建议"中提出："对于本篇的文体，不必过于拘泥。"[1] 其解读的要点和教学内容的确定也不是上述"单元导语"中所确定的"筛选主要信息，读懂文章阐述的事理"以及"学习分析推理的基本方法"等，而是把"教学重点"确定为"把握文章的基本内容，理解说明顺序""感受作者的情怀，理解文章的思想内涵"和"热爱自然，尊重生命"，而且在其"教学设计"中依次设计了三个环节：初读课文，提取主要信息，概述大雁的旅程；品味语言，感悟情怀；延伸拓展，感悟人与自然的关系。[2] 这些教学建议和设计，既没有落实语文教科书中所确立的单元教学重点，也没有抓住这篇课文的文体特点。

文艺性说明文兼具科学性和人文性。科学性主要体现为其介绍科学知识，传播科学精神；人文性主要体现为其往往会采用文学的笔法，饱含人文情怀。说明文的教学重点，应该是教给学生获取信息和提出问题的方法。文艺性说明文的教学还应兼顾其人文性，让学生在鉴赏中获得审美愉悦。下面，根据语文教科书编者的提示及《大雁归来》的文体特点来解读其文本，并探讨其教学设计。

[1] 人民教育出版社、课程教材研究所、中学语文课程教材研究开发中心编著：《义务教育教科书（五·四学制）教师教学用书·语文》（八年级下册），人民教育出版社2017年版，第90页。

[2] 人民教育出版社、课程教材研究所、中学语文课程教材研究开发中心编著：《义务教育教科书（五·四学制）教师教学用书·语文》（八年级下册），人民教育出版社2017年版，第89—91页。

二、依体而读：作为文艺性说明文的《大雁归来》到底写了什么？怎么写的？

语文教师教学用书八年级下册的编者在"教学建议"中指出："重在理解本篇集知识性、抒情性与思想性于一身的特点，引导学生从这三个角度理解、感受、体认。"[1]这种说法有点似是而非。前文说过，应该直接围绕其文体所具备的科学性与人文性来带领学生解读文本。就科学性来说，这篇课文从正面介绍了有关大雁的科学知识，从侧面体现了作者的科学精神。就前者来说，作者按时间的顺序（3—5月）介绍了迁徙的大雁（春雁）的三种习性：守时（第1—2段）、直行（第3—6段）、群居（第7—13段）。这三种习性（事物的特征）是将大雁与其他事物比较或将一个群体中的不同个体比较后得出的。与早到的燕子、把暖流误解为春天来临而开唱的主红雀、把外面的阳光误解为春光而出洞的花鼠不同，大雁一定要等到每年的3月春天真正来临时才归来，可见其守时。与短距离直行而长距离折行的乌鸦不同，大雁在迁徙时是直行的，它们会"坚定不移地向南飞行20英里直达最近的大湖"，只是到了栖息地之后，才会"顺着弯曲的河流拐来拐去"，"低低地在沼泽和草地上空曲折地穿行着"，在沼泽的上空"做了几次试探性的盘旋"，然后"静静地向池塘滑翔下来"或"像凋零的枫叶一样，摇晃着从空中落下来"。再就是"雁群是一些家庭，或者说是一些家庭的聚合体"，与飞行和鸣叫频繁而且声音凄厉得如同"丧失了亲人的幸存者"的孤雁不同，绝大多数出现的是"六只或以六的倍数组成的雁队"。这样通过比较就把大雁作为候鸟的守时而归、长途直行、合群而栖的三个特点写出来了，让读者了解了有关大雁的科学知识。

作者的科学精神，主要体现在他一年四季的蹲守、细致入微的观察、对

---

[1]人民教育出版社、课程教材研究所、中学语文课程教材研究开发中心编著：《义务教育教科书（五·四学制）教师教学用书·语文》（八年级下册），人民教育出版社2017年版，第90页。

人与自然关系的思考（作者是美国的林业学家、生态学家，被誉为美国的"生态伦理之父"[1]）三个方面。

就人文性来说，这篇课文采用了多种文学手法，并饱含了浓郁的人文情怀。全篇充满着文学的气息，尤其是第4、6、9段中的文学性更浓，主要体现为采用了拟人、比喻等修辞手法，对事物的描写生动形象，场面描写意境化，情感、思想的表达含蓄蕴藉。如第6段：

> 与秋天一样，我们的春雁每天都要去玉米地做一次旅行，但绝不是偷偷摸摸进行的。从早到晚，它们一群一群地喧闹着往收割后的玉米地飞去。每次出发之前，都有一场高声而有趣的辩论，而每次返回之前的争论则更为响亮。返回的雁群，不再在沼泽上空做试探性的盘旋，而像凋零的枫叶一样，摇晃着从空中落下来，并向下面欢呼的鸟儿们伸出双脚。那接着而来的低语，是它们在论述食物的价值。它们现在所吃的玉米粒在整个冬天都被厚厚的积雪覆盖着，所以才未被那些在雪中搜寻玉米的乌鸦、棉尾兔、田鼠以及环颈雉所发现。

如果是一般性的说明文，这一段会写成：每天白天雁群会直接飞往收割后的玉米地啄食掉落的玉米粒。它们在起飞和降落时会发出嘹亮的叫声，而在啄食时会发出低而短的声音。然而，作者在这一段中采用拟人（"旅行""喧闹""辩论""争论""欢呼""低语""论述"）和比喻（"像凋零的枫叶一样，摇晃着从空中落下来"）等修辞手法，把大雁觅食、飞行的形态和声音等描摹了出来，显得生动而形象。

又如第9段：

> 在4月的夜间，当天气暖和得可以待在屋外时，我们喜欢倾听大雁在沼泽中集会时的鸣叫。在那儿，有很长一段时间都是静悄悄的，人们听到的只是沙锥鸟扇动翅膀的声音，远处的一只猫头鹰的叫声，或者是

[1] 人民教育出版社、课程教材研究所、中学语文课程教材研究开发中心编著：《义务教育教科书（五·四学制）教师教学用书·语文》（八年级下册），人民教育出版社2017年版，第91页。

某只多情的美洲半蹼鹬从鼻子里发出的咯咯声。然后，突然间，刺耳的雁叫声出现了，并且带着一阵急促的混乱的回声。有翅膀在水上的拍打声，有蹼的划动而发出来的声音，还有观战者们激烈的辩论所发出的呼叫声。随后，一个深沉的声音算是最后发言，喧闹声也渐渐低沉下去，只能听到一些模糊的稀疏的谈论。

如果是一般性的说明文，这一段可能会写成：4 月的夜间，大雁有时会打斗，并惊动其他的大雁，它们会因此发出鸣叫声。不过，作者先用沙锥鸟扇动翅膀的声音、远处的一只猫头鹰的叫声、美洲半蹼鹬从鼻子里发出的咯咯声来渲染整个环境的静谧，然后写大雁因打斗而引发整个雁群的鸣叫。类似的环境描写，还有第 4 段中对大雁归来之初在沼泽和草地上空飞翔及降落的集中描写，以及第 1 段中的"一群大雁冲破了 3 月暖流的雾霭"和第 10 段中的"在 5 月来到之时，我们的沼泽便再次成为弥漫着青草气息的地方，那些红翅黑鹂和黑脸田鸡更给它增添生气"等描写，都极具画面感。作者对大雁打斗的描写很含蓄，用了"观战者们"这个词来暗示它们在打斗。它们为什么而打斗呢？作者并没有明说。是因为争夺栖息地而打斗，还是因为偶尔的身体碰触而被惊醒进而相互打斗，还是因为争夺配偶而打斗？都不知道。一般来说，雁群迁徙到目的地，经过一段时间的体力恢复、营养补充之后，就会交配、繁殖。不过，大雁不像其他很多动物那样，雄性之间在交配之前要通过打斗取得与雌性的交配权，因为它们实行的是"一夫一妻"制。不过，作者在前面写到了"多情的美洲半蹼鹬"，接着又在第 10 段写道："等到白头翁花盛开的时候，我们的大雁集会也就逐渐少下来。"大雁集体觅食的行为减少，可能是因为此时雌雁正在孵卵而无法长时间离巢，或幼雁已经出壳，雌雁需要照顾它们。不过不管是哪一种情况，雄雁都要频繁外出觅食并及时带回食物。

作者的人文情怀主要体现在他对人与自然以及人与人之间的关系的思考上。作者在第 2、3 段写 11 月份南飞的鸟群不敢在它们所喜欢的沙滩和沼泽上停留。此时的大雁（秋雁）不敢在沼泽地和池塘边栖息，是因为有些地方

（如威斯康星州）的法规允许在这段时间狩猎而导致它们常遭到枪击。只有在"休战"的时候，它们才能四处穿行、自由飞翔、快乐鸣叫。写这些的目的就是要告诉人们，人类和野生动物都是这片土地上的成员，人类要爱护野生动物，让它们像人类一样在这块土地上自由、幸福地生活。作者试图在文中宣传一种人与自然和谐共存的理念。正如作者在《沙乡年鉴》英文版序言中所宣称的，要树立一种"土地是一个共同体的观念"，也就是说"土地需要被热爱和被尊敬"，包括土地上的动植物（如作者在文中多处称"我们的大雁""我们刚到的客人""伤心的单身""雁群是一个家庭""大雁集会"等），要"把土地看成一个我们隶属于它的共同体"，而不能"把它看成一种属于我们的物品"，不能"蹂躏土地"。[1] 或者像译序作者苏珊·福莱德所说的，"把土地看成一个由相互依赖的各个部分组成的共同体——人只是共同体中的一个普通成员和公民"[2]。

作者又由第 7—10 段所写的大雁群居的习性，联想到人类团结的重要，便在第 11—13 段中写了雁群、人群中的这种"联合"观念及其重要性：

1943 年的开罗会议上人们发现，各国之间的联合是不可预期的。然而，大雁的这种联合观念已经有很长时间了。每年 3 月，它们都要用自己的生命来为实现这个基本的信念做赌注。

自更新世以来，每年 3 月，从中国海到西伯利亚，从幼发拉底河到伏尔加河，从尼罗河到摩尔曼斯克，从林肯郡到斯匹次卑尔根群岛，大雁都要吹起联合的号角。

因为有了这种国际性的大雁迁徙活动，伊利诺伊的玉米粒才得以穿过云层，被带到北极的冻土带。在这种每年一度的迁徙中，整个大陆所

[1]人民教育出版社、课程教材研究所、中学语文课程教材研究开发中心编著：《义务教育教科书（五·四学制）教师教学用书·语文》（八年级下册），人民教育出版社 2017 年版，第 95 页。

[2]人民教育出版社、课程教材研究所、中学语文课程教材研究开发中心编著：《义务教育教科书（五·四学制）教师教学用书·语文》（八年级下册），人民教育出版社 2017 年版，第 93 页。

获得的是从 3 月的天空洒下来的一首有益无损的带着野性的诗歌。

《沙乡年鉴》写于作者生前，出版于 1949 年，均在第二次世界大战结束不久。二战期间，法西斯发起侵略战争，人类互相残杀，数千万人失去了生命，人类文明遭遇重创。其间《开罗宣言》的签署及战后联合国等组织的成立，促进了不同国家和民族的人民的团结，人们不能再像孤雁那样成为伤心的也让人感伤的"丧失了亲人的幸存者"；同时，《开罗宣言》和国际组织也促进了不同国家和民族彼此之间在政治、经济、文化各方面的交流，就像大雁吹起全球性联合的号角进行国际性大迁徙的活动会将美国伊利诺伊州的玉米粒带到北极的土地上一样。

大雁的叫声像一首动听的诗歌，而大雁的行为像一首蕴藉的诗歌（含蓄地表达某种思想情感，即人类要向大雁学习，学习它们的"联合观念"；或者像作者在《沙乡年鉴》英文版序言中所宣称的，"土地产生了文化结果"，通过对大雁的观察、思考获得的这种启示，就是在科学的基础上"奉献给文化的美学收获"[1]）。所以，作者在文章的最后写道："在这种每年一度的迁徙中，整个大陆所获得的是从 3 月的天空洒下来的一首有益无损的带着野性的诗歌。"

三、因文而教：作为文艺性说明文的《大雁归来》应该教些什么？怎么来教？

一般性说明文的写作主要是把事物介绍清楚、把事理解说明白，阅读就是要把作者所写的内容弄明白，阅读教学就是要教会学生运用某些阅读方法把作者所写的内容弄明白。换言之，一般性说明文阅读教学的内容就是要教学生获取信息的方法和策略，如辨别、回忆、分类、比较、概括、总结、推断、评价等。我曾在《重回"获取信息"的原点：说明文教学的问题与对

---

[1] 人民教育出版社、课程教材研究所、中学语文课程教材研究开发中心编著.《义务教育教科书（五·四学制）教师教学用书·语文》（八年级下册），人民教育出版社 2017 年版，第 95 页。

策》中，针对一般性说明文的文体特征（准确、明确地呈现信息）、阅读的主要目的（获取文本信息），建构了一个"获取信息·读写分离·问做促读"的说明文阅读教学模型。基本做法就是将教学分成两步：第一步，通过提问、讨论、解答的方式获取文本所含的全部内容信息（从字词到整个篇章），就是通过上述阅读方法和策略逐字逐句地弄懂文意。第二步，选择其中的关键内容（表述抽象、程序复杂）并通过任务驱动（动脑、动嘴、动手）、情境设置（经验的还原）的方式来完成，就是针对在第一步中无法根据文中的语言文字并通过上述阅读方法和策略弄明白的地方，通过联系一些生活中可以见到的事物让学生观察，设置需要运用某种事理的任务让学生解决，从而让学生进一步在活动中理解这些关键性的内容。[1]如上述关于大雁迁徙的守时、直行、群居的习性的获取，就是通过比较、概括等方法获得的。还有"因为有了这种国际性的大雁迁徙活动，伊利诺伊的玉米粒才得以穿过云层，被带到北极的冻土带"，根据生物学知识可以推断这句话的意思是指一些没有被消化的种子会随着动物的迁徙、排泄而被传播到另一个地方。不过，有些语句是不易理解的，如第3段中的"向我们农场宣告新的季节来临的大雁知道很多事情，其中包括威斯康星的法规"以及"乌鸦通常被认为是笔直飞行的，但与坚定不移地向南飞行20英里直达最近的大湖的大雁相比，它的飞行也就成了曲线"。关于前者，除了应根据后文来推断之外，还应查阅相关的文献，然后才会知道，作者在这里用幽默的口吻说大雁知道威斯康星的法规，是指此地的法律规定冬天可以狩猎而其他季节狩猎就违法。关于后者，则需要查阅资料或实地观察才能明白作者是说乌鸦的飞行是短距离直行而长距离折行（"曲线"），大雁在迁徙时是长距离直行而到达栖息地后才会短距离折行（"盘旋"）。还有以上提出的4月夜晚大雁为何打斗、鸣叫等，更需要"研究"。

---

[1]张心科：《重回"获取信息"的原点：说明文教学的问题与对策》，载《语文教学通讯（初中刊）》2020年第4期。

以上教学内容、过程和方法是针对《大雁归来》所具备的一般性说明文的特点来说的。如果是文艺性说明文，则还需要关注其特殊性。其特殊性在于其不仅要介绍事物（形态、构造、性质、种类、成因、功能、关系等）或阐释事理（概念、特点、来源、演变、异同等），还要通过一些文学的手法使说明更为形象、生动、浅易、有趣，甚至富有诗意，又往往会借说明事物来表达一种情感或寄寓某个哲理（体现一种人文情怀）；所以教学内容不仅仅是获取其所表达的"信息"，还要感受、揣摩、理解、体会其是如何表达"信息"的，其教学过程与方法也与一般性说明文的教学不同，就是要在完成上述一般性说明文的教学之后，再引导学生通过想象、联想、诵读、评点等方法来欣赏这些部分，从而获得一种审美愉悦。如诵读相关的句段，想象大雁飞行的姿态、叫声，描绘大雁觅食、栖居的场景，揣摩"赌注""闲荡""身上的冬天"等词语的含义，欣赏语句中比喻、拟人等手法运用的巧妙，体会作者含蓄地表达的思想、情感及其效果，等等。

另外，对于"在说明文教学中进行适度的文学赏析"[1]的主张还需要稍作辨析。如果从整篇来看，文本是一篇一般性的说明文，只是局部有一点文学性，那么不宜用鉴赏等方式让学生获取审美愉悦。如《中国石拱桥》中"初月出云，长虹饮涧"这句引用及"这些石刻狮子，有的母子相抱，有的交头接耳，有的像倾听水声，有的像注视行人，千态万状惟妙惟肖"这一处描绘，体现了文学性，但不宜将审美鉴赏作为这篇说明文的教学重点，而应该视其为一般性说明文，教会学生获取信息的方法。如果是通篇或大部分都采用了文学笔法的文艺性说明文，那么可以在教会学生获取信息方法的同时，应引导学生进行审美鉴赏。只有把握好了这个度，才能确定适宜的教学内容，安排合理的教学过程，采用合适的教学方法。

---

[1]梁青：《说明文教学进行适度文学赏析的可行性研究》，载《新课程研究》2002年第1期。

《阿长与〈山海经〉》：散文的真实性与文学性

《阿长与〈山海经〉》是一篇写人叙事散文；选自散文集《朝花夕拾》，也是一篇回忆性散文。

散文特点，首先是真实性（非虚构性）。散文写的是真人真事，抒发的是真情实感（题材：所写是不是都是"花"）。从真实性这个角度来说，阅读写人叙事的回忆性散文，应该从"昔日之我"与"今日之我"两个视角来看待所写的人、事。昔日（"朝"）之"我"（童年周树人）是如何看待"我"（儿童、被服务者）与"人"（成人，亲近的服务者，"一个一向带领着我的女工"，"保姆"，"阿妈"，"阿长"）的：她不"好"的言行（"切切察察""不许我走动""晚上的睡相，怕不见得很好罢""恭喜""福橘""她教给我的道理还很多"）与"我"的态度（"实在不大佩服""我所不耐烦的""烦琐之至"）；"好"的言行（"长毛"的故事）与"我"的态度（"空前的敬意"）；不"好"的言行（"谋害了我的隐鼠"）与"我"的态度（敬意完全消失，"严重地诘问"，"复仇"）；"好"的言行（买来"念念不忘"的《山海经》）与"我"的态度（"遇着了一个霹雳，全体都震悚起来"）。文章就是这样用"好"与"不好"穿插推进的。今日（《阿长与〈山海经〉》写于1926年，鲁迅时年45岁，当时周海婴还没出生。鲁迅和许广平1927年到上海，海婴在鲁迅48岁时出生）之"我"（写作者、成人）如何看待今日、昔日的"我"（作家、成人）以及今日、昔日的"人"（阿长）。此时的鲁迅对儿童与成人的看法不同：对待儿童，仍然保持五四时期"发现儿童"时对儿童的看法。（1919年，鲁迅在《我们现在怎样做父亲》中宣称："父母对于子女，应该健全的产生，尽力的教育，完全的解放"，而不是"卫道"的圣人之徒对待"逆子叛弟"。[1]）所以，今天对其中的"我"（童年的周树人）的看法没有改变，没有赞许或悔恨，认为当年的"我"的各种言行以及对长妈妈的"好"与"不好"的看法都是一个儿童正常的言行和心理，属自然而然；而对其中的"阿长"的态度却发生了很大的变化：在昔日之"我"的眼中，阿长有好有坏，而在今日之"我"（成年周树人、作家鲁迅）的眼中，阿长是一个有别于一般封建大家庭中的"圣人之徒"的真正的"人"，她真实、善良。正因为她是一个真实的人，所以她才会有好和不好的言行。"我"对她的态度寄寓在最后几句话中："我的保姆，长妈妈即阿长，辞了这人世，大概也有了三十年了罢。我终于不知道她的姓名，她的经历；仅知道有一个过继的儿子，她大约是青年守寡的孤孀。仁厚黑暗的地母呵，愿在你怀里永安她的魂灵！"今日之"我"对她的感情是十分复杂的：有忏悔（不知道她的姓名和经历），有同情（同情她的家庭和生活的不幸），还有祈盼（愿她的灵魂安息），并最终让自己得到慰藉（写作这篇散文以追怀）。45岁的生理年龄属于中年，而此时鲁迅的心理年龄是老年。在经历世事变幻、人情冷暖之后，过往的一切都变成了"花"，即便是客观地看或者从昔日之"我"来看，当年阿长的某些言行是刺，但是在今日也变成了与"花"相关的一部分。

其次是文学性。散文属于文学作品，所以其有文学性。文学性就是在真实性的基础上运用一般文学作品所常用的除了虚构之外的一些创作方法以使作品产生特有的审美效果，其目的是增强作品的可读性。散文的文学性主要体现在运用书写策略的两种方法上（写法：如何去"拾"）。一是忠实于记忆。"被回忆起的东西在它被召回的那一刻会发生移位、变形、扭曲、重新评价和更新。"[2]即便是忠实于记忆，在拉开时空距离之后，不再以功利（危及人的生命、财产、权力、地位、名誉等）的标准看待人物和事件，那么在

[1]《鲁迅全集》（第一卷），人民文学出版社2005年版，第141—142页。

[2][德]阿莱达·阿斯曼著，潘璐译：《回忆空间：文化记忆的形式和变迁》，北京大学出版社2016年版，第22页。

一种无功利的情况下对待事物时审美的、情感的成分就会加大，这样就使其产生文学作品应有的功能。就像鲁迅在《〈朝花夕拾〉小引》中写的："我有一时，曾经屡次忆起儿时在故乡所吃的蔬果：菱角，罗汉豆，茭白，香瓜。凡这些，都是极其鲜美可口的；都曾是使我思乡的蛊惑。后来，我在久别之后尝到了，也不过如此；惟独在记忆上，还有旧来的意味留存。他们也许要哄骗我一生，使我时时反顾。"[1]一些记忆也许与事实不符，甚至"发生移位、变形、扭曲、重新评价和更新"，但是就像鲁迅在《〈朝花夕拾〉小引》中接着写的："这十篇就是从记忆中抄出来的，与实际容或有些不同，然而我现在只记得是这样。"[2]这种拉开时空距离后脱离了具体情境、摆脱了功利束缚的回忆，即便是努力忠于事实，也会因为审美、情感因素的作用，使得所记之事、所写之人更接近于文学作品中的事和人，而变得或者只剩下曲折、有趣的内容。这样一来，这些记忆中的"真实"的事件、人物本身就像文学作品中的曲折的情节、有趣的人物一样很吸引人。二是有意去改编（书写）。张若朴曾著文对比教科书中以一战为题材的课文与当时报纸上记载的华工新闻以及华工的生活日记，认为教科书的书写包括强化、削弱和遗忘等三种方式。[3]与《阿长与〈山海经〉》相关的"题材"（在作品正式写作前被选作写作对象但尚未加工的材料），在周作人写的两本书中都有记载：一是《鲁迅的故家》，上海出版公司1952年出版。其中有《阿长的结局》《阿长的结局二》《山海经》《山海经二》。二是《鲁迅小说里的人物》，上海出版公司1954年出版。其中有《老鼠》《阿长与山海经》《山海经与玉田》。这两本书均由人民文学出版社于1957年重版。对照鲁迅写的《阿长与〈山海经〉》与周作人在这两本书中追述的相关内容，可以发现鲁迅也采取了强化、削弱和遗忘三种书写策略。

[1]《鲁迅全集》（第二卷），人民文学出版社2005年版，第236页。
[2]《鲁迅全集》（第二卷），人民文学出版社2005年版，第236页。
[3]张若朴：《书写与记忆——以〈新法国语教科书〉中的华工题材课文为基础的考察》，硕士学位论文，比利时根特大学2023年。

　　强化，主要体现在有关阿长买、送《山海经》的记述上。和鲁迅在《阿长与〈山海经〉》中一样，周作人在《鲁迅的故家》之《山海经》《山海经二》以及《鲁迅小说里的人物》之《山海经与玉田》中详细交代了那位曾经拥有《山海经》和其他多种绘图古籍的"远房的叔祖"玉田的身世，在《鲁迅的故家》之《山海经二》中还交代了鲁迅与《山海经》之间的关系；与鲁迅在《阿长与〈山海经〉》中详细、生动地交代阿长如何买、送给"我"《山海经》不同的是，周作人在《鲁迅小说里的人物》之《山海经与玉田》中有关阿长买、送《山海经》的交代只有一句话："那木刻小本的'山海经'的确是她所送的，年代当然不能确说，可是也约略可以推得出来。"[1]在周作人看来，玉田、鲁迅与《山海经》才是重要的事，而阿长买、送《山海经》是一件微不足道的事。然而，在周作人看来的这件小事，在鲁迅的《阿长与〈山海经〉》中被放大了，而且被置于"中心"位置。首先是他将《阿长与〈山海经〉》作为标题。文中记述了很多有关阿长的事，只以阿长买、送《山海经》为题，主要是突出这件事的重要性。其次是写与阿长有关的事在写到《山海经》时就收笔。大概这件事最能体现阿长作为"阿妈"的无私和作为"保姆"的超常。这是一种超越一般保姆的行为，这种行为中所体现的是一种超越了一般雇主与保姆之间的爱。

　　削弱，主要体现在写阿长的死上。在《鲁迅小说里的人物》之《阿长与山海经》中，有关阿长的死，记载也很简略："己亥四月长妈妈因发癫痫卒于舟中，我都在场，这些事已另行记下，收在'百草园'里了。"[2]也就是说，周作人曾经有过详细的记述。他在《鲁迅的故家》之《阿长的结局》中认为《阿长与〈山海经〉》"那里的缺点是没有说到她的下落"，所以他要将重点放在"阿长的结局"上。[3]在《阿长的结局》和《阿长的结局二》中，周作人通过摘录日记及回忆的形式较为详细地记述了阿长陪老太太等人

　　［1］周遐寿：《鲁迅小说里的人物》，人民文学出版社1957年版，第132页。

　　［2］周遐寿：《鲁迅小说里的人物》，人民文学出版社1957年版，第132页。

　　［3］周遐寿：《鲁迅的故家》，上海出版公司1952年版，第122页。

看戏在船上突发癫痫的经过，还描述了当时的场景：大家以为她还像以前那样突发癫痫，便让她躺下。她对老太太说了一句："奶奶，我弗对者！"然后，就不动了。[1]鲁迅不像周作人那样详细地描述长妈妈死的过程和场景，是因为这对于无论表现她的"好"还是"不好"都没什么作用，放进去反而冲淡了主题。放进去会让人以一种围观的视角、猎奇的心态看待她的死，削弱了她在文中形象的高大；而且会散泄了聚集于此的文气，因为前文写她"不好""好""不好""好"用了先抑后扬的手法，这样就在曲折之间逐渐聚集文气。当写到阿长买、送"我"《山海经》后，紧接着提及她的死、家庭、身世，之后作者便发出"仁厚黑暗的地母呵，愿在你怀里永安她的魂灵！"的呼告（祈愿），使情感的抒发达到高潮。鲁迅是学医的，关于灵魂的有无在他这里本不是问题。关于灵魂的有无，鲁迅的作品中有两处提及：一是在《祝福》中祥林嫂追问叙述者"我"人死后是否有灵魂，二是在这篇文章中愿长妈妈的灵魂得以安息。人只有在特别无奈或无助的情况下才会相信有一种超自然超现实的东西存在。可见，鲁迅特别希望有"地母"及"魂灵"的存在，来让自己得到慰藉。

遗忘，主要体现在处理长妈妈买、送《山海经》与她谋害"我"驯养的隐鼠的时间先后上。鲁迅在《阿长与〈山海经〉》中将谋害隐鼠放在买、送《山海经》之前，而这件事在《鲁迅小说里的人物》之《阿长与山海经》中是在买、送《山海经》之后："本文中说这在隐鼠事件以后，但实在恐怕还在以前，因为驯养隐鼠是在癸巳（1893）的次年，时代不很早了。"[2]显然，鲁迅是在"遗忘"。如果鲁迅在《阿长与〈山海经〉》中将长妈妈谋害隐鼠放置在买、送《山海经》之后，那必然会"有损"长妈妈此前在买、送《山海经》的过程中在"我"心中建立起来的超常、高大的形象；如果将此放在这之前用先抑后扬的方式来写长妈妈，那么所产生的效果就相反。正如周

[1] 周遐寿：《鲁迅的故家》，上海出版公司1952年版，第126页。
[2] 周遐寿：《鲁迅小说里的人物》，人民文学出版社1957年版，第132页。

作人在《阿长与山海经》中特意强调的："著者因为上文有那隐鼠事件，这里便连在一起，这大抵是无意或有意的诗化。小引中说与实际容或有些不同，正是很有可能的。"[1]这是文学作品中常用的"聚合法"，目的在于重新组织材料。

当然，周作人在《鲁迅小说里的人物》中讨论《阿长与〈山海经〉》，显然是将这篇散文当成小说了。这是一篇以真实性为基本特征的散文，不是周作人所说的以虚构为主的小说。不过，鲁迅在这篇散文中确实使用了包括小说创作在内的多种文学手法，他在非虚构的基础上进行了"有意的诗化"。

---

[1]周遐寿：《鲁迅小说里的人物》，人民文学出版社1957年版，第132页。

《世间最美的坟墓》：平淡的绚丽

1928 年 9 月，奥地利作家茨威格来到苏联，参加纪念列夫·托尔斯泰百年诞辰的活动。在这块神秘的国土上旅行的 14 天里，他见到到处是高涨的革命激情和无序的狂躁，这让他充满了困惑和疑虑。但当他来到托尔斯泰的故居和墓地时，见到的是世外桃源般的质朴和宁静，这又令他感到深深的震撼和敬仰，而写下这篇美文。本节试从内容方面的理趣美、意境美以及形式方面的构思美、语言美进行分析。

一、理趣美

有着高贵的出身、富足的家产、传奇的经历、杰出的著作、深邃的思想、显赫的声名的托尔斯泰，自己选择的归宿是"没有十字架，没有墓碑，没有墓志铭，连托尔斯泰这个名字也没有"，只静静地躺在远离尘嚣的大树下，唯风儿低吟，花儿相伴。这种强烈的反差，正应了中国一句古语："绚烂之极，复归于平淡。""平"并非平庸无奇，"淡"并非淡而无味。这正是这位饱经忧患的伟人在品味人生世相本真后的超脱。正如臧克家在《有的人》一诗中写的："有的人情愿作野草，等着地下的火烧"，"有的人死了，他还活着"，"人民永远记住他"，"把他举得很高，很高"。正是由于这种复归平淡的人生旨趣，才让人产生深深的震撼和敬仰，他的坟墓也由此"成了世间最美、给人印象最深的、最感人的坟墓"。同样是伟人，拿破仑、歌德、莎士比亚的墓窟被选置在显眼的地方，有着奢华的装饰，也许是为了永垂不朽，得到后人的仰慕，但任何人都可以踏进他们的墓区，惹来了终日的扰攘喧嚣。

二、意境美

伟大的艺术家把人生也艺术化了。他的选择把自己的生命演绎成一首幽美、淳朴的小诗。为了体现这一点，作者在写坟墓的地点、外观及周围的景物时，突出幽远、矮小、朴素、宁静等特点——远离尘嚣的林荫，一条羊肠小道，一丛丛灌木，一个长方形的小土丘，几株高大挺拔的树，不知名的小花，夏天有风儿低吟，冬天有温柔的白雪覆盖……人们不愿在这儿大声说话，不忍摘下一朵小花。美学家朱光潜说："文艺说来很简单，它是情趣与意象的融会，作者寓情于景，读者因景生情。"[1] 如果我们展开想象和联想，做到身临其境、设身处地，就会如入诗的意境。文中托尔斯泰的人格、茨威格这位"朝圣者"的深情和景物交融一体、浑化无痕。

三、构思美

首先，是景情点染、跌宕有致。作者以景渲染、以情点化，一跌一宕，推波助澜。开始写来到墓前，却不直接写墓，而是宕开一笔，通过托尔斯泰的外孙女交代他儿时的游戏、晚年的心愿。再写他坟墓的外观，又宕开一笔，将托尔斯泰与偶尔被发现的流浪汉、不为人所知的士兵类比，并抒写人们踏进墓地的感受。接着写坟墓周围的景物，却又宕开笔抒写人们面对坟墓的感受，并与其他伟人墓比较。无论景情、跌宕都围绕托尔斯泰的坟墓来写，使得整篇文章如同一串两色相间的珠链、一条波澜起伏的长河。

其次，是侧面烘托与反面衬托结合。文章除正面写托尔斯泰的坟墓及周围景物的特点来体现他的人格外，还运用虚写手法，通过人们的感受、行为来侧面烘托。如"怀着敬仰之情"，"唯有人们的敬意"，"扣人心弦"，"打动人心"，不大声说话去"破坏伟人墓地的宁静"，没有勇气去"摘下一朵花留作纪念"。又将托尔斯泰墓地的幽远、朴素与其他伟人坟墓的显

---

[1] 朱光潜著，杨辛、朱式蓉编选：《朱光潜选集》，天津人民出版社1993年版，第182页。

眼、奢华对比，将托尔斯泰墓地的宁静与其他伟人墓区的喧闹对比，来突出托尔斯泰朴素的绚丽、平凡的伟大。

四、语言美

首先，是音乐美。高尔基说："语言是一切事实和思想的外衣。"[1] 好的散文的语言应该是从作者心中、笔下缓缓流出的，流到当行处即行，流到不可不止处即止。文中或景或情，一跌一宕，又如同一首节奏和谐、旋律优美的乐曲。句式的整散结合，让人感到时而如私语切切，时而如急雨嘈嘈。如"没有十字架，没有墓碑，没有墓志铭，连托尔斯泰这个名字也没有"的排比、反复，突出托尔斯泰追求普通、自然。"老残军人退休院大理石穹窿底下拿破仑的墓穴，魏玛公侯之墓中歌德的灵寝，西敏司寺里莎士比亚的石棺"，渲染它们的显眼、富丽。

其次，是含蓄美。梅尧臣说，好的诗歌应"含不尽之意见于言外"。好的散文的语言也是蕴含丰富、韵味无穷的。"饱经忧患的老人突然从中获得了一个新的、更美好的启示。"什么启示？是实现童年的梦想？是因为怀旧而想到叶落归根？是因为生前被声名所累而追求死后的宁静与朴素？是想到能兑现童年诺言的人死后会得到幸福？是像我说的追求平淡的绚丽？"老残军人退休院大理石穹窿底下拿破仑的墓穴，魏玛公侯之墓中歌德的灵寝，西敏司寺里莎士比亚的石棺，看上去都不像树林中的这个只有风儿低吟，甚至全无人语声，庄严肃穆，感人至深的无名墓冢那样，剧烈震撼每一个人内心深藏着的感情。"那么，会产生怎样的感情呢？作者都没有说出，这些空白却引人遐思，耐人寻味。

---

[1]《文学理论基础》编写组编：《〈文学理论基础〉参考资料》，上海文艺出版社1985年版，第195页。

《昆明的雨》：匠心独运与别有寄托

商伟在《题写名胜：从黄鹤楼到凤凰台》的后记中特意提到自己对李白《登金陵凤凰台》与崔颢《黄鹤楼》的文本细读。不过，他认为"文本细读原不同于时下的'作品鉴赏'，也是为了从诗歌中读出问题来"[1]。也就是说，文本细读并非仅逐字逐句地推敲其艺术形式，还要发现其深层的意蕴，甚至揭示其隐秘的创作动机等。他的这本书围绕李白的众多相关的诗作，分析了李白试图通过模拟、改造来超越崔颢的《黄鹤楼》的"黄鹤楼情结"。

2017 年，汪曾祺的散文名篇《昆明的雨》被选入统编版《义务教育教科书·语文》八年级上册。此后，有大量的文本解读和教学设计发表。如有解读文章称："《昆明的雨》中，作者汪曾祺用一颗童心围绕'雨'描绘了昆明雨季具有代表性的事物，在童真童趣中，展示了昆明特别的民俗风情和淳朴的人情，表达了作者对第二故乡昆明的怀念。"作者将此文视为写景状物且写人叙事的散文，而记述的人、事主要是房东母女卖和送缅桂花，反映了她们生活的不易和心灵的美好（人性美）；抒发的感情，是表达了对第二故乡昆明的思念之情（故乡情）。[2] 还有教学设计"聚焦《昆明的雨》写景状物的高妙"[3]。在我看来，这些可能都是对《昆明的雨》的误读。这种误

[1] 商伟：《题写名胜：从黄鹤楼到凤凰台》，生活·读书·新知三联书店 2020 年版，第217 页。

[2] 陈瑞萍：《雨中情——〈昆明的雨〉文本细读》，载《语文教学通讯（初中刊）》2018 年第 3 期。

[3] 杨静：《〈昆明的雨〉教学实录》，载《中学语文教学》2020 年第 9 期。

读，既可能是因为文本解读和教学实录的作者自己对文本的误解，更有可能是因为他们参照了教科书和教师教学用书编者的可能不太准确的解读。

教科书中的课后"阅读提示"对全文作了概述："本文题为《昆明的雨》，却并未用大量笔墨直接写雨，而是从一幅画写起，将记忆中昆明雨季的景、物、事一幕幕展现开来：肥大的仙人掌，好吃与不太好吃的菌子，火炭般的杨梅，带着雨珠的缅桂花，还有卖杨梅的苗族女孩，卖缅桂花的房东母女，更有莲花池边酒店里与友人的小酌……文章信笔所至，无拘无束，看起来有些'散'，但其中贯串着一条情感线索——对昆明生活的喜爱与想念。作者用这样一条线索将零散的素材聚拢起来，鲜活、立体地描绘出一个'明亮的、丰满的，使人动情的'昆明雨季。"[1]

教师教学用书中的"课文研读"要求这样"整体把握"："第1—2段是引子，引出'我想念昆明的雨'的话题；第3—5段写昆明的雨和雨季，并总写雨季中景物的特点；第6—8段写昆明雨季中一些有代表性的景、物、人；第9—10段写'我'在雨中的生活经历，引发乡愁和诗情；第11段点题，总结与照应上文。全文细写了昆明雨季具有代表性的事物（仙人掌、各种菌子、杨梅、缅桂花等），充分体现了昆明雨季的自然特点；也描写了与昆明雨季有关的人（苗族女孩、房东），表现了昆明的风土人情。总之，课文围绕'雨'的话题，写了昆明的雨、雨季中的景物、雨季中人的活动。"[2]

2018年12月8日，陈思和先生在演讲《语文教材中的现代文学》中提到了《昆明的雨》，并提出了与上述不同的看法。他认为："这真是一篇好文章，不过选作初二的课文，小朋友可能读不懂，他们没有这种感受，只有曾经有过这种经历的老人才有这种感受。"这篇文章写了巫宁坤、自己和朱

---

[1] 教育部组织编写，温儒敏总主编：《义务教育教科书（五·四学制）·语文》（八年级上册），人民教育出版社2019年版，第89页。

[2] 人民教育出版社、课程教材研究所、中学语文课程教材研究开发中心编著：《义务教育教科书（五·四学制）教师教学用书·语文》（八年级上册），人民教育出版社2017年版，第247页。

德熙。开头写巫宁坤。中间写自己。解读这篇文章的关键是"带着雨珠的缅桂花使我的心软软的，不是怀人，不是思乡"这句话和《夜雨寄北》这首诗。所写与他的失恋有关。"这种浓得化不开的感情，就是写他青年时代的一段感情。这段感情，只有朱德熙知道。"所以后面就顺势写到了朱德熙，写他们两人在酒店相对无言，写了鸡和木香花，"写得很细很细，再现了当时让人无奈的景象"。

细读《昆明的雨》，许多问题需要追问：这是一篇写景状物的散文，还是写人叙事的散文？如果说既是写景状物又是写人叙事，那么景物与人、事之间的关系是什么？写了哪些景和物？写了哪些人和事？抒了什么情？怎样写的？目的是什么？下面，我们参考陈思和先生的观点，主要针对教科书和教师教学用书编者的阐释，并结合课文来分析。

一、问题：是写风土，还是人情？文本：表面上看是既写景状物又写人叙事，实际上写景状物是为了写人叙事

文章的标题是《昆明的雨》，开头与结尾均明确写道："我想念昆明的雨。"看起来本文就是写昆明的雨的，所以有些读者将其视为写景状物的散文。教科书和教师教学用书的编者指出，"雨"只是一个话题，全文既写了与"雨"相关的景、物，又写了与"雨"相关的人、事，即既写景状物，又写人叙事。乍一看确实如此，细究起来，我们又会发现写景状物与写人叙事并非置于"雨"的话题之下并列分写，写景状物是手段，写人叙事是目的，前者是为后者服务的。具体地说，写景状物只是为写人叙事提供引子或者设置背景。

教科书编者称："本文题为《昆明的雨》，却并未用大量笔墨直接写雨，而是从一幅画写起，将记忆中昆明雨季的景、物、事一幕幕展现开来……"[1]

---

[1]教育部组织编写，温儒敏总主编：《义务教育教科书（五·四学制）·语文》（八年级上册），人民教育出版社2019年版，第89页。

教师教学用书编者说得更明确："第1—2段是引子，引出'我想念昆明的雨'的话题。"[1]在我看来，巫宁坤索画与自己画画、题画这两段文字与后文的关系，更像是古代诗词的小序与正文的关系，小序一般交代写作的缘起，又会在叙述中直接表达情感、点明题旨。如白居易的《琵琶行》，诗前小序写由琵琶女漂沦的身世想到自己迁谪的境遇。又如姜夔的《扬州慢》，词前小序写自己心怀怆然、千岩老人以为词有黍离之悲。诗词的表意不同于小序，因其有特殊艺术形式的规定和表达效果的制约，而不宜像文章那样直接表露作者的情感和写作的旨意。《昆明的雨》的开头也是交代写作的缘起，不过并没有像古代诗词小序那样直接表达情感、点明题旨，而是将情感、旨意隐藏在其中，写得非常含蓄。我们需要了解巫宁坤其人及其与作者的关系，再了解作者所画何物、画作所寓何意。作者只提及他的名字"宁坤"，没有其他信息，不过从称呼中可以窥见二人的亲密关系。教科书中的注释也很简单："即巫宁坤，1920年生，翻译家。他是作者在西南联大时的同学。"[2]1957—1978年，巫宁坤在"反右""文革"等一系列政治运动中历经磨难。[3]1980年，他翻译了影响很大的《了不起的盖茨比》。此后，他主要在国外高校任教，出版了争议很大的回忆录《一滴泪》。他们相识于1936年在江苏读高中时的军训。1939年，一同考上了西南联大文学院，汪曾祺在中文系，巫宁坤在外文系。1957年，都被划为"右派"。[4]2008年，巫宁坤在《花开正满枝——汪曾祺辞世十周年祭》中写他在美国的唯一壁饰就是这幅《昆明的雨》，也提到散文《昆明的雨》的写作是因自己索画而起。

[1] 人民教育出版社、课程教材研究所、中学语文课程教材研究开发中心编著：《义务教育教科书（五·四学制）教师教学用书·语文》（八年级上册），人民教育出版社2017年版，第247页。

[2] 教育部组织编写，温儒敏总主编：《义务教育教科书（五·四学制）·语文》（八年级上册），人民教育出版社2019年版，第86页。

[3] 戴煌：《巫宁坤教授回国落难记》，载《炎黄春秋》2007年第4期。

[4] 王凯：《汪曾祺的朋友圈：声闻于外　鸣鹤应之》，载《海南日报》2019年8月19日B12版。

他在文中写道："曾祺也是画花卉的。他说：'我的画不中不西，不今不古，真正是'写意'，带有很大的随意性。'他又说：'我的画，遣性而已，送人是不够格的。'你可别信以为真。一九五七年，我俩同时落难，从此天各一方，'二十余年如一梦'。直到二十世纪八十年代才在北京重逢，却仍是咫尺天涯，离多会少。于是，一九八四年二月，我写信给他，请他给我画一张画，要有我们的第二故乡昆明的特色，往我家徒四壁的墙上一挂，就见画如见人了。""这幅画，从构思到布局和题词，处处可见匠心，淡泊宁静，炉火纯青。"[1]可见，汪曾祺主要是在为劫后余生的巫宁坤（在某种程度上也是为自己）画一幅不重技之巧拙而只求写其精神的画作。"匠心"何在？汪曾祺在题画中写道：仙人掌满身是刺，能够"辟邪"，即使被悬空倒挂在檐下，也能存活开花，可见"生命之顽强"。汪曾祺以物喻人，采用象征的手法，表达对巫宁坤不屈的赞许，这种寓意是十分明显的。就像下文将提及的，他取"人淡如菊"之意，根据朱德熙的性格特点给他画了一幅墨菊。至于给巫宁坤画的这幅画中的青头菌和牛肝菌，是不是寓意余生应享受生活，不得而知。汪曾祺在下文写道："我的那张画是写实的。"这反而是在提醒读者，"我的那张画更是写意的"，别有寄托和象征。

我们再看文章的结尾提到的现实中的人和事："我有一天在积雨少住的早晨和德熙从联大新校舍到莲花池去……"其中的"德熙"，教科书的注释是："即朱德熙（1920—1992），语言学家。当时与作者同在西南联大中文系学习。"[2]他们从读大学开始就是挚友，终身不渝。汪曾祺在《怀念德熙》中回忆了和朱德熙从大一时开始的交往，提到朱德熙不蓄字画，墙壁上挂的是齐白石的水印木刻梨花和汪曾祺画的墨菊横幅。又称他家的陈设干净、朴素，"这些表现出德熙一家的审美趣味"。接着写道："德熙的治学，完全是超功利的"，"德熙是个感情不甚外露的人，但是是一个很有感情的

[1]褚钰泉主编：《悦读MOOK》，二十一世纪出版社2008年版，第70页。

[2]教育部组织编写，温儒敏总主编：《义务教育教科书（五·四学制）·语文》（八年级上册），人民教育出版社2019年版，第88页。

人"。[1]朱德熙的夫人何孔敬在《长相思——朱德熙其人》一书中写有《汪曾祺二三事》一文。文章记述了他们在西南联大时的情谊，还写到朱德熙在美国去世后，她收到汪曾祺夫人施松卿的一封信。信中写道："曾祺一天夜晚在书房里，都以为他在写作。忽然听到曾祺在书房里放声大哭，把我们吓坏了，我们到书房里一看，只见书桌上摊开了一幅刚画好的画。画的右边写的是'遥寄德熙'，下款写的是'泪不能禁'。"何孔敬接着写道："德熙在地下有知，一准也是泪水难禁。"[2]汪曾祺与朱德熙，如俞伯牙与钟子期。德熙已去，知音不在，故而大恸。

　　在上文引用的"到莲花池"这句话之前的文字是"雨，有时是会引起人一点淡淡的乡愁的。李商隐的《夜雨寄北》是为许多久客的游子而写的"，之后的文字是"看了池里的满地清水，看了着比丘尼装的陈圆圆的石像（传说陈圆圆随吴三桂到云南后出家，暮年投莲花池而死），雨又下起来了"。接着写他们在莲花池边小街旁的酒店里一边喝酒，一边观看外面的景色。又写道："四十年后，我还忘不了那天的情味，写了一首诗。"如果仅是一个平淡的雨天，怎么会令其四十年后都忘不了？仅仅是因为有朱德熙的陪伴？肯定不是。他们经常在一起。那又是什么原因？为什么在"到莲花池"这句话之前写到李商隐的《夜雨寄北》，而在这之后写到陈圆圆的石像？《夜雨寄北》从表面上看就如作者说的是一首思乡诗，是写"久客的游子"的"淡淡的乡愁"，实际上是一首爱情诗，是独自在外的诗人写对远在故乡的妻子的思念。作者只提及《夜雨寄北》的诗题而没有引录诗句（君问归期未有期，巴山夜雨涨秋池。何当共剪西窗烛，却话巴山夜雨时），同样用了障眼法；因为如果引录诗句，那么"爱情"会突前，"乡愁"会隐后，所谓"欲盖弥彰"是也。而写他们看到陈圆圆石像，会让人立即联想到吴梅村《圆圆曲》中的诗句："恸哭六军俱缟素，冲冠一怒为红颜。"传说大明旧臣

　　[1]《朱德熙先生纪念文集》编辑小组编：《朱德熙先生纪念文集》，语文出版社1993年版，第31—32页。

　　[2]何孔敬：《长相思——朱德熙其人》，中华书局2007年版，第199页。

吴三桂在谒见新帝李自成的途中，听闻大顺政权掳走其爱妾陈圆圆，便勃然大怒，厉声呵斥："大丈夫不能保一弱女子，何面目见人耶？"于是愤而起兵。汪曾祺大概是怕读者不明白他写陈圆圆的用意，还用加括号的形式强调"传说陈圆圆随吴三桂到云南出家，暮年投莲花池而死"，写了吴三桂的重情重义和陈圆圆的忠贞不渝。吴三桂祖籍高邮，和汪曾祺是同乡。汪曾祺在《吴三桂》中写道："我的家乡出过两个大人物，一个是张士诚，一个是吴三桂。"[1]这可能不是一个巧合。为什么要在这句话的前后写男女之情呢？何孔敬在《长相思——朱德熙其人》之《那个女人没眼力》中记述了这件事的始末："同学中，德熙最欣赏曾祺，不止一次地对我说：'曾祺将来肯定是个了不起的作家。'曾祺有过一次失恋，睡在房里两天两夜不起床。房东王老伯吓坏了，以为曾祺失恋想不开了。正在发愁时，德熙来了，王老伯高兴地对女儿（我中学的同学王昆芳）说：'朱先生来了，曾祺就没事了。'德熙卖了自己的一本物理书，换了钱，把曾祺请到一家小饭馆吃饭，还给曾祺要了酒。曾祺喝了酒，浇了愁，没事了。后来德熙对我说：'那个女人没眼力。'"[2]失恋的打击，对于汪曾祺来说是刻骨铭心的，挚友的欣赏和陪伴让他渡过难关，让他终生难忘。所以，他能异常清晰地记得当年"一直坐到午后"所见到的情景。

全文由写同学巫宁坤索画起，接着写到"我想念昆明的雨"；由写朱德熙陪伴自己收尾，最后写道"我想念昆明的雨"。写昆明的雨，实际上首先是为了写自己在西南联大时的两位同学，写各自的品格和他们之间的友情。

---

[1] 季红真主编：《汪曾祺全集（5）·散文卷》，人民文学出版社2019年版，第56页。

[2] 何孔敬：《长相思——朱德熙其人》，中华书局2007年版，第67页。汪曾祺在《觅我游踪五十年》一文中写朱德熙卖掉的是一本词典。朱德熙卖书换酒，与汪曾祺共饮，很容易让人想起李白在《将进酒》中写的："人生得意须尽欢，莫使金樽空对月。天生我材必有用，千金散尽还复来。""主人何为言少钱，径须沽取对君酌。五花马，千金裘，呼儿将出换美酒，与尔同销万古愁。"朱德熙于1939年考入西南联大物理系，一年后转入中文系，从事古代文字和音韵研究。无论是物理书还是词典，对于朱德熙来说都很重要；一本书能够卖钱，也说明其很珍贵，如同五花马、千金裘。估计朱德熙是希望以此豪举激发汪曾祺的豪情，使他尽快振作起来。两人惺惺相惜，让人感动。

写巫宁坤索画，引出写"昆明的雨"，中间写"昆明的雨"，又引出那次朱德熙的陪伴，最后又提到"昆明的雨"。雨是贯穿全文的线索。雨也是人物所在、事件发生的背景。如果说整篇文章是一幅画，那么其中的雨是用来渲染画面的。因为寄托幽深，所以不易察觉。在我看来，除了作者，大概只有巫宁坤才能懂其画作《昆明的雨》，只有朱德熙才知道其散文《昆明的雨》到底要写什么。

关于写人，教师教学用书的编者在列举"描写了与昆明雨季有关的人"时只提到苗族女孩和房东，显然忽视了两个更重要的人，即他的同学巫宁坤和朱德熙。那么为什么他不浓墨重彩地写这两个人，而是捎带一笔、轻轻一点？一是不得已而为之。因为如果直接大段写巫宁坤的遭遇，就会触犯政治禁忌；大段交代朱德熙陪伴自己的始末，又会引发别人对自己当年私生活的好奇。二是故意留白。汪曾祺是丹青高手，留白可以给人留下更多的想象空间，使得画作更有韵味，为文也是如此。

正文中写仙人掌、各种菌，因为这些与前面写的送给巫宁坤的画有关（当然写各种菌以及跳火车采菌也可能是闲笔）；结尾处写檐下的鸡、院子里的木香花，因为这些是那天下午朱德熙陪伴自己时自己所见；中间写杨梅，是为了写卖杨梅的苗族女孩，写缅桂花是为了写卖花和送花的房东及她的养女。

二、问题：是思乡，还是怀人？文本：表面上是思乡，实际上是怀人

教科书编者在课后的"阅读提示"中写道："作者曾经说过：'我想把生活中真实的东西、美好的东西、人的美、人的诗意告诉人们，使人们的心灵得到滋润，增强对生活的信心、信念。'本文正是这样一篇充满美感和诗意的作品，其中有景物的美、滋味的美、人情的美、氛围的美。"[1]意思是

---

[1]教育部组织编写，温儒敏总主编：《义务教育教科书（五·四学制）·语文》（八年级上册），人民教育出版社 2019 年版，第 89 页。

说，这篇文章主要是写昆明的景物美、生活美和人情美。教师教学用书认为"写'我'在雨中的生活经历，引发乡愁和诗情"[1]。昆明是汪曾祺的第二故乡，文中反复出现"我想念昆明的雨"，又有"雨，有时是会引起人一点淡淡的乡愁的"以及"不是怀人，不是思乡"等语句。因此很多人都以为是借写景、物、人、事来抒发怀乡之情。故乡的存在与时间（故）与空间（乡）相关，还与人的意识相关。之所以将某地作为故乡去怀念，主要是因为此地有与自己相关的人。也就是说，怀乡实际上主要是怀人，更何况本文重点就是写人。

汪曾祺善画，如果我们把这篇散文比喻成一幅画，那么画中的景、物只是人物活动和事情发生的场所和背景。人物在画面的中心：近处有两个人——苗族女孩和房东的养女（背影是两个历史上的女性——李商隐的妻子、吴三桂的妾陈圆圆），中间站着两个人——汪曾祺（背影是两位历史上的男性——李商隐、吴三桂）及其钟情的对象（背影是前面四个女性），远处有两个人——巫宁坤和朱德熙（两位男性）。不过，在《昆明的雨》这篇散文中，他所钟情的对象没有正面出现，而是虚化在对现实中和历史上女性的记述和描写中。作者写现实中的人，男性只选择了自己的两位同学，这主要是为了写友情，当然也由此引发后文写爱情。为什么不写其他男性而只写女性？大概这四位女性能体现美好女性的不同面相：年轻、温柔、美丽、忠贞。关于历史上的李商隐的妻子、吴三桂的妾陈圆圆能体现女性的美丽、忠贞，前文已分析。我们再看文中写的现实中的两位女性（由物及人）：杨梅好吃，卖杨梅的苗族女孩子，"戴一顶小花帽子，穿着扳尖的绣了满帮花的鞋，坐在人家阶石的一角，不时吆喝一声：'卖杨梅——'声音娇娇的。她们的声音使得昆明雨季的空气更加柔和了。"缅桂花很香，房东的养女，"有时送来一个七寸盘子，里面摆得满满的缅桂花！带着雨珠的缅桂花使我的心

---

[1]人民教育出版社、课程教材研究所、中学语文课程教材研究开发中心编著：《义务教育教科书（五·四学制）教师教学用书·语文》（八年级上册），人民教育出版社2017年版，第247页。

软软的，不是怀人，不是思乡"。如果是"房东"（作者特意用加括号的方式说明她"是一个五十多岁的寡妇"）而不是其养女送的，作者可能不会有这种感受。[1]特意说自己"不是怀人，不是思乡"，那是什么？上文提及的朱德熙去世后汪曾祺在书房里画的那幅画，被作为插画收录在《长相思——朱德熙其人》之《汪曾祺二三事》中：画的上端是一只青鸟，占据大半画幅的竟然是三朵《昆明的雨》中写到的缅桂花。[2]汪曾祺作此画时，与朱德熙的故去之地美国远隔重洋，与当年他们结交之地昆明相距千里。在空间上去不了，在时间上回不去。青鸟，会让人联想到李商隐的《无题》："相见时难别亦难，东风无力百花残……蓬山此去无多路，青鸟殷勤为探看。"当年他们在昆明见到的缅桂花，最能引发他们对美好往昔（尤其是年轻时代在昆明的岁月）的回忆。作者在上述两处描写苗族女孩子和房东养女的文字中通过正面描写和侧面描写（自己的心理反应）的方式，把女性的年轻、温柔表现了出来。当然，这几个女性的背后，站着作者"我"，这几个女性是通过"我"的眼睛观察的，通过"我"的心灵感受的，通过"我"的文字书写的。那么，"我"又是怎样看待爱情的呢？站在历史上两位女性面前的是李商隐和吴三桂，也可以将这两位男性视作汪曾祺的背影。作者要表达什么旨意，也就不言而喻了。

---

[1] 当然，也有人认为："因为汪曾祺是住在大嫂家里，他们之间是相对更为亲密的私人关系，只有她能给汪曾祺带来'家'的温暖。这个，是那个苗家女孩所无法做到的，她只能成为汪曾祺公共生活环境的组成部分。"梁杰：《〈昆明的雨〉：情味及其表达》，载《中学语文》2020年第4期。

[2] 何孔敬：《长相思——朱德熙其人》，中华书局2007年版，第198页。何孔敬在《汪曾祺二三事》中写道："曾祺过世后，他的二女儿在父亲的抽屉里发现了这幅画，交给了我。我将这幅画请人装裱后挂在德熙书房里作为纪念。"何孔敬：《长相思——朱德熙其人》，中华书局2007年版，第199页。

三、问题：是写一般的人情，还是写爱情与友情？文本：表面上是写一般人情，实际上是写爱情和友情

教师教学用书编者在"课文研读"中认为，本文"描写了与昆明雨季有关的人（苗族女孩、房东），表现了昆明的风土人情"[1]。正因为将与昆明雨季有关的主要人物限定为苗族女孩和房东，没有注意到更主要的人物巫宁坤和朱德熙，所以没有意识到作者要表达的同学（朋友）之情；又因为没有注意到房东的养女，更没有注意到李商隐的妻子以及吴三桂的妾陈圆圆这两位历史上的女性，所以没有意识到作者还要表达恋人（夫妻）之情，以为只是写卖杨梅、卖和送缅桂花，再现人们的日常生活，表达其中体现的"人之常情"。

总之，汪曾祺借写昆明的雨中的景、物，写了与之相关的人、事，进而以这些人、事来写自己当年在西南联大时的友情与爱情。不过，作者运用了中国画的表现手法，写得极其含蓄，所谓"含不尽之意见于言外"。

虽然我在分析时既紧密结合文本又参考与作者生平及文中所记相关的材料，力争做到"以意逆志"与"知人论世"相结合，但是毕竟汪曾祺自己没有阐发过此文，所以我所做的解读也许有过度阐释的嫌疑，故仅供参考。另外，本节主要是提出并回答开头所说的有关文本内容和形式及作者写作方面的"问题"，同时也是在以这些"问题"为抓手来鉴赏作品。

---

[1] 人民教育出版社、课程教材研究所、中学语文课程教材研究开发中心编著：《义务教育教科书（五·四学制）教师教学用书·语文》（八年级上册），人民教育出版社 2017 年版，第 247 页。

《昆明的雨》：作为画家和小说家笔下的散文

　　汪曾祺是著名的作家，也是画家。作为作家，他擅长小说、散文和剧本的创作，也写诗歌。因为多才多艺，兼擅众体，所以他在创作绘画或文学作品时，会相互借用这两类艺术的手法。他在创作文学作品时会融合多种文体的写法，所以其文学作品会呈现出文体互涉的形态。我在《〈昆明的雨〉：匠心独运与别有寄托》中，结合一些背景材料，认为汪曾祺这篇散文不是单纯地写昆明的雨，而是采用了绘画的技法写当年在西南联大读书时的人和事，抒发的不是简单怀乡之情，而是别有寄托，怀念的是昔日的友情和恋情。汪曾祺在评论阿城的《棋王》时说："我认为写评论最好联系到所评的作家这个人，不能只是就作品谈作品。"[1]下面，我再从其作为一名画家和小说家的视角来考察其绘画和小说创作对其散文名篇《昆明的雨》的影响。

一、作为画家笔下的散文《昆明的雨》

　　汪曾祺的父亲擅长绘画，他小时候经常观察父亲作画。他说："我的审美意识的形成，跟我从小看他作画有关。"[2]他自己也喜欢、擅长绘画。他说："我从小学到中学，都'以画名'"，考大学是想考美专，"到四十来岁还想彻底改行，从头学画"。[3]看画、作画也影响到他的文学创作。他说：

　　[1] 汪曾祺:《人之所以为人——读〈棋王〉笔记》，见季红真主编《汪曾祺全集（9）·谈艺卷》，人民文学出版社 2019 年版，第 324 页。

　　[2] 汪曾祺:《自报家门——为熊猫丛书〈汪曾祺小说选〉作》，见季红真主编《汪曾祺全集（5）·散文卷》，人民文学出版社 2019 年版，第 104 页。

　　[3] 汪曾祺:《两栖杂述》，见季红真主编《汪曾祺全集（9）·谈艺卷》，人民文学出版社 2019 年版，第 197 页。

"我喜欢'读'画帖……我的喜欢看画，对我的文学创作是有影响的"，把绘画的技法运用到文学创作中，会使作品有"画意"。"我对画家的偏爱，也对我的文学创作有影响。我喜欢疏朗清淡的风格，不喜欢繁复浓重的风格，对画，对文学，都如此。"[1] 我们从《昆明的雨》中也可以看出观画、作画对其文学创作的影响。

首先是图文，"要有寄托；有情趣"。

汪曾祺留有大量的画作。从其赠画的题材及题跋的文字中，可以看出其与受赠者的关系及对受赠者个性、品德等的揭示。《汪曾祺全集》中收录的书画题跋共 61 则，其中记录了他在 1984 年 2 月 2 日给朱德熙画过荷花，在 3 月 20 日给巫宁坤画过仙人掌。这是《汪曾祺全集》中有记录的第一、第二次题跋。可见，其与西南联大时的老同学朱德熙、巫宁坤的关系很亲密。1994 年 5 月，他给远在美国的巫宁坤画丁香结。[2] 他在 1992 年朱德熙追思会上的发言《怀念德熙》中提到给朱德熙画过墨菊横幅。[3] 从所画内容也可以看出，他是在以物喻人。给朱德熙画荷花、菊花，以喻其高洁、正直、淡然。给历经劫难后的巫宁坤画仙人掌，以喻其刚正、不屈；而给在异国他乡的巫宁坤画丁香结，可能是以此解其怀乡之愁。他在《谈题画》中说题画有"三要"：内容好，位置得宜，字写得有法有体。其中"内容好无非是两方面：要有寄托；有情趣"[4]。《昆明的雨》的开头写巫宁坤索画，他画了倒挂着的仙人掌，还有几朵菌子，在题画的文字中提到多刺的仙人掌能辟邪，倒挂在门头仍能存活开花，可见其"生命之顽强"，显然是以仙人掌喻巫宁

---

[1] 汪曾祺：《我的创作生涯》，见季红真主编《汪曾祺全集（10）·谈艺卷》，人民文学出版社 2019 年版，第 70—71 页。

[2] 汪曾祺：《书画题跋》，见季红真主编《汪曾祺全集（11）·诗歌、杂著卷》，人民文学出版社 2019 年版，第 279—294 页。

[3] 汪曾祺：《怀念德熙》，见季红真主编《汪曾祺全集（6）·散文卷》，人民文学出版社 2019 年版，第 101 页。

[4] 汪曾祺：《谈题画》，见季红真主编《汪曾祺全集（10）·谈艺卷》，人民文学出版社 2019 年版，第 224 页。

坤，表达对其不屈精神的敬意和旺盛生命力的赞叹；接着写到"雨季则有青头菌、牛肝菌，味极鲜腴"，则体现了其生活中"有情趣"的一面。《昆明的雨》全篇的寄托与情趣，我在《〈昆明的雨〉：匠心独运与别有寄托》中已分析，不赘述。

其次是画法，运用"彩墨"，追求"写意"，"讲究'留白'"，注重"气韵"，用"连续性的册页"呈现。

画法对作法的影响，汪曾祺也有多次论述。他在《谈读杂书》中说："从杂书里可以悟出一些写小说、写散文的道理，尤其是书论和画论。"[1]他在《认识到的和没有认识的自己》中说："文体的形成和一个作家的文化修养是有关系的。文学和其他文化现象是相通的。作家应该读一点画，懂得书法。"[2]散文《昆明的雨》在内容的选择、结构的安排、笔法的运用上都借鉴了绘画的技法。汪曾祺在谈小说创作时经常以绘画来作比。例如，他在分析他的老师沈从文的《边城》的艺术手法时说："沈从文不是一个雕塑家，他是一个画家，一个风景画的大师。他画的不是油画，是中国的彩墨画，笔致疏朗，着色明丽。"[3]"用文笔描绘少女的外形，是笨人干的事。沈从文画少女，主要是画她的神情，并把她安置在一个颜色美丽的背景上、一些动人的声音当中。"[4]他在《关于小说语言（札记）》中说："中国文人画是写意的"，"文人画讲究'笔墨情趣'，就是说'笔墨'本身是目的。"[5]散文《昆明的雨》也像一幅水墨画，有景物，有人物。无论是写景物，还是写人物，

[1]汪曾祺：《谈读杂书》，见季红真主编《汪曾祺全集（9）·谈艺卷》，人民文学出版社 2019 年版，第 364 页。

[2]汪曾祺：《认识到的和没有认识的自己》，见季红真主编《汪曾祺全集（9）·谈艺卷》，人民文学出版社 2019 年版，第 491 页。

[3]汪曾祺：《沈从文和他的〈边城〉》，见季红真主编《汪曾祺全集（9）·谈艺卷》，人民文学出版社 2019 年版，第 112 页。

[4]汪曾祺：《沈从文和他的〈边城〉》，见季红真主编《汪曾祺全集（9）·谈艺卷》，人民文学出版社 2019 年版，第 108 页。

[5]汪曾祺：《关于小说语言（札记）》，见季红真主编《汪曾祺全集（9）·谈艺卷》，人民文学出版社 2019 年版，第 361 页。

采用的手法都不是工笔，而是绘景用写意，写人用白描。写景用雨来渲染，用仙人掌、菌子、杨梅、缅桂花、莲花、木香花来点缀。写人"画她的神情，并把她安置在一个颜色美丽的背景上、一些动人的声音当中"。例如无论是写卖杨梅的苗族女孩子，还是写送缅桂花的房东的养女，都没有写她们的外貌。写苗族女孩子写其"俏丽"的穿着和动人的声音："卖杨梅的都是苗族女孩子，戴一顶小花帽子，穿着扳尖的绣了满帮花的鞋，坐在人家阶石的一角，不时吆喝一声：'卖杨梅——'声音娇娇的。她们的声音使得昆明雨季的空气更加柔和了。"写送缅桂花的房东的养女前将其安置在一个美丽的背景上——"一棵大缅桂，密密的叶子，把四周房间都映绿了。"缅桂盛开时，"很香，香得像兰花"。整篇文章像一幅"笔致疏朗，着色明丽"的画作。他在《传统文化对中国当代文学创作的影响》中说：孙犁晚年写的小说，"用完全白描的手法勾画一点平常的人事，有时简直分不清这是小说还是散文"[1]。他在《思想·语言·结构》中说："中国画讲究'留白'，'计白当黑'"，所以写小说、散文要"留出大量的空白"。[2]《昆明的雨》无论是写人还是记事，只是勾勒几笔、点染几下，留下了大量的空白。他在评论《边城》时说："《边城》的结构异常完美。二十一节，一气呵成；而各节又自成起讫，是一首一首圆满的散文诗。这不是长卷，是二十一开连续性的册页。"[3]这篇散文也像四开连续性的册页：第1段记人事（巫宁坤索画—画仙人掌和菌子），第2—7段写景物（先写昆明雨季的概况，然后重点写仙人掌和各种菌子），第8—9段由景物写人（雨季的果子—卖杨梅的苗族女孩子，雨季的花—送缅桂花的房东的养女），第10—11段写人事和景物（由前面的女孩子想到李商隐写的《夜雨寄北》，想到陈圆圆追随吴三桂到云南

[1] 汪曾祺：《传统文化对中国当代文学创作的影响》，见季红真主编《汪曾祺全集（9）·谈艺卷》，人民文学出版社 2019 年版，第 424 页。

[2] 汪曾祺：《思想·语言·结构》，见季红真主编《汪曾祺全集（10）·谈艺卷》，人民文学出版社 2019 年版，第 296 页。

[3] 汪曾祺：《又读〈边城〉》，见季红真主编《汪曾祺全集（10）·谈艺卷》，人民文学出版社 2019 年版，第 231 页。

并在晚年投莲花池而死，想到四十年前的那天朱德熙陪伴自己，在小酒店枯坐时所见的景物，四十年后写诗记述当年情景）。每一部分相对完整，又可独自成页，部分之间相互照应，又连续成册。之所以能这样，就如他在与友人谈艺时说的："写字作画，首先得有激情。要有情绪，为一人、一事、一朵花、一片色彩感动。有一种意向、一团兴致，勃勃然郁结于胸中，势欲喷吐而出。先有感情，后有物象。……气韵是本体，章法结构是派生的。"[1]对往昔友情、恋情的追忆，触发他写作此文。这种情感、思绪让记忆中的许多物、景、人、事依次涌现到他的眼前，簇拥到他的笔下，并在这种情绪的牵引下往前走。

二、作为小说家笔下的散文《昆明的雨》

汪曾祺写过一篇文章《小说的散文化》，其中提出散文写作对小说创作的影响，如散文化的小说"一般不写重大题材"，"不过分地刻划人物"，"最明显的外部特征是结构松散"，"情节，那没有甚么。有一些散文化的小说所写的常常只是一种意境"，"作者十分潜心于语言"。[2]他在很多谈论小说或散文创作的文章中也不时提到小说创作对散文写作的影响，或者没有明说但是在其散文写作中运用了其所说的小说的技法，这在《昆明的雨》中体现得也很明显。

他说："我以为散文的大忌是作态。"[3]也就是说，散文最低的标准是"自然"。如何做到自然？可用小说创作的手法来节制抒情。1988年，他在《关于散文的感想》中直指出此前诸多散文的不足："二三十年来的散文的一个特点，是过分重视抒情"，"过度抒情，不知节制，容易流于伤感主

---

[1] 汪曾祺：《论精品意识——与友人书》，见季红真主编《汪曾祺全集（10）·谈艺卷》，人民文学出版社2019年版，第414页。

[2] 汪曾祺：《小说的散文化》，见季红真主编《汪曾祺全集（9）·谈艺卷》，人民文学出版社2019年版，第389—391页。

[3] 汪曾祺：《文集自序》，见季红真主编《汪曾祺全集（10）·谈艺卷》，人民文学出版社2019年版，第283页。

义"，应该"把散文写得平淡一点、自然一点、'家常'一点"。[1]"我也很少写纯粹的抒情散文。我觉得散文的感情要适当克制。感情过于洋溢，就像老年人写情书一样，自己有点不好意思。"[2]节制抒情的最简单的办法自然是少抒情。他说："抒情就像菜里的味精一样，不能多放。"[3]《昆明的雨》中的直接抒情，严格地说只有出现两次的"我想念昆明的雨"。此外，散文创作要达到"自然"的标准，还应借用小说创作的哪些方法呢？

首先是内容要"贴到人物来写"。

他说："小说家的散文有什么特点？我看没有什么特点。一定要说，是有人物。小说是写人的，小说家在写散文的时候也总是想到人。即使是写游记，写习俗，乃至写草木虫鱼，也都是此中有人，呼之欲出。"[4]而人物是小说的第一要素，写人也正是小说家所擅长的。他说："我觉得在小说里，人物是主要的，或者是主导的，其他各个部分是次要的，是派生的"，"我觉得，大量的小说还是以人物为主，其他部分如景物描写等等，都还是从人物中派生出来的"。[5]"小说是写人物的。人物是主要的，先行的。其余部分都是次要的，派生的。……人物以外的其他东西都是附属于人物的。景物、环境都得服从于人物，景物、环境都得具有人物的色彩，不能脱节，不能游离。一切景物、环境，声音、颜色、气味，都必须是人物所能感受到的。写景，就是写人，是写人物对于周围世界的感觉。这样，才会使一篇作品处处

---

[1]汪曾祺：《关于散文的感想》，见季红真主编《汪曾祺全集（9）·谈艺卷》，人民文学出版社2019年版，第482页。

[2]汪曾祺：《〈汪曾祺自选集〉自序》，见季红真主编《汪曾祺全集（9）·谈艺卷》，人民文学出版社2019年版，第395页。

[3]汪曾祺：《说短——与友人书》，见季红真主编《汪曾祺全集（9）·谈艺卷》，人民文学出版社2019年版，第192页。

[4]汪曾祺：《散文应是精品》，见季红真主编《汪曾祺全集（10）·谈艺卷》，人民文学出版社2019年版，第323页。

[5]汪曾祺：《小说创作随谈》，见季红真主编《汪曾祺全集（9）·谈艺卷》，人民文学出版社2019年版，第230页。

浸透了人物、散发着人物的气息，在不是写人物的部分也有人物。"[1]在汪曾祺写于1946年的散文《昆明草木》中也有仙人掌，不过只将其作为一个物描述其外形、说明其特征。1984—1987年，汪曾祺依次写了一组八篇以"昆明忆旧"为副标题的散文：《翠湖心影》《泡茶馆》《昆明的雨》《跑警报》《昆明的果品》《昆明的花》《昆明菜》《观音寺》。通过其内容我们就会发现，前四篇主要是回忆旧人、旧事，中间三篇主要是回忆旧物，最后一篇由回忆旧物而及昔日的人事。虽然在《昆明的雨》中也写到昆明的仙人掌、菌子、杨梅、缅桂花、木香花之类，但并不是写物，而是写人：由物喻人（仙人掌—巫宁坤）、由物及人（杨梅—苗族女孩子，缅桂花—房东的养女）、由物寓人（雨天所见鸡、木香花所呈现的氛围——"我"、朱德熙）。然而，这些物在中间三篇中是单纯作为物出现的，如在《昆明的果品》中写了梨、石榴、桃、杨梅、木瓜、地瓜、胡萝卜、核桃糖、糖炒栗子，其中写杨梅只有短短的几十个字："昆明杨梅名火炭梅，极大极甜，颜色黑紫，正如炽炭。卖杨梅的苗族女孩常用鲜绿的树叶衬着，炎炎熠熠，数十步外，摄人眼目。"[2]描写的重点在杨梅本身，只是提及苗族女孩，并没有像《昆明的雨》中那样写苗族女孩俏丽的穿着、娇娇的叫卖声及自己听后的心理反应。又如在《昆明的花》中写了茶花、樱花、兰花、缅桂花、粉团花、康乃馨、菖兰、夜来香、美人蕉、波斯菊、叶子花、报春花，其中写缅桂花也只有短短的几十个字："昆明缅桂花多，树大，叶茂，花繁。每到雨季，一城都是缅桂花的浓香，我已于《昆明的雨》中说及，不复赘。"[3]没有像《昆明的雨》中那样写房东及其养女送缅桂花，以及自己看到带雨珠的缅桂花后心里软软的感觉。在《昆明菜》中写了汽锅鸡、火腿、牛肉、蒸菜、诸菌、乳扇、乳

[1] 汪曾祺：《两栖杂述》，见季红真主编《汪曾祺全集（9）·谈艺卷》，人民文学出版社2019年版，第199页。

[2] 汪曾祺：《昆明的果品——昆明忆旧之五》，见季红真主编《汪曾祺全集（4）·散文卷》，人民文学出版社2019年版，第271—272页。

[3] 汪曾祺：《昆明的花——昆明忆旧之六》，见季红真主编《汪曾祺全集（4）·散文卷》，人民文学出版社2019年版，第276页。

饼、炒鸡蛋、炒青菜、黑芥、韭菜花、茄子酢，其中的诸菌写得也很简短，只是说外地人觉得昆明的菌子好吃、昆明的菌子很多，最后写道："青头菌、牛肝菌、干巴菌、鸡油菌，我在别的文章里已写过，不重复。昆明诸菌总宜鲜吃。鸡枞可制成油鸡枞，干巴菌可晾成干，可致远，然而风味减矣。"[1]没有像《昆明的雨》那样写自己将其画入赠巫宁坤的画中，也没有像《昆明的雨》那样兴致勃勃地不厌其烦地写其外形、制作方法及味道。就因为在《昆明的果品》《昆明的花》《昆明菜》中写物就是写物，而在《昆明的雨》中写物是为了写人。既然能体现昆明特色的果、花、菜有那么多，为什么在《昆明的雨》中只选择上述几种呢？因为可用这几种物来写相关的人。可能正因为这些物在《昆明的雨》中只是作为人的派生物、陪衬物的形象出现的，所以他才在写作《昆明的雨》之后，专门来写这些物。1987—1988年，他还写了《滇南草木状》《昆明食菌》《菌小谱》。1993年，又写了《昆明的吃食》《花》《昆明年俗》。

再说一下为什么要在送给巫宁坤的画《昆明的雨》中画几朵菌，在散文《昆明的雨》中介绍各种菌，介绍不同的做法及其颜色、味道、口感，还讲了一个跳火车捡鸡枞的笑话？一是可能用了"闲笔"，彰显为文的趣味。他说："散文总得有点见识，有点感慨，有点情致，有点幽默感。"[2]二是为了反映真实生活中的特有的情趣。汪曾祺是一位美食家，也写过大量的谈吃的散文，写过《吃食和文学》，编过作家谈吃的《知味集》。他在分析阿城的《棋王》时，特意提到小说中描写吃所产生的效果："文学作品描写吃的很少（萧琴尼尔沃尔夫曾提出过为什么小说里写宴会，很少描写那些食物的）。大概古今中外的作家都有点清高，认为吃是很俗的事。其实吃是人生第一需要。阿城是一个认识吃的意义，并且把吃当作小说的重要情节的作家（陆文夫

[1] 汪曾祺：《昆明菜——昆明忆旧之七》，见季红真主编《汪曾祺全集（5）·散文卷》，人民文学出版社2019年版，第17页。

[2] 汪曾祺：《文集自序》，见季红真主编《汪曾祺全集（10）·谈艺卷》，人民文学出版社2019年版，第283页。

的《美食家》写的是一个馋人的故事，不是关于吃的）。他对吃的态度是虔诚的。《棋王》有两处写吃，都很精彩。一处是王一生在火车上吃饭，一处是吃蛇。一处写对吃的需求，一处写吃的快乐——一种神圣的快乐。写得那样精细深刻，不厌其烦，以至读了之后，会引起读者肠胃的生理感觉。正面写吃，我以为是阿城对生活的极其现实的态度。对于吃的这样的刻画，非经身受，不能道出。这使阿城的小说显得非常真实，不假。"[1] 真可谓夫子自道。我们也可以说，汪曾祺是一个认识到吃的意义的人，并且把吃当成散文重要内容的作家。如此精细深刻、不厌其烦地写各种菌子，既反映其对吃的虔诚，又凸显出其散文所写的生活的"不假"。也许还有一点寄托，他是借此希望劫后余生的巫宁坤和自己能享受世俗生活的乐趣。正如他在《知味集》的后记里提醒读者注意："这本书不是菜谱食单，只是一本作家谈吃的散文集子，读者也只宜当散文读。"[2] 我想说的是，虽然《昆明的雨》中描述了各种菌子，但这不是一张菜单，只是一篇散文，读者只宜当散文读。

写人物时要贴着人物来写景物和细节。汪曾祺经常提及在西南联大沈从文给他上创作课时常说的"要贴到人物来写"，不仅对话、神情、动作等要符合人物的身份、性格、心理，还要注意对人物所处环境的描写也应是人物眼中所见而不是作者添加进去的。他在《揉面——谈语言运用》中写道："小说里所描写的景物，不但要是作者眼中所见，而且要是所写的人物的眼中所见。对景物的感受，得是人物的感受。不能离开人物，单写作者自己的感受。作者得设身处地，和人物感同身受。小说的颜色、声音、形象、气氛，得和所写的人物水乳交融，浑然一体。就是说，小说的每一个字，都渗透了人物。写景，就是写人。"[3] "小说里为什么要写景？景是人物所在的

［1］汪曾祺：《人之所以为人——读〈棋王〉笔记》，见季红真主编《汪曾祺全集（9）·谈艺卷》，人民文学出版社2019年版，第326页。

［2］汪曾祺：《作家谈吃第一集》，见季红真主编《汪曾祺全集（5）·散文卷》，人民文学出版社2019年版，第226页。

［3］汪曾祺：《揉面——谈语言运用》，见季红真主编《汪曾祺全集（9）·谈艺卷》，人民文学出版社2019年版，第165页。

环境，是人物的外化，人物的一部分。景即人。"[1]"风景就是人物活动的环境，同时也是人物对周围环境的感觉。风景是人物眼中的风景，大部分时候要用人物的眼睛去看风景，用人物的耳朵去听声音，用人物的感觉去感觉周围的事件。"[2]我在《〈昆明的雨〉：匠心独运与别有寄托》中分析过汪曾祺和朱德熙观莲花池及在酒店喝酒的原因。根据前文写卖杨梅的苗族女孩子、送缅桂花的房东养女的铺垫以及此时写李商隐的《夜雨寄北》、陈圆圆随吴三桂到云南后出家投莲花池而死等暗示，再结合朱德熙的夫人何孔敬对本事的交代，我们知道是因为汪曾祺失恋想自杀，好友朱德熙卖书换酒与他共饮浇愁。惺惺相惜的两人相对无言，酒店内外弥漫的是一种此时无声胜有声的氛围。如果说他们此前已相遇相识，那么这一次汪曾祺的重情和朱德熙的重义让两人相知相交，这种情义终身不渝。汪曾祺能清晰地记得装酒的杯是"上了彩釉的土瓷杯"，"酒店有几只鸡，都把脑袋反插在翅膀下面，一只脚着地，一动也不动地在屋檐下站着"，"一棵木香，爬在架上，把院子遮得严严的。密匝匝的细碎的绿叶，数不清的半开的白花和饱涨的花骨朵，都被雨淋得湿透了"。正如他在与人谈小说写作时所言，"在小说描写人物心情时，时或插进景物的描写，这种描写也无不充满着颜色、声音与气味，与人的心情相衬托，相一致"[3]。"不直接写人物的性格、心理、活动。有时只是一点气氛。但我以为气氛即人物。"[4]昔日之"我"观察得如此仔细，今日之"我"记得如此真切，那肯定是一个不寻常的下午，二人有着不寻常的心情，才见到不寻常的情景，可谓刻骨铭心。正因如此，作者接着写道：

[1] 汪曾祺：《又读〈边城〉》，见季红真主编《汪曾祺全集（10）·谈艺卷》，人民文学出版社2019年版，第231页。

[2] 汪曾祺：《小说创作随谈》，见季红真主编《汪曾祺全集（9）·谈艺卷》，人民文学出版社2019年版，第231、232页。

[3] 汪曾祺：《与友人谈沈从文——给一个中年作家的信》，见季红真主编《汪曾祺全集（9）·谈艺卷》，人民文学出版社2019年版，第142页。

[4] 汪曾祺：《〈汪曾祺短篇小说选〉自序》，见季红真主编《汪曾祺全集（9）·谈艺卷》，人民文学出版社2019年版，第152页。

"四十年后，我忘不了那天的情味，写了一首诗：莲花池外少行人，野店苔痕一寸深。浊酒一杯天过午，木香花湿雨沉沉。"朱德熙去世后，汪曾祺再次写到了这件事和这首诗，并提到自己曾郑重地将这首诗寄给朱德熙，朱德熙十分珍视："四十年后，我写了一首诗，用一张毛边纸写成一个斗方，寄给德熙……德熙很喜欢这幅字，叫他的儿子托了托，配一个框子，挂在他的书房里。德熙在美国病逝快半年了，这幅字还挂在他在北京的书房里。"[1]曾经两人心有灵犀，如今物是人非，阴阳相隔，知音不在。

其次是结构要"苦心经营的随便"。

汪曾祺在《沈从文和他的〈边城〉》中分析沈从文虽然不大用"结构"这个词，但是非常重视"怎样把材料组织好，位置安排得更妥帖。他对结构的要求是：匀称。这是比表面的整齐更为内在的东西。一个作家在写一局部时要顾及整体，随时意识到这种匀称感。正如一棵树，一个枝子，一片叶子，这样长，那样长，都是必需的，有道理的。否则就如一束绢花，虽有颜色，终少生气"[2]。匀称就是自然生长所呈现出的形态和气质，或者可以叫作"适宜"。部分和整体之间以气贯注，才是一个有生命的东西。他由包世臣的《艺舟双楫》提及"古帖字体，大小颇有相径庭者，如老翁携幼孙行，长短参差，而情意真挚，痛痒相关"，指出"小说、散文的各部分，应该'情意真挚，痛痒相关'，这样才能做到'形散而神不散'"。[3]这种匀称（适宜）的结构看起来是"随便"（自然）的，但不是随意组织、安排的，而是按照情感、事理的内在脉络"结构"而成的，按他的话来说，叫作"苦

────────────

[1] 汪曾祺：《花》，见季红真主编《汪曾祺全集（6）·散文卷》，人民文学出版社2019年版，第131页。

[2] 汪曾祺：《沈从文和他的〈边城〉》，见季红真主编《汪曾祺全集（9）·谈艺卷》，人民文学出版社2019年版，第116页。

[3] 汪曾祺：《谈读杂书》，见季红真主编《汪曾祺全集（9）·谈艺卷》，人民文学出版社2019年版，第364、365页。

心经营的随便"[1]，可使文章呈现出一种节奏感。[2]

　　除了按照思绪的自然流动来行文，还要注意伏笔和照应。除了《昆明的雨》中反复出现"我想念昆明的雨"以做到前呼后应外，文章开头写自己给巫宁坤画画与文章最后写朱德熙陪伴自己，也是一种照应（同学之情）；而由画中的仙人掌和菌子，写到过去昆明雨季中的仙人掌和菌子，再写到花果（杨梅、缅桂花），由花果引出写年轻的女孩子（苗族女孩子和房东的养女），由年轻的女孩子写到嫁为人妇的女子（李商隐的妻子和吴三桂的妾陈圆圆），由嫁为人妇的女子写到自己的失恋以及朱德熙的陪伴，则是层层设伏。就像他在谈小说创作技巧时说的，"有埋伏，有呼应，这样才能使各段之间互相沟通，成为一体，否则就成了拼盘或北京人过年吃的杂拌儿。譬如一弯流水，曲折流去，不断向前，又时时回顾，才能生动多姿。一边写一边想，顾前顾后，会写出一些原来没有想到的细节，或使原来想到的但还不够鲜明的细节鲜明起来"[3]。写卖杨梅的苗族女孩和送缅桂花的房东的养女，写听到她们叫卖声或看到花的心理反应，就极有可能是其回顾时添加的。"埋伏和照映是要惨淡经营的，但也不能过分地刻意求之。埋伏处要能轻轻一笔，若不经意。照映处要顺理成章，水到渠成。要使读者看不出斧凿痕迹，只觉得自自然然，完完整整，如一丛花，如一棵菜。虽由人力，却似天成。"[4]

　　再次是表述时"语言要有暗示性"。

　　汪曾祺说："要使小说语言有更多的暗示性，唯一的办法是尽量少写，

　　[1]汪曾祺：《思想·语言·结构——短篇小说杂谈》，见季红真主编《汪曾祺全集（10）·谈艺卷》，人民文学出版社2019年版，第11页。

　　[2]汪曾祺：《小说笔谈》，见季红真主编《汪曾祺全集（9）·谈艺卷》，人民文学出版社2019年版，第169页。

　　[3]汪曾祺：《小说技巧常谈》，见季红真主编《汪曾祺全集（9）·谈艺卷》，人民文学出版社2019年版，第259页。

　　[4]汪曾祺：《小说技巧常谈》，见季红真主编《汪曾祺全集（9）·谈艺卷》，人民文学出版社2019年版，第259页。

能不写的就不写。不写的，让读者去写。""语言的美要看它传递了多少信息，暗示出文字以外的多少东西，平庸的语言一句话只是一句话，艺术的语言一句话说了好多句话。即所谓'言外之意'，'弦外之音'。"[1]"语言要有暗示性，就是要使读者感受到字面上所没有写出来的东西，即所谓言外之意、弦外之音。""语言要能引起人的联想，可以让人想见出许多东西。因此，不要把可以不写的东西都写出来，那样读者就没有想象余地了。"[2]《昆明的雨》写给巫宁坤画仙人掌用了寄托；写卖杨梅的苗族女孩子、送缅桂花的房东的养女，没有正面描写她们的外貌，只写自己的心理反应。正如他自己说的，"不具体写美女，而用暗示的方法使读者产生美的想象，是高明的方法"，"有时不直接写女人的美，而是从看到她的人的反应中显出她的美"。[3]写想到李商隐的《夜雨寄北》、陈圆圆投水而死，都有很多言外之意、弦外之音。有些是故意不写，如并没有交代《夜雨寄北》的写作缘起和诗句原文，没有记述吴三桂冲冠一怒为红颜的豪举等。"写出了，有何意味？"[4]有些则有点欲说还休的意味，就是点了一下，但是没有说透说破。如为了怕读者不明白，还特意明确用词句提示，如"我的那张画是写实的"，是提示其还有象征的成分；有些用括号补充说明，如在"看了池里的满池清水，看了着比丘尼装的陈圆圆的石像"后加了一个括号，补充说明"传说陈圆圆随吴三桂到云南后出家，暮年投莲花池而死"。他为什么要和朱德熙去莲花池，为什么那天的情境记得如此真切，都没有交代。大概这几处涉及男女之间的恋情和朋友之间的友情，都不便明确地说出来。就像他自

[1]汪曾祺：《思想·语言·结构》，见季红真主编《汪曾祺全集（10）·谈艺卷》，人民文学出版社2019年版，第296页。

[2]汪曾祺：《我的创作生涯》，见季红真主编《汪曾祺全集（10）·谈艺卷》，人民文学出版社2019年版，第76页。

[3]汪曾祺：《使这个世界更诗化》，见季红真主编《汪曾祺全集（10）·谈艺卷》，人民文学出版社2019年版，第360、361页。

[4]汪曾祺：《谈风格》，见季红真主编《汪曾祺全集（9）·谈艺卷》，人民文学出版社2019年版，第314页。

已说的，"好像没有说什么东西，但是说出了很多很多东西"[1]。

他说："我主张作者的态度是要让读者感觉到的，但是只能'流露'，不能'特别地说出'。作者的感情、态度最好溶化在叙述、描写之中，隐隐约约，存在于字里行间。"[2]"作者的态度、感情不能跳出故事去单独表现，只能……流露于字里行间，这叫做'春秋笔法'。"[3]"笔记小说一般较少抒情……笔记小说多半有点散文化。"[4]"在叙事中抒情，用抒情的笔触叙事。"[5]我们也可以说，他是在写景状物、写人叙事中抒情，用抒情的笔触去写景状物、写人叙事。

最后是主题"一般都不那么单纯"。

汪曾祺说："现代小说的主题一般都不那么单纯。应允许主题的复杂性、丰富性、多层次性，或者说主题可以有它的模糊性、相对的不确定性，甚至还有相对的未完成性。"[6]相对来说，过去的散文，无论是写人叙事，还是写景状物，或是抒情励志，都比较单一和明确。不过，《昆明的雨》既写人叙事又写景状物，既由景物、人事抒情又寓情于景物、人事，还采用了点染、留白、寄托等多种手法。相应地，这篇散文的写作目的，是怀乡，还是怀人？若是怀乡，是怀念昆明的雨，还是怀念昆明的景物？若是怀人，是怀念恋人，还是怀念友人？或者均兼而有之？这些都有一定的模糊性和不确定

[1]汪曾祺：《思想·语言·结构》，见季红真主编《汪曾祺全集（10）·谈艺卷》，人民文学出版社2019年版，第296页。

[2]汪曾祺：《道是无情却有情》，见季红真主编《汪曾祺全集（9）·谈艺卷》，人民文学出版社2019年版，第196页。

[3]汪曾祺：《揉面——谈语言运用》，见季红真主编《汪曾祺全集（9）·谈艺卷》，人民文学出版社2019年版，第167页。

[4]汪曾祺：《随笔写下生活》，见季红真主编《汪曾祺全集（10）·谈艺卷》，人民文学出版社2019年版，第193页。

[5]汪曾祺：《小说笔谈》，见季红真主编《汪曾祺全集（9）·谈艺卷》，人民文学出版社2019年版，第170页。

[6]汪曾祺：《小说的思想和语言》，见季红真主编《汪曾祺全集（10）·谈艺卷》，人民文学出版社2019年版，第85页。

性。当然，作者也会有一定的倾向性。他说："怎样表现倾向性？中国的古话说得好：字里行间。"[1]"'话到嘴边留半句'，在一点就破的地方，偏偏不要去点……把作者的立意点出来，主题倒是清楚了，但也就使主题受到局限，而且意味也就索然了。小说不宜点题。"[2]

汪曾祺创作、改编过很多剧本，发表过很多谈论戏剧的文章。他也写过很多新诗、旧诗，还称他的老师沈从文的小说《边城》是"一首将近七万字的长诗"[3]。谈自己的小说创作时称："我年轻时曾想打破小说、散文和诗的界限。"[4]这篇《昆明的雨》，也处处充满诗意。他写过《中国戏曲和小说的血缘关系》。虽然他没有写过戏剧与散文关系的专文，但是在有些文章中也曾提到二者之间的一些关系。他说："写文章、写小说，哪儿起、哪儿顿、哪儿停、哪儿落，都得注意。中国人对文章之道，特别是写散文，我认为那是世界无比的。除了开头事先要想好外，还要注意我这篇作品最后落到什么地方、怎么收拾，不能说写完了，写到哪儿算哪儿，那不行。"接着提到他多次引述的汤显祖评董解元的《西厢记》时论及结尾的两种方式："度尾"和"煞尾"。[5]《昆明的雨》的结尾兼用了两种方法：用四十多年后写的一首旧诗承接旧事的讲述以"度尾"（"如画舫笙歌，从远处来，过近处，又向远处去"），将时光拉回到四十年前；"我想念昆明的雨"是"煞尾"（"如骏马收缰，寸步不离"），戛然而止。关于如何解读作为诗人和剧作家的汪曾祺的《昆明的雨》，也是一个非常值得继续探讨的话题。

[1]汪曾祺：《小说笔谈》，见季红真主编《汪曾祺全集（9）·谈艺卷》，人民文学出版社 2019 年版，第 170 页。

[2]汪曾祺：《小说技巧常谈》，见季红真主编《汪曾祺全集（9）·谈艺卷》，人民文学出版社 2019 年版，第 260 页。

[3]汪曾祺：《沈从文和他的〈边城〉》，见季红真主编《汪曾祺全集（9）·谈艺卷》，人民文学出版社 2019 年版，第 106 页。

[4]汪曾祺：《〈汪曾祺短篇小说选〉自序》，见季红真主编《汪曾祺全集（9）·谈艺卷》，人民文学出版社 2019 年版，第 151 页。

[5]汪曾祺：《文学语言杂谈》，见季红真主编《汪曾祺全集（9）·谈艺卷》，人民文学出版社 2019 年版，第 446 页。

《背影》接受：民国期间的阐释

　　1925 年 11 月，朱自清在《文学周刊》第 200 期上发表了《背影》。1927 年 9 月，该文首次被收入朱文叔编的小学校高级用《新中华国语读本》的第 3 册中，编者将其和小说《忏悔》放在一起呈现。1928 年 10 月，朱自清将《背影》和另外 14 篇散文结集出版，散文集取名《背影》，其第一篇文章就是这篇《背影》。此后，就像 1936 年叶圣陶所说的，"这一篇《背影》，大家说是朱自清先生的好文章，各种初中国文教科书都选着它"[1]。1939 年，教育部官员石中玉审查坊间出版的中学国文教科书拟为官编教科书作参考时，发现不少教科书的编者"只从过去的教科书上照录一些白话文，像朱自清的《背影》，冰心的《寄小读者》，差不多各家教科书上都有"[2]。在朱自清去世后《国文月刊》列出的朱自清编著的 7 种作品、著作和教科书中，《背影》位列第一。其广告称：作者之《背影》，无论何种国文选本，均有选及，因其不仅文字优美，而且恳挚认真。本书各篇均为完美之作，故可为范文。[3]确实如此，《背影》发表后就受到教科书编者们的青睐，并于 1931 年开始被选入中学国文教科书，直至 1949 年，至少有 30 套教科书将其选作课文。[4]连《背

---

　　[1]叶圣陶：《朱自清的〈背影〉》，载《新少年》1936 年第 1 卷第 1 期。叶圣陶在 1936 年《新少年》创刊号《文章展览》中评点的第一篇文章就是朱自清的《背影》。

　　[2]石中玉：《审查中学国文教科书杂感》(上)，载《教育通讯》1939 年第 2 卷第 15 期。

　　[3]《朱自清先生作品七种》，载《国文月刊》1948 年第 72 期。

　　[4]闫苹编著《中学语文名篇的时代解读》(广东教育出版社 2007 年版)中有《修辞论美学视野中的〈背影〉》一文，文中附录了 1950 年之前收入《背影》的 12 套教科书名录，并以"春晖时代"为题以两套教科书的课后习题为切入点简略分析了其接受情况。

影序》也被 3 套教科书收录作为课文。[1]中学生对《背影》也十分欢迎。1948 年朱自清去世后有人撰文说："从提倡白话文到现在，散文可说是千变万化，以种种姿态出现，可是先生散文的价值，已固若磐石，是禁得起时代的淘洗的。一篇《背影》，寥寥千余字，不过四十几行，可是震动了每个读者的心。凡是中学生，没有人不知道《背影》的。"[2]后来李广田也说："这篇短文被选为中学国文教材，在中学生心目中，朱自清三个字已经和《背影》成为不可分的一体。"[3]1948 年，第 45 期《书报精华》杂志在朱自清去

---

[1] 傅东华、陈望道编辑：《基本教科书·国文》，商务印书馆 1933 年 2 月初版第 5 册。薛无兢等注释，柳亚子等校订：《高中当代国文》，中学生书局 1934 年 2 月再版第 2 册。王云五主编，傅东华编著：《复兴初级中学教科书·国文》，商务印书馆 1933 年版。

[2] 昭然：《哭佩弦师》，载《中学生》1948 年第 204 期。

[3] 《李广田全集》（第 5 卷），云南人民出版社 2010 年版，第 276 页。曹聚仁在《〈背影〉作者朱自清》中说："《桨声灯影中的秦淮河》和《背影》，都是朱师的小品散文名作，传诵一时。或问：'何谓背影？'余答之云：'亲情深似海'（粤剧名）也。朱师在杭州任教时，领导湖畔诗社，他是新诗导师；其后任教温州中学，有《背影》之作，后来用作散文集的集名，他又成为小品散文的主流之一。"他说，周作人写谈茶的散文，教师教得够味，学生却反应冷淡，而"朱师的《背影》，中年人和青年人一样地感到兴趣，就因为朱师的风格是淡远的，而情怀则是温暖的，也为青年人所能体会得的"。（曹聚仁：《我与我的世界》，人民文学出版社 1983 年版，第 384、385 页。）其实《背影》发表之后，人们已将其作为朱自清的代表作并和"朱自清"三字联系在了一起。如 1931 年的一则讽刺他续弦的消息称："写《背影》的朱自清教授，自从断弦以后，悼亡之情未已，'桃花运'便悄悄的跑到他身上。"（欧菊珊：《朱自清订婚后出洋》，载《读书杂志》1931 年第 3 期。）1944 年，一篇介绍他的文章题目是《文坛新四金刚之一：〈背影〉的作者朱自清》（公冶木，《中国周报》1944 年第 127 期）。1946 年，又有一则消息的题目是《〈背影〉的著作者朱自清执教复大》（玩星，《东南风》1946 年第 21 期）。又如 1946 年朱自清的女儿朱采芷结婚，消息称其为"恬淡的散文家"，并以《背影》为其代表作，而且认为《背影》是"初中学生的最好课本"。（义子：《朱自清女儿出嫁》，载《海涛》1946 年第 23 期。）又如朱自清去世后，有人称自己就是读了本省教育厅编纂的教科书中的《背影》而走上文学创作之路的："偶然发现这样一篇清顺的东西，窄小的心灵里便体验到从未有过的鼓舞"，"《背影》对我最初的印象似乎仅止于此，然而使我对新文学发生兴趣却是由这篇短文所引起的"。（南山：《记：朱自清》，载《春秋》1945 年第 2 卷第 3 期。）沈从文发表了题为《不毁灭的背影》的悼念文章，并称："佩弦先生的《背影》，是近二十五年国内年青学生最熟习的作品。"（《新路周刊》1948 年第 1 卷第 16 期）有人以《"长向文坛瞻背影"：记上海的朱自清先生追悼会》为题记叙追悼会现场其弟子及民众的悲情。（季连仲，《现代教学丛刊》1948 年第 4 期。）

世后重新登载这篇散文以示纪念，编者在文前加了一段按语："朱自清先生现在是离开我们了，我们重新刊载这篇《背影》，其意义不仅是为了怀念先生，而是这一位伟大的导师所留给我们的印象，也正如他的《背影》一样的深刻，一样的令人难忘！"

　　任何一个文本，一经选入语文教科书就变成了教师教、学生学的对象或媒介，即教学文本。作为一个教学文本，编者会考虑其在整个学段、整册课本、整个单元中所担负的教学任务，让其发挥相应的教学功能。我曾在《夏丏尊、叶圣陶的语文教科书选文教学功能观评析》一文中，以《背影》为例，对夏、叶两位教科书编者所确定的"全息""例子""凭借"和"引子"等选文的四重功能进行了分析，并对他们这种形式主义倾向的选文功能观提出了批评。[1]本节虽然仍沿用这四个名称，但对各种功能内涵的界定和以前稍有不同。下面，我们从选文功能的角度，将出现在下表所列教科书中的《背影》也分成这四类，分别进行分析，探寻其各自功能设定，并分析其中的原因。

《背影》在教科书中收录一览表

编者	教科书名称	册次	出版社	时间、版次
朱文叔	小学校高级用《新中华国语读本》	第3册	新国民图书社	1932年3月22版（1927年9月初版）
北平文化学社	《初中二年级国文读本》	第4册	北平文化学社	1931年1月出版
北师大附中	《初中国文读本》	第4册	文化学社	1931年1月出版
赵景深	《初级中学混合国语教科书》	第3册	北新书局	1931年7月初版
朱文叔	小学高级用《新中华国语读本》	第3册	新国民图书社、中华书局	1932年5月29版

----

　　[1]张心科：《夏丏尊、叶圣陶的语文教科书选文教学功能观评析——兼说"教教材"与"用教材教"》，载《中学语文教学》2008年第5期。

编者	教科书名称	册次	出版社	时间、版次
王伯祥	初级中学学生用《开明国文读本》	第 1 册	开明书店	1932 年 7 月初版
姜亮夫、赵景深	《初级中学北新文选》	第 4 册	北新书局	1932 年 9 月再版
周颐甫	《基本教科书国文教本》	第 1 册	商务印书馆	1932 年 10 月初版
傅东华、陈望道	初级中学用《基本教科书国文》	第 3 册	商务印书馆	1932 年 12 月初版
徐蔚南	初级中学学生用《创造国文读本》	第 2 册	世界书局	1933 年 1 月再版
石泉	《初中师范教科书初中国文》	第 1 册	文化学社	1933 年 2 月再版
张弓	《初中国文教本》	第 1 册	大东书局	1933 年 5 月 11 版
罗根泽、高远公	《初中国文选本》	第 2 册	立达书局	1933 年 8 月初版
马厚文	《初中国文教科书》	第 1 册	光华书局	1933 年 8 月出版
傅东华	《复兴初级中学教科书国文》	第 3 册	商务印书馆	1933 年 12 月 30 版
沈荣龄等	《实验初中国文读本》	第 1 册	大华书局	1934 年 3 月出版
叶楚伧	《初级中学教科书国文》	第 1 册	正中书局	1934 年 7 月初版
朱剑芒	《朱氏初中国文》	第 1 册	世界书局	1934 年 8 月 6 版
夏丏尊等	《开明国文讲义》	第 1 册	开明书店	1934 年 11 月初版
颜友松	《初中国文教科书》	第 2 册	大华书局	1935 年 1 月初版
张鸿来、卢怀琦、汪震、王述达	《初级中学国文读本》	第 4 册	师大附中国文丛刊社	1935 年 1 月再版
马厚文	《标准国文选》	第 1 卷	大光书局	1935 年 8 月改版
南开中学	南开中学初一国文教本	上册	编者自刊	1935 年出版

（续表）

编者	教科书名称	册次	出版社	时间、版次
夏丏尊、叶绍钧	《国文百八课》	第2册	开明书店	1935年版
国立编译馆	高级小学用《实验国语教科书》	第4册	商务印书馆等	1936年11月初版
朱剑芒	《初中新国文》	第3册	世界书局	1937年3月初版
宋文翰	《新编初中国文》	第3册	中华书局	1937年3月初版
教育总署编审会	《初中国文》	第3册	编者自刊	1939年8月出版
叶绍钧等	初级中学用《开明新编国文读本（注释本甲种）》	第1册	开明书店	1947年版
叶绍钧等	《语体文选》	第2册	文化供应社	1949年7月初版

一、引子：讨论父慈、子孝的主旨（1927—1935）

夏丏尊、叶圣陶在其合著的《文心》中说："读书贵有新得，作文贵有新味。最重要的是触发的功夫。所谓触发，就是由一件事感悟到其他的事。你读书时对于书中某一句话，觉到与平日所读过的书中某处有关系，是触发；觉到与自己的生活有交涉，得到一种印证，是触发；觉到可以作为将来某种理论说明的例子，是触发。这是就读书说的。对于目前你所经验着的事物，发现旁的意思，这也是触发。这种触发就是作文的好材料。"[1]这里所说的"触发"就是"引子"。可见，书里的文章仅仅是一个材料，可以触发学生进行与之有关联又有区别的阅读和写作，也可以触发其对人生的某种感悟。将《背影》仅仅作为课堂讨论父子之爱的阅读材料或仅仅作为课外写作以父母师长为题材的作文的话题，则是发挥其引子的功能。我们此处所说的"引子"指主要将其作为讨论某种"问题"和"主义"的由头来使用。

[1]夏丏尊、叶圣陶：《文心》，生活·读书·新知三联书店2005年版，第99页。

在 20 世纪 20 年代末 30 年代初的中学语文教学中，教什么往往并不清晰，所以一些以主题组织单元的教科书编者将《背影》选入，主要是发挥其引子的功能。有人称："自从五四以后，语体文发生；中学的国文教授便成了一个很大的问题。"[1]因为人们不知道白话文该教什么，新式的国语文法尚无成熟的研究成果，这样就无法从语法方面去分析；所以，难以从形式上去分析作品的，于是"不得不以'讲演'代替'翻译'。文章的逐字逐句的意义，不容详加解释，只好专就其中的意义加以发挥"[2]。就学生来说，觉得对文章的内容的探讨远比其形式的分析有趣。如阮真就指出，"中学生，也爱讨论问题"，结果是"好些教师来宣传各种主义，讨论各种问题，教国文只是离开文章来讲演主义讨论问题了。辞句的解释，视为无用；文法章法，也不值得注意；因为这都要被学生讨厌而引起反对的"。[3]因为教师无法、学生不愿分析课文的形式，所以一般的语文课堂教学也多以课文作为引子，大谈"问题"与"主义"。而且当时不少编者认为研究这些"问题"和"主义"比学习"国语"本身更重要，所以不少教科书以主题、题材来组织选文。就像 1936 年阮真所说的，"近年教中学国文者多注重文章的内容与思想，而不注重文字的本身与文章的形式"[4]。另外,20 世纪 20 年代末南京国民政府成立、日本侵略中国加剧等，都使民族主义教育变得更为重要，而民族主义的核心就是民族精神的传扬，所以教科书选用反映忠孝等中华民族传统美德的课文被认为是传扬民族精神的一个重要表征。《背影》反映的正是孝亲观念，朱自清自然是现代孝亲的典型。而且文章本身写得就很感人，正如 1929 年钟敬文在书评《背影》中所说的："抒情，是朱君这个集子的唯

[1]汪震：《中学国文课程标准的商榷》，载《教育丛刊》1923 年第 4 卷第 6 集。

[2]沈仲九：《国文科试行道尔顿制的说明》，载《教育杂志》1922 年第 14 卷第 11 号。阮真在《论高中文科读文教学》中说，当时一些人为侧重内容讨论所找的借口就是"文皆通俗白话，固无待乎形式章句之讨论者"。(《中华教育界》，1925 年第 12 卷第 6 期。)

[3]阮真：《时代思潮与中学国文教学》，载《中华教育界》1934 年第 22 卷第 1 期。

[4]阮真：《时代思潮与中学国文教学》，载《中华教育界》1934 年第 22 卷第 1 期。

一特色，中间尤以《背影》和《女儿》等篇，写得更凄黯动人。"[1] 1931—1935 年，将《背影》主要作为讨论思想、情感的"引子"来用的小学教科书，主要有小学校高级用《新中华国语读本》（1927）和高级小学用《实验国语教科书》（1936）。在《新中华国语读本》中《背影》前的课文是古诗《木兰诗》和小说《忏悔》，在《实验国语教科书》中《背影》前的课文是《归有光项脊轩记》，均是涉及孝亲主题的作品。在小学高级用《新中华国语读本》（1932）的第 3 册中，《木兰诗》《忏悔》和《背影》等与孝亲主题相关的课文被放置在了一起。除此之外，还有多套中学教科书也是将其作"引子"来使用。

《初中二年级国文读本》（1931）和《初中国文读本》（1931）同时将《背影》作为选文，二者均没有编辑大意，也没有任何习题或注释等辅助文字，均只将单篇文章按主题或题材组织在一起。如在前者中，《背影》之前一课是《师说》（韩愈）；在后者中，《背影》之后一课是《爱流汐涨》（许地山）。从篇名就可以发现，前者将其作为讨论尊敬长辈（"天地君师亲"）的材料，后者则将其视为讨论父爱的材料（《爱流汐涨》是一篇写一个父亲爱儿子的小说）。尤其是前者，还在课后附了一则《孟子·舜发于畎亩章》（"天将降大任于是人也，必先苦其心志……"）的短文，大概是想告诉学生除了平时应孝敬父母外，即便在遇到家道中落时也不必灰心丧气。

《创造国文读本》（1933）将《阿兰的母亲》（杨振声）、《背影》和《街路》（亚米契斯）放在一起。《阿兰的母亲》写父亲去世后母亲含辛茹苦照顾阿兰，《街路》写父亲来信教导安利可。这两课写的是父母对子女的关爱。《初中师范教科书初中国文》（1933）将《背影》和《他眼里有你》（徐志摩）、《婴砧课诵图序》（王拯）放在一起。《婴砧课诵图序》的内容是作者回忆幼年时母亲对自己读书的关心以及后来母亲积劳而死的事。这两套教科书的编者也都希望学生理解课文中所表现的父母对子女的关爱之情。《初

---

[1] 钟敬文：《背影》，载《一般》1929 年第 7 卷第 2 期。

中国文教本》（1933）的编者认为教科书选文要让学生"味识人间"，收入《背影》的第1册的主要教学目的是"于事实中暗示敬己，爱群，革新的种种意味"，而《背影》所写属于"常态的生活组"之"家庭的真爱生活"。其"组序"称，《背影》和《伊和他》（叶绍钧）、《莲花》（冰心）、《小蚬的回家》（叶绍钧）、《鸣机夜课图记》（蒋士铨）、《北堂侍膳图记》（朱琦）是"披露父母抚护训导儿女的欢乐境和艰苦况，以表阐春晖般的慈爱，和大海样的爱力；一面对照着，揭出儿女们对父母的天真烂漫的爱慕的影像或是悱恻缠绵的心情的写真，以发挥'纯孝的情绪"。可见，编者收入此文就是让学生理解"父慈子孝"的"人间真味"。其组后的习题也问道："《背影》描写'父子恩爱味'，以那一地方为最浓重？"在《初中国文选本》（1933）中，《背影》之前的课文是鲁迅的《父亲的病》，之后附录的是朱自清的新诗《满月的光》。将《背影》放置在二者之间，以喻对父亲的依恋，希望永远沐浴在父爱的光辉中。

《实验初中国文读本》（1934）标出了每个单元的名称，其中《小蚬的回家》（叶绍钧）、《伊和他》（叶绍钧）、《背影》、《崇明老人记》（陆陇其）和《白种人——上帝之骄子》（朱自清）被收入"家庭之爱"单元。《初级中学教科书国文》（1934）将《背影》和《崇明老人记》放在一起，主要让学生理解孝道。

《初级中学国文读本》（1935）将《背影》和《爱流汐涨》放置在一起。《标准国文选》（1935）将《伊和他》（叶绍钧）、《背影》和《少年笔耕》（亚米契斯）归为一组，其用意不言而喻。《南开中学初一国文教本》（1935）将《莲花》（冰心）、《芳儿的梦》（叶绍钧）、《游子吟》（孟郊）、《思慈母弟妹》（马君武）、《燕诗》（白居易）、《慈乌夜啼》（白居易）、《背影》、《若子的病》（周作人）、《雨夕》（冰心）、《小妹》（赵景深）、《与孟东野书》（韩愈）和《遥遥》（冯至）归入第三单元，则将表现亲人之爱进一步扩充到师友之爱。

1937年之后，一般教科书倾向于发挥选文的"引子"功能。不过，

1947 年出版的国立编译馆主编的一套主要是发挥选文"引子"功能的国定教科书《初级中学国文甲编》并没有选入《背影》。表现父子之爱的作品出现在其第 1 册中，不是《背影》而是蒋介石的《家训》。《家训》由蒋介石写给蒋经国、蒋纬国的三封书信组成。书后所附该课的"题解"称："谕二子勉力求学，并教其应对进退之道。文中充满亲子之爱，于严中寓慈。书中虽有琐屑叙述，然正足以证其父子感情之浓厚。"将这篇《家训》和《背影》相比，无论是从艺术上还是从内容上来看，前者都比不上后者。选择《家训》的原因，当然是为了让学生感受领袖的家风；不选《背影》，可能是认为其抒发了知识分子个人的情感，而且整篇文章吐露出一种哀伤的情调，显得不够积极、上进，不利于激发昂扬的斗争精神。

二、全息：全面理解内容和形式（1931—1935）

此处所谓全息，指把作品当成一个内容和形式的综合体；将其当作课文，就是要让学生从各个层面和角度学习其内容和形式。1924 年，孟宪承在赞扬《初级中学国语文读本》以主题组织单元的编法可激发学生阅读兴趣的同时，也指出这样做的危险之处。他说："国文科的训练，本注重思想的形式上，至于思想的内容，是要和各科联络，而受各科供给的。现在专重社会问题的讨论，是否不致反忽了形式上的训练，喧宾夺主，而失却国文科主要目的，很是一个问题。"[1] 相应地，文章的组织可以从形式方面入手。这样既可以明确语文教学的目的，又可以规避按时间、文体、题材、主题等方式组织选文的弊端。1922 年，邰爽秋提出按"句法"来选范文。[2] 1925 年，沈仲九提出按"国文法则"来选择、呈现课文。他说："把现在所谓文法读本作文等统统编辑在一书中……这类教科书的要旨，是以文章和法则互为经纬，两相融合，于文章中发见（现）法则，将法则应用在文章上。"[3] 20 世

---

[1] 孟宪承：《初中之国文教学》，载《新教育》1924 年第 9 卷第 1、2 期合刊。

[2] 邰爽秋：《科学化的国文教授法》，载《教育杂志》1922 年第 14 卷第 8 号。

[3] 沈仲九：《初中国文教科书问题》，载《教育杂志》1925 年第 17 卷第 10 号。

纪 20 年代末 30 年代初，语文教育要兼顾选文内容和形式的主张渐成趋势。如 1932 年孙俍工在评论王森然编的《中学国文教学概要》时批评了王著在阐述中学国文教学时"偏重思想"的倾向。他说：

> 中学底国文教学偏重思想，我在从前民九至民十二年之间也曾经这样主张过。当时承五四运动之后，是一个思想转变的重要时期，教者学者对于新兴的文学运动还都是徘徊歧路的态度，故想用了"思想底启导"为武器以洗清以前对于国文的教学观念底误谬。这是不得已的方式，暂时用用似无不可。若视为国文教学上永久的唯一无二的方法，似还有讨论的余地。因为：国文底本身，含有内容和形式两重要质素，二者是不可偏废的。思想不过是内容底一部分！思想之外还有情与意，均为国文底内容中不可缺少的质素。教学国文偏重内容，已经是非完美的教学法，何况只注重内容底一部份（分）呢！……这种偏重知识思想的国文教学法，不但未能尽教学国文底能事，而且很容易把教学国文的目的迷失而有使学生误入歧途之虞。[1]

可见，孙俍工主张国文学习要兼顾文章的形式和内容，而针对文章的内容又要兼顾思想和情感。随着黎锦熙的《新著国语文法》、陈望道的《作文法讲义》、夏丏尊的《文章作法》、唐钺的《修辞格》和金兆梓的《实用国文修辞学》等系统的语法、修辞、作法研究成果的相继出版，以及对偏重内容的语文教学的日益不满，加之 1929 年颁布的《初级中学国文暂行课程标准》规定"每授一文，须就文中选取可借文法或修辞法说明之点，详为指示"，且应"就选文中摘取文法或修辞的习题，令学生练习"[2]，20 世纪 20 年代末，兼顾形式的教科书开始出现，其基本做法就是以主题组织选文，并在课前或课后设置一些有关形式分析的知识短文或练习。

---

　　[1]孙俍工：《中学国文教学概要》（上篇），载《图书评论》1932 年第 1 卷第 1 期。该文是对王森然编、商务印书馆 1929 年 6 月出版的《中学国文教学概要》一书的评论。

　　[2]课程教材研究所编：《20 世纪中国中小学课程标准·教学大纲汇编（语文卷）》，人民教育出版社 2001 年版，第 284 页。

　　在《初级中学混合国语教科书》（1931）和《初级中学北新文选》（1932）中，《背影》之后一课均是《奉宣撰赐太和公主敕书》（李德裕）。编者将表现了父亲对子女关爱的课文放置在一起，显然首先是让学生理解《背影》的主旨。《初级中学混合国语教科书》的编者称："本书尤注重文法与修辞"，"第一二册附文法，第三四册附作文法，第五六册附修辞"。每篇课文后都附有这些知识，或就以课文为材料解说，或就课文中出现的这些知识设题。可见，在就课文的内容预设其做"引子"的功能的同时，又就课文的形式预设了其做"例子"的功能——充当印证文法与修辞规则的例子。如二者课后的知识短文就从课文中选取了"那年冬天，祖母死了"等句子来分析"句的宾主"等语法知识。

　　《开明国文读本》（1932）将《背影》和《先妣事略》（归有光）放置在一起。其编者称："本书另有参考书六册，专供读者自习及教师参考之用，除说明文章之内容、体裁，选集之来历，作者之生平及诠释疑难之字义、语句外，更特别注重于文法之词性、词位，造句、作文之方式，文言文与语体文之比较，修辞学上之组织法，藻饰法，文体之分类、比较及文学批评概略，文学史概略等，均就已读各文采取例证，详为指陈，兼多列习问以为实习之材料。更采取与本文有关系之他篇文字，择尤排比，以备参证。"这说明编者要求师生从内容和形式各个角度、层面来理解《背影》，因为涉及的内容过多，也就没有附在选文之后而已。在与之配套的《开明国文读本参考书》（1932）中先提到"这是亲子之爱的一片段，也是一篇很好的叙述文"，然后以课文中的语句来解说"代名词"的含义、种类、格式等。[1]《基本教科书国文》（1932）将《背影》和《北堂侍膳图记》放置在一起，首先是让学生通过学习此文学会孝敬父母。然而，其编者称："我们的编法和从前的编法颇有不同。"其不同之一就是"我们觉得普通易犯的毛病是或者偏重形式，或者偏重内容；或者侧重美文，或者侧重应用。偏重形式的，竟或不顾

---

　　[1] 王伯祥编：《开明国文读本参考书》，开明书店1932年版，第1册第259—269页。

思想之是否健全；偏重内容的，竟或不问文辞之是否无疵"。所以，选文形式内容兼顾。同时，呈现时也将选文和知识配合。如选文后有"注释与说明""文法与修辞"和"练习"。其中的"说明"就是将文学常识和文法知识分散于其中介绍，编者认为"这些说明虽然散在各篇，合之自成系统，便是把一部文学概论和作文论分散开来，具体地灌输给学生知道。此外，我们相信这样的说明，还可以代替旧式国文选本中那种眉批和总评的地位"。"文法与修辞"，即将其"混合在读本里"，用选文为例来说明这些文法与修辞的规则，当然又"求保持文法和修辞学各个本身的系统，所以也同说明的部份（分）一样，虽然分散在各篇之后，合起来自能成为一部系统的文法和一部系统的修辞学"。"练习"，即就"注释与说明"和"文法与修辞"所介绍的知识，结合课文设置问题。《背影》一课之后的"注释与说明"，就涉及其"剪裁"手法高超等。如称其以"最不能忘记"的事物来选择材料，行文便不枝蔓。"文法与修辞"还提到了"北平已来过两三次"这句话中数量词运用方法等。

《朱氏初中国文》（1934）将《背影》和《慈爱的结束》（冰心）、《秋庭晨课图跋》（汪兆铭）、《婴砧课诵图序》（王拯）放置在"叙述系恋父母及长姊的情绪"的单元。这一方面是让学生感受"系恋父母及长姊的情绪"，一方面是让学生掌握"叙述"之写法。不过，其课后所附录的只是以课文为例来介绍文体和文法的知识短文。如在解说文体时称："本篇为描写老父慈爱的叙事文。内容系追叙老父送行时的情形，与别后的悼记，所以在记叙体中，还夹杂些极端感伤的抒情分子。"然后，将"背影"等"有形名词"和"冬天"等"无形名词"进行比较，让学生掌握这两种名词的用法。

《初中国文教科书》（1935）将《背影》和《伊和他》（叶绍钧）、《梦见妈妈》（盛炯）、《先妣事略》（归有光）、《项脊轩志》（归有光）放置在一起。这种处理方式，同样是为了让学生感受亲人之爱。其后所附的"教学过程"列出了如下多方面的教学内容：

（1）出处与作者。（略）

（2）题意。"背影"是"看着那人背后的影子"的意思。这样命题，无论作小说题或诗歌题都得；但本篇是拿他来作感想文的题目，描写当时的"印象"和后来的"感想"。

（3）文体。本篇是"主美的叙事文"；虽然含有许多伦理上的亲子之爱的"善"的意味，然其给与读者是一种"趣味"，并不是一种"教训"，所以这是"美"的亲子之爱，而不是"善"的。

（4）章法。本篇的行文，以总叙起，以总叙结，中间依照时间先后的顺序，次第说来，是顺行叙事。（略）

（5）风格。本篇是纯写实的。文中虽有怆然哀思之处；但论其作风，却不是沉郁，而是"清新"。

（6）思想。文中所表现的思想有两种：一种是表现少年人的心情和老年人不同，一种是表现亲子间的自然的真爱，而尤以后者为本文的中心思想。

（7）材料。表现前一种的思想，则采取"父亲再三嘱咐茶房照顾和亲送过江及讲价钱"等来做表现老年人心情的材料，"没有甚么要紧的和总觉他说话不大漂亮及暗笑他的迂"等来做表现少年人心情的材料。表现后一种的思想，则采取"父亲买橘子的情形和自己两次望着他的背影而流泪"为最精要的材料。

（8）背景与时代。（略）

以上分别从内容、形式的多方面对课文作了解说，就是希望学生通过学习此课掌握相应的知识。

三、例子：掌握形式方面的知识（1932—1935）

此处的"例子"，指把选文当成学习写作的样板，而且认为教学时只要将有关选文形式方面的知识分析清楚就可以让学生学会写作。除了人们误认为通过这种静态的写作知识的教学可以提高学生的写作能力外，还与人们对语文课程性质的认识有关。当时不少人认为，语文学科只有从形式上设定教学内容才可以与其他学科区分开来，若坚守语文学科本位，必须只对选文形式进行分析。如宋文翰在批评教科书选文时就阐发过这种观点，他认为当时各种文选型教科书的编者选择组织课文时十分随意，"不明白国文科的性质"，"国文科在学校的一般科程中，含有特殊的性质，不与其他各科相同。……别的学科重在内容实质的深究；国文科重在形式表现方法的探讨"。[1]正因为追求语文学科本位，所以20世纪30年代初出现了如下多种发挥选文作为例子功能的教科书。

在《基本教科书国文教本》（1932）中，《背影》（书中题名为《背景》）之前一课是《一个兵丁》（谢婉莹），之后一课是《画竹题辞》（郑燮）。这三篇文章在题材和主题方面并无联系，可见编者并非要发挥选文的引子或全息功能。其编者特意对其选文功能作了解说：

> 本书第一、二、三各册每课正文后附以文法一项，凡词性、词位、句式等顺序编次，用演绎式，先下定义，再举例证。例证多采课文，间有出于拟作及征引他书者。于论句式时，参用图解法，以期收分析与综合之实效。所选新旧体诗，间附附说，略及其作法，以为初习之指导。

> 本书四、五、六各册每课正文后，附以修辞提示一项，标举右列三事：甲、文体　述课文体裁属于何类，并随时指示此体作法要点。乙、组织　述课文篇章组织法，指示其层次及联络。丙、词藻　述行文藻饰法，于选字、遣词、炼句诸端择要指说。

可见，收入其中的《背影》主要是作为印证某种文法知识的例子来使用的。《背影》的课后先有"注释"（词语解释），然后是"文法"之"词类的用法·名词和代词"。用来解释"名词或代词的所有格"的句子则是出自该文中的"父亲的差使也交卸了"等。

夏丏尊在《国文学习三讲》中提出，"所谓国语科，就是学习语言文字

---

[1] 宋文翰：《一个改良中学国文教科书的意见》，载《中华教育界》1931年第19卷第4期。

的一种功课；把本来用语言文字写着的东西，当作语言文字来研究，来学习，就是国语科的任务"[1]。比如"我们学地理、学化学，所当注意的是地理、化学书上所记着的事项本身，这些事项除图表外原用文字记着，但我们不必专从文字上记忆揣摩，只要从文字去求得内容就够了"[2]。他还认为，就语言文字的内容与形式这两方面来说，"学习国文，应该着眼在文字的形式方面"。"从国文科方面讲，文字是记载事物发挥情意的东西，它的内容是事物和情意，形式就是一个个词句以及整篇的文字。"内容是各不相同的，而形式却有相同的地方，例如词的用法有一定的习惯、句子的构成有一定的方法、文章的体裁有共通的样式。总之，"国文科的学习工作，不在从内容上去深究探讨，倒在从文字的形式上去获得理解和发表的能力"，"学习国文，应该着眼在文字的形式上，不应该着眼在内容上"。[3]他还以数学公式来比喻言语形式，以具体事物来比喻言语内容，进而说明言语内容与形式的关系。[4]他说，"1+2=3"算式可以应用于各种不同的情形，可以说是 1 个梨子加两个梨子等于 3 个梨子，也可以说是 1 只狗加两只狗等于 3 只狗，等等。这里算式是形式，"梨子"或"狗"是内容。如果算式中还有"X"的，那么什么数字都可以代进去了。这时候"X"是形式，各种数字是内容。可见，在他看来，言语形式是固定的，言语内容是多变的，只需要掌握形式，内容则可以随意代入。以他为主而编写的《开明国文讲义》（1934）就贯彻了这种思想。该书的编者称："第一、二两册注重在文章的类别和写作的技术方面，第三册注重在文学史的了解方面……在第一、二两册里，每隔开四篇选文有一篇文话，用谈话式的体裁，述说关于文章的写作、欣赏种种方面的项目，比较起寻常的'读书法''作文法'来，又活泼，又精密，读了自然会发生兴味，得到实益。……在第一、二两册里，每隔开四篇选文有一篇

---

[1] 夏丏尊、叶圣陶：《文章讲话》，上海文艺出版社 2001 年版，第 151 页。
[2] 夏丏尊、叶圣陶：《文章讲话》，上海文艺出版社 2001 年版，第 147 页。
[3] 夏丏尊、叶圣陶：《文章讲话》，上海文艺出版社 2001 年版，第 153—157 页。
[4] 夏丏尊、叶圣陶：《文章讲话》，上海文艺出版社 2001 年版，第 153—154 页。

关于文法的讲话。文法完了以后，接着讲修辞。……文话、文法等的后面附着练习的题目，有的是属于测验性质的，有的是待读者自己去发展思考能力的，逐一练习过后，不但对于选文和讲话可以有进一步的理解，并且可以左右逢源，发见独自的心得。"可见，选文后附有文话，结合选文解说"读书法"和"作文法"，还有"文法"和"修辞"等。不过，这里有关读书和作文的法则并不是以问题、情境的形式出现以训练学生实际的阅读和写作能力，而是以知识短文的形式出现，让学生接受作者所讲解的知识，而且"文法"和"修辞"知识的呈现方式和目的也是如此。如《背影》之后的文话就是将《背影》作为"抒情"的实例来解说。编者认为：抒情一定要借助具体的事物，例如《背影》就是如此，不然说一万遍"可爱可感念的父亲呀"也无法打动人；然后要有取舍，因为事物很多，不可全写，如"试将《背影》一篇作为实例来看。作者的父亲平时对作者谈话，岂可计数，而篇中引用的竟只有寥寥的几句……善于取用材料，对于写作抒怀文字原来有这样的效用"，又如"再看买票上车和买橘子的两节……不说什么，单叙两次的流泪，正是直写感情的切当手法"。

1935 年，夏丏尊和叶圣陶编写了著名的《国文百八课》。其编者称："从来教学国文，往往只把选文讲读，不问每小时每周的教学目标何在。"[1]在《关于〈国文百八课〉》中，他们说："我们以为杂乱地把文章选给学生读，不论目的何在，是从来国文科教学的大毛病。文章是读不完的，与其漫然的瞎读，究不如定了目标来读。"[2]"文章是多方面的东西，一篇文章可从种种视角来看，也可应用在种种的目标上。例如朱自清的《背影》可以作'随笔'的例，可以作'抒情'的例，可以作'叙述'的例，也可以作'第一人称的立脚点'的例，此外如果和别篇比较对照起来，还可定出各种各样

---

［1］中央教育科学研究所编：《叶圣陶语文教育论集》，教育科学出版社 1980 年版，第 171 页。

［2］中央教育科学研究所编：《叶圣陶语文教育论集》，教育科学出版社 1980 年版，第 181 页。

的目标来处置这篇文章。"[1]定出这具体目标之后，就是确定选文。编者称："本书选文力求各体匀称，不偏于某一种类，某一作家。内容方面亦务取旨趣纯正有益于青年的身心修养的。惟运用上注重于形式，对于文章体制、文句格式、写作技术、鉴赏方法等，讨究不厌详细。"换言之，就如其在《关于〈国文百八课〉》中说的："这是一部侧重文章形式的书，所选取的文章虽也顾到内容的纯正和性质的变化，但文章的处置全从形式上着眼。"[2]可见，选文虽然有文学作品，但是更关注的是其形式方面是否符合可以作为某种写作知识的例证。之所以这样，有两方面原因：（1）可以确立国文学科性质，使国文教育具有科学性。其编者称："在学校教育上，国文科一向和其他科学对列，不被认为一种科学。因此国文科至今还缺乏客观具体的科学性。本书编辑旨趣最重要的一点就是想给与国文科以科学性，一扫从来玄妙笼统的观念。"[3]要做到这样，首先应明白国文科的性质。《关于〈国文百八课〉》称："国文科和别的学科性质不同，除了文法、修辞等部分以外，是拿不出独立固定的材料来的……凡是学习语言文字如不着眼于形式方面，只在内容上去寻求，结果是劳力多而收获少……因此，我们主张把学习国文的目标侧重在形式的讨究。"[4]（2）"侧重文章的形式的，从形式上着眼去处置现成的文章，也许可将内容不适合的毛病减却许多。""时下颇有好几种国文课本是以内容分类的。把内容相类似的古今现成文章几篇合成一组，题材关于家庭的合在一处，题材关于爱国的合在一处。这种办法，一方面侵犯了公

[1]中央教育科学研究所编：《叶圣陶语文教育论集》，教育科学出版社1980年版，第178页。

[2]夏丏尊、叶圣陶：《关于〈国文百八课〉》，见中央教育科学研究所编《叶圣陶语文教育论集》，教育科学出版社1980年版，第177页。

[3]中央教育科学研究所编：《叶圣陶语文教育论集》，教育科学出版社1980年版，第171页。

[4]夏丏尊、叶圣陶：《关于〈国文百八课〉》，见中央教育科学研究所编《叶圣陶语文教育论集》，教育科学出版社1980年版，第177—178页。

民科的范围，一方面失去了国文科的立场。"[1]关于其编排方式，编者作了说明："每课为一单元，有一定的目标，内含文话、文选、文法或修辞、习问四项，各项打成一片。文话以一般文章理法为题材，按程度配置；次选列古今文章两篇为范例；再次列文法或修辞，就文选中取例，一方面仍求保持其固有的系统；最后附列习问，根据文选，对于本课文的文话、文法或修辞提举复习考验的事项。"如将《背影》列为《国文百八课》的第二册第十二课的文选之一，课前的文话讲的是含蓄的和明显的两种"抒情的方式"，后面的文法为"倒置的文言体代名词"，习问为"'事已如此，不必难过，好在天无绝人之路！'也是抒情的话，和哪一些叙述有分离不开的关系"，"叙述父亲在车站上买橘子的情状，把一切细微的动作都记下来，这有什么作用"。从文话和习问中可以看出，选文《背影》只是充当有关两种"抒情方式"知识的一个例证。

四、凭借：训练阅读和写作能力（1933—1949）

此处的"凭借"，指通过设置问题、交代任务的方式，让学生在读的过程中掌握朗读或默读、精读或略读以及散文文体阅读等技能，让学生在续写、仿写、改写或写作读后感的过程中提高写作能力。如果这样处理选文，就是发挥选文的凭借功能。

1931年，宋文翰在批评教科书选文时还认为，除了以学习选文形式为重点从而将国文和其他科区分开来以外，还可以从教学目的上作区分。他说：

> 别的学科重在知识的传授；国文科重在传授知识的文字的运用的训练。……编者或教者又须明白：国文教科书所以选史传，选游记，选古人嘉言懿行，甚而选关于讨论社会问题，人生问题的文字，目的并不是

---

[1]夏丏尊、叶圣陶：《关于〈国文百八课〉》，见中央教育科学研究所编《叶圣陶语文教育论集》，教育科学出版社1980年版，第179页。

在叫学生明瞭及记忆其内容，是因为文字必附于思想或情感或其他的事迹，自然现象等始具有意义，借此以见古人运用文字的技巧及其发表的方式，藉以增进学者阅读与发表文字的能力。……依国文科的性质和所独担的责任来说，我以为最重要的只有两事：（1）阅读，（2）发表。如果在一定期间，经过相当的训练，学生能把自己所见，所闻，所想到，所感得的一切，运用文字，自由发表出来，而且写得正确，明达，没有文法上的错误；同时，在阅读方面，能由平易的书报，日常的应用文字，进而阅读浅显的文言文，更进而看得懂整理过的古书，并且养成一种良好的读书习惯，则国文教师很可以大胆地声言："我们的国文教学已成功了！"……还有涵养德性，启发思想各项，那是要与其他各科共同负责完成，非国文科所能包办，亦非国文科所应包办的。[1]

可见，在宋文翰看来，国文科目的并不在于让学生掌握选文的内容，所以不应该借此进行思想教化和情感熏陶，而应以选文为凭借来培养学生的读写能力。他的这种思想也启发了一些编者，所以一些编者不再将选文当印证各种形式知识的例子，而是将其作为提高读写能力的凭借。

《复兴初级中学教科书国文》（1933）是在《基本教科书国文》（1932）的基础上编写而成的，编者在这两套选文几乎相同的教科书中对选文功能的设定却不相同。前者将选文当作例子而附录知识短文，后者则将选文当成阅读的凭借。在《复兴初级中学教科书国文》中，《背影》课文之后并无知识短文，除注释"赋闲"和"大去"这两个词之外，还有一项是"暗示"："这篇和前篇那一篇使你感动些？你能说出什么缘故吗？将这篇的第六段和前篇的第二段仔细比较一下，也许你就能明白。"编者所设置的问题就是让学生将《背影》和《北堂侍膳图记》进行比较，以让学生学会比较阅读。当然，该书还没有完全抛弃前期将其视为"全息"图像的做法，如还要求以文中的句子作为"包孕复句"的例证。

---

[1] 宋文翰：《一个改良中学国文教科书的意见》，载《中华教育界》1931年第19卷第4期。

《初中新国文》（1937）也是在《朱氏初中国文》（1934）基础上改编而成的，但是它与《朱氏初中国文》相比，更侧重于让学生通过课文的学习来掌握阅读和写作的方法。如其编者称："本书补充教材，分读书方法，作文方法，及文学概论三种：悉取现代或近代名家所著具有条理而便于讲述的作品，庶于正教材教学完毕，尚有余裕时，可以此补充。"作为课本的正教材也是重在提高学生的读写能力，如将《将离》（叶绍钧）、《归也》（王世颖）、《归来》（冰心）、《背影》和《北堂侍膳图记》（朱琦）归入"离别与系恋家庭情绪的表抒"这一组，这一点和《朱氏初中国文》没有多大差别。不过，此时其课后已不再介绍文法知识，而是设置有关读写的问题和任务。如除注释"徐州"等几个地名外，还有两项：

设问　［外形方面］本文内"他写了一信给我"句，是否为双宾位的句式？抑是变式的宾位？"我将他给我做的紫毛大衣铺好坐位"句，那一个可认作次宾位的名词？

［内容方面］父亲爱怜儿子，在什么地方最易表显出来？作者在车上望见父亲的背影，为什么要流下泪来？

习作　试把父母对于自己的慈爱，叙述一段简单的文字。

虽然没有完全脱离让学生掌握语法等方面的意图，但更主要的是让学生在回答问题的过程中学会抓住关键段落以理解文意，以及通过实际写作学会如何去表现人物的内心等。

1937年3月，由提出以选文培养学生读写能力的宋文翰亲自编写的《新编初中国文》出版。其中《背影》一课编者称："为作者想念父亲，追忆前事的作品。"课后没有知识短文，所附习题为："（一）这篇文章里告诉读者些什么？（二）为甚么上了二十岁的儿子出门，做父亲的还不放心？（三）写一篇父亲爱自己的文章。"这种做法的用意和《初中新国文》一样，都是为了发挥选文的凭借功能。1939年，教育总署编审会购买了《新编初中国文》的版权，以《初中国文》为名出版了国定教科书。不过，并没有对原书进行多少改造，只是增删了三至五篇甚至更少的课文而已，所以其收录的《背影》的课后练习和前者完全一样，其用意也无任何改变。

1937年全面抗战爆发后，叶圣陶到达重庆。1938年，他在重庆巴蜀学校重掌教鞭，讲授中学国文，所用的是傅东华编的《基本教科书国文》或《复兴初级中学教科书国文》（不过从后文其评论来看，可能是前者）。在使用的过程中，他开始对将选文作为印证读写知识的"例子"的做法进行了反思。1938年3月8日和5月8日，他在写给夏丏尊等人的信中就提到在教学中遇到的问题："弟在巴蜀教国文，用东华所编之书，觉所选文章多不配十余龄学生之胃口，而所谓'习作'者，讲得吃力而学生大半茫然。我们所编书大体与之相类，其不切实用自可想见。闭门所造之车难合外间之辙，今益信矣。至少初中国文教学还得另起炉灶，重辟途径也。""'百八课'题目来时，当抽暇徐徐为之。我近来觉得书上讲得好是一事，学生是否能容受又是一事。像东华这部书讲得何尝不好，但学生实在消化不来，弟讲得很吃力，而他们至多领受到十之二三。我们的书大概也是如此而已。"[1]可能正是因为意识到其中存在很大的问题，所以《国文百八课》的第五、六册也就没有继续编下去。这样的教科书，连叶圣陶都教得吃力，普通教师如果按其教学思路以分析作品形式中所含的知识为主而施之教学，其难度之大也就不难推知了。更何况这些形式方面的知识讲了也无用，因为其并不能提高学生多少读写方面的能力。可能正是基于以上原因，1940年叶圣陶在《对于国文教学的两种基本观念》一文中不再从教学内容应是选文形式方面的知识而不是内容以区分国文和其他学科，而是从国文应教读写方法而不是内容以区分国文和其他学科。他说：

> 国文是语文学科，在教学的时候，内容方面固然不容忽视，而方法方面尤其应当注重……如果国文教学纯粹是阅读与写作的训练，不再含有其他意义，那么，任何书籍与文篇，不问他是有益或者有损于青年

---

[1]叶至善、叶至美、叶至诚编：《叶圣陶集》（第24卷），江苏教育出版社1994年版，第131、146页。

的，都可以拿来作阅读的材料与写作的示例……国文教学自有它独当其任的任，那就是阅读与写作的训练……第一，必需讲求方法。怎样阅读才可以明白通晓，摄其精英，怎样写作才可以清楚畅达，表其情意，都得让学生们心知其故。第二，必需使种种方法成为学生们终身以之的习惯。因为阅读与写作都是习行方面的事情，仅仅心知其故，而习惯没有养成，还是不济事的。国文教学的成功与否，就看以上两点。所以我在前面说，方法方面尤其应当注重。[1]

叶圣陶反复强调教学阅读和写作方法的说法和前述宋文翰的观点比较一致，与其说是受宋文翰的启发，还不如说是在总结前期实验失败的教训的过程中形成的。1947年，他在和郭绍虞等人编写《开明新编国文读本（注释本甲种）》时，就赋予选文以让学生掌握阅读写作方法的功能。如该书编者称："在每篇文字之后，我们写了短短的几句，或是指点，或是发问，意在请读者读过以后，再用些思索的工夫。可以思索的当然不止这些个，我们写的不过举例而已。"可见，其不再像《国文百八课》那样以介绍单一形式方面的知识的文话为先导，再以能体现这种知识的文选为例证，而是在选文之后附录助读文字，或指点方法，或提出问题，以让学生习得一些读写的技能。《背影》收入该书第一册，其课后助读文字如下：

（一）作者说最不能忘记的是父亲的背影，为什么？（二）篇中的对话，看来很平常，可是都带着情感。试逐一体会，哪一句带着哪种情感。（三）当时作者与父亲同行，到南京车站上分别，彼此说的当然不只那几句话，而写在文字里的只有那几句。这就叫做"取舍"的功夫。"取"是取那些与本篇有关的材料，"舍"是丢开那些用不着的材料。

从这段助读文字可以看出，编者以设置问题和任务的形式让学生抓关键句理解文意，并通过人物对话体会其情感。同时，既没有像《开明国文讲义》后"文话"那样以课文为例详细分析材料的取舍，也没有像《国文

---

[1] 叶绍钧：《对于国文教学的两种基本观念》，载《中等教育季刊》1940年创刊号。

百八课》中《背影》前"文话"那样详细分析抒情的方式，而是指点读写方法，让学生在阅读中理解抒情的方式和选择材料的方式。单纯地介绍知识，学生所获得的只是一个结果，无法将这些知识转化为能力；围绕读写设置一些问题、任务，就可以让学生在思考这些问题、完成这些任务的过程中掌握某种读写技能，并最终形成读写能力。

综上可见，收录《背影》的30套教科书的编者曾赋予其"引子""全息""例子"和"凭借"等不同的功能。同时，从中我们也可以发现编者们所持的选文功能观的渐进演变过程。

1948年，朱自清去世后，一些报刊以《长向文坛瞻"背影"》《一代文宗溘然长逝——朱自清的〈背影〉去矣》表达哀悼之情。1951年，《人民教育》刊发了对《背影》的批评文章，并引发了一场讨论。有作者认为，把文中父亲出于本能的爱说成是伟大的，那么将置送子参军那种具有崇高理想和鲜明目标的父亲于何地？而且学生也认为学习这篇课文一点意思都没有。于是，《背影》从中学语文教科书中被放逐。1980年，《背影》再次出现在一本实验教材中。后来，又被多种语文教科书选作课文，直至今天。[1]近百年来，在语文教育领域，"朱自清"和《背影》一直联系在一起，套用前述悼念文章的题名，可谓令人不禁"长向杏坛瞻'背影'"！

补记：

近几年，围绕朱自清（1898—1948）的《背影》的教学有过持续的论争。关于其主旨，有读者以为"读者已死"，硬将自己的"新解"说成是作者的"原意"。解读作品需将以意逆志与知人论世结合起来，才能做出正确的解读，否则往往会出现曲解、谬误。知人论世自然是要熟悉作者的创作生平（尤其是创作某部作品的经历）与社会背景（尤其是创作情境）。即便是高举读者中心大旗的接受美学，也认为读者的解读绝非任意，而是受制

---

[1] 闫苹编著：《中学语文名篇的时代解读》，广东教育出版社2007年版，第5—45页。

于文本的既定框架和历史解读。接受美学家姚斯以波德莱尔的《烦厌》为例提出了历史理解的几个要点，尤其是创作背景和作者本意。他说："就当代读者而言，《烦厌》一诗可以满足何种期待，否定何种期待？本文可能与之发生联系的文学传统是什么？历史、社会条件是什么？作者本人是如何理解这首诗的？第一次接受赋予这首诗的意义是什么？在今后的接受史中，其中哪一种意义被具体化了？"[1] 也就是说，自己的新解应该参照作者的本意，而不是否定作者的本意，更不能故意将"读者之维"置换成"作者之维"。

那么，有关《背影》的主旨、作者的本意是什么？大概有论者正是因为看到既然"作者已死"那么对当下的各种解读既无法证明也无法证伪，所以才敢肆意解读。但是，《背影》的解读史在作者生前就已经开始。从1925年《背影》发表至1948年朱自清去世，至少有30套国语、国文教科书将其选为课文。我们从作者对待这些教科书编者对其主旨的解读的态度上，也可以看出其本意。这些教科书的编者，包括朱自清的挚友叶圣陶、夏丏尊，通过对其主旨的直接揭示，或与其他相似主题、题材的文本组合成单元，以及题解、注释、练习等方式，无一例外地将其主旨解读为表达一种父子之间的情感。例如在夏丏尊、叶圣陶合编的《国文百八课》中，《背影》与归有光的《先妣事略》是第十二课的文选，作为印证文话"抒情的方式"所介绍的知识的例子出现，也就是说，《背影》是典型的表达亲情的文章。此外，他们在一些解读文章中也将《背影》的主旨解读为表达父子之情。例如叶圣陶在1936年《新少年》创刊号"文章展览"中评点的第一篇文章就是朱自清的《背影》，文章认为《背影》是借自己所见父亲背影流泪而表达父子之情的。他在文中明确指出："到这里，全篇的主旨可以明白了。读一篇文章如果不明白它的主旨，而只知道一点零零碎碎的事情，那就等于白读。这篇文章的主旨是甚么呢？就是把父亲的背影作为叙述的主脑，从其间传出父亲

---

[1][德]H. R. 姚斯、[美]R. C. 霍拉勃著，周宁、金元浦译：《接受美学与接受理论》，辽宁人民出版社1987年版，第211—212页。

爱惜儿子的一段深情。"[1]如果朱自清的本意不是表达父子之情，而是像某些读者所认为的那样是阐发生死之理，或者有其他的微言大义，那么在20多年内面对至少30套教科书编者的"误读"，他不可能不站出来指谬："诸位都错了。"换句话说，作者本来就是通过《背影》表达父子之情，当他人的解读与自己的本意一致时，默认就是一种间接的阐释，或者他觉得这篇散文内容简单、感情真挚、主旨明确，所以完全没有必要再特意指出它是表达父子之情的。

本节主要从选文功能的角度来呈现《背影》在朱自清健在时的阅读史，既是以此为读者判断围绕其主旨的阐释提供一个历史的依据，也希望通过呈现编者曾赋予的四重功能为老师们选择教学内容提供一个参考。

---

[1]叶圣陶：《朱自清的〈背影〉》，载《新少年》1936年第1卷第1期。

《背影》论争：20 世纪 50 年代的一个"课程事件"

　　1925 年，朱自清的散文《背影》在《文学周刊》上发表。1928 年，该文首次被朱文叔编的小学校高级用《新中华国语读本》选作课文。此后，在 20 世纪前期至少被 30 套中小学语文教材收录。不同的教科书编者对其进行过多重的阐释，不过，无论是对其思想主旨、艺术形式的解读，还是对其功能与价值的判断，都没有产生大的争议。[1]1950 年，新中国出版的第一套中学语文教科书——《初级中学语文课本》——将其选作课文。1951 年，《人民教育》发表了江西省奉新县中学语文教师黄庆生的《一篇很不好教的课文——〈背影〉》，由此引发了《背影》接受史上第一次大规模的论争，成为新中国历史上一个重大的"课程事件"。梳理这场论争，不仅可以看到不同的阐释结果，还可以从其阐释方式和影响因素的辨析中吸取教训。

一、教材课文

　　《初级中学语文课本》由宋云彬、朱文叔等人编写，1950 年 6 月新华书店印发原版，1950 年 10 月第一次修订原版，1950 年 12 月人民教育出版社北京初版。其编者称："无论哪一门功课，都有完成思想政治教育的任务。这个任务，在语文科更显得重要。"语文教科书中的课文除了承担思想政治教育的任务外，还要承担语文知识学习和能力培养的任务。编者又称："语文课本的作用，在使学生阅读各种文章的范例，并且就从阅读中同时养成

---

　　[1] 张心科：《近代文学与语文教育互动》，华东师范大学出版社 2019 年版，第 128—146 页。

听、说、写的能力。"该书的第四册前三课是《母亲的回忆》（朱德）、《背影》（朱自清）和《辽尼亚和他的祖母》（格洛斯曼作、茅盾译）。这三篇课文的作者分别是我们国家和军队的领导人、中国现代著名作家和苏联作家。其中朱自清不仅是五四时期著名的作家，还是1949年被毛泽东在《别了，司徒雷登》中与闻一多一道特别赞扬的"有骨气"的"中国人"："朱自清一身重病，宁可饿死，不领美国的'救济粮'。"三篇课文的内容分别是悼念母亲、回忆父亲、怀念祖母（其中《辽尼亚和他的祖母》选自《人民是不朽的》，写德军进村之前，苏联乡下的一位祖母马利亚舍不得离开。第二天早上，在德军进入屋子之前，马利亚视死如归，激励孙子辽尼亚要像抗击德军的爸爸一样。孙子侥幸跑走了，他永远不忘祖母"死别的遗言"）。在编者看来，朱自清在《背影》中所抒发的对父爱的赞美之情，与我国的领袖及"老大哥"的人民所抒发的对长辈的赞美（母爱、祖母之爱）与崇敬之情，都是有益于思想政治教育的。其编者称："既然是范例，必须审慎选择，一方面求其内容充实，有血有肉，思想的发展正确而且精密；一方面求其文字跟口语一致，真实而且生动。"那么，选入教科书中的《背影》自然是内容与形式俱佳的作品。更何况，作者朱自清恰恰是反抗美帝国主义的代表，符合当时抗美援朝的形势需要，而《背影》又是他的代表作。

课后的"思考·讨论·练习"主要用来训练学生的听、说、读、写能力。《背影》一课此项内容有七点：

一、作者说最不能忘记的是父亲的背影，为什么？

二、篇中对话，看来很平常，可是都带着感情。例如父亲说："我买几个橘子去。你就在此地，不要走动。"他几乎把儿子看成小孩子了，就在这中间可以见出他的深爱。细细体会，哪一句带着哪种情感。

三、当时作者与父亲同行，到浦口车站上分别，他们说的当然不只那几句话，可是写在文章里的只有那几句。这就叫做"取舍"的功夫。"取"是取那些与本篇有关的材料，"舍"是丢开那些用不着的材料。

四、本篇末段，感伤的气氛很浓厚。这种感伤只有旧社会的中年人才有。因为在合理的新社会里，父亲既然早年"做了许多大事"，"老境"决不会"如此颓唐"，做儿子的就不至于这样感伤了。

五、这篇和《母亲的回忆》，有哪一点是相同的？哪几点是不相同的？

六、把最后一节用纯粹的口语改写。

七、有的复句，里头的几个句子，意思是并列的，有时加连词把它们连接起来，有时不加。（例句略）

其中第一至三点几乎是抄自叶圣陶、周予同、郭绍虞、覃必陶合编并于1947年出版的初级中学使用《开明新编国文读本（注释本甲种）》第一册中《背影》的课后练习。《开明新编国文读本（注释本甲种）》又综合了开明书店在此前出版的其他收录《背影》的教科书（1932年王伯祥编著的初级中学学生用《开明国文读本》的第一册，1934年夏丏尊、叶绍钧、宋云彬、陈望道编写的《开明国文讲义》的第一册，1935年夏丏尊、叶绍钧编写的《国文百八课》的第二册）中的课后练习或知识短文。第四至七点是新编的，分别就《背影》的内容和形式设题。在内容方面，为了符合形势的需要，也为了防止可能出现的学习者对"感伤"感到不适，特意提醒"感伤"是由旧社会制度造成的，并借此赞扬新社会。而且，将其与领袖的文章比较，以凸显其进步的一面。

二、论争过程

（一）缘起

1951年7月1日，教育部机关刊物《人民教育》第三卷第三期刊发的第一篇文章是其编辑委员会主任委员、时任教育部副部长钱俊瑞的《学习和贯澈毛主席的教育思想——为纪念中国共产党的三十周年而作》一文。此文根据毛泽东的《论人民民主专政》《新民主主义论》等全面系统地阐述了其教育思想。作者引述了毛泽东在《论人民民主专政》一文中"人民民主专政的基础是工人阶级、农民阶级和城市小资产阶级的联盟，而主要是工人和农民的联盟"的论断，并结合当时的形势指出，"人民的文化教育必须以无产阶级的思想为领导，而不能以别的任何阶级的思想为领导"，"在现阶段，我们对于资产阶级、小资产阶级和农民的思想中间的坏成份，应该采取批评的方法和民主辩论的方法加以批驳，因为这些成份对祖国和人民是不利的"。[1]

同期还刊发了黄庆生的《一篇很不好教的课文——〈背影〉》。他在文中说：如果把教学目的确定为"使学生了解及渲染父爱的伟大，以引起他们对自己父亲的热爱"，那么通过分析课文会发现朱自清的父亲对他的爱是无目的的、出于本能的，不是"伟大的"。"基于这种父爱而去引起学生们对于自己父亲盲目的感动，在目前进行爱国主义教育的时候，那更不妥当。"如果再将教学目的确定为"使学生体会父爱的深厚，因而爱护自己温暖的家庭，进而热爱自己的祖国"，那么又会出现困难，因为作者的思想情感完全局限于父子之间和家庭之中，与"人民祖国"关系不大，难以引发学生对祖国的热爱，反而会使得学生沉湎于小家庭，将其情感"引向那狭小的个人的日常生活事物的冲动上去"而"破坏青年学生对广大劳动人民辽阔的胸襟以及初步建立起来的新社会的集体观念"，"可能使本想参加军干校的同学，或感于父母年迈而迟疑不前"；何况班上三分之一的学生的父亲是地主成分，还有学生的父亲在镇压反革命中被处置，如果宣传抽象的父爱就会犯原则性错误，因为可能会触动这些"地主或恶霸地主家庭出身"的学生对父亲的感情，以及对"家道中落""失父之痛"之类的感伤，不仅会造成思想上的纷乱，而且"可能引起对人民祖国仇恨的情绪"。总之，在他看来，这篇课文"在今日青少年学生面前，抽象而颓弱地渲染着一个父子之爱，是与当前三大政治任务——抗美援朝（参加军干校），土地改革，镇压反革命——相矛盾的"。即使与当前的政治任务不相矛盾，也不适合学生的身心成长，不利

---

[1] 钱俊瑞：《学习和贯澈毛主席的教育思想——为纪念中国共产党的三十周年而作》，载《人民教育》1951 年第 3 卷第 3 期。

于培养"将来社会主义或共产主义的建设者"，因为"光就朱自清那三次感情脆弱，有点林黛玉式的下泪，就可能给感情尚未完全成熟的青少年学生以不健康的感染。在伟大的毛泽东时代青少年的眼泪，只有欢笑的眼泪，胜利的眼泪，以及对万恶敌人愤恨的眼泪"。所以，最后他干脆将教学目的确定为"使学生知道纪念亲属的文章要怎样去写，才能感人至深"。然而，学生觉得光讲艺术形式而不重点分析思想内容就"一点意思也没有"。最后，面对这次教学的"失败"，他表达了自己的困惑："究竟是教材有问题呢？还是我的教学能力太差或认识上有毛病呢？"[1]

可能正是基于要清除小资产阶级思想中坏成分的目的，《人民教育》的编辑认为朱自清的《背影》恰好是一个典型反例，可以引发人们对此问题及语文教材选文的关注，所以才选登了黄庆生的这篇读者来信式的短文。《人民教育》的编辑还在文章前以"编者按"的形式给《背影》的讨论定调，并号召开展批评：

《背影》是表现小资产阶级不健康的感情的，在现在实在没有选作教材的必要，语文课本中是不应该有它的地位的。这是一。第二，作者既然要教这篇文章，就不应该从文章本身去追求什么正面的健康的思想教育目的，而应该把这篇文章当作表现小资产阶级感情的典型作品来加以深刻的批判，提高学生的批判能力。此外，作者对这篇文章（也许对其他的文章也是一样的）所提出的教学目的（第一次及第二次所提的），都只限于思想教育方面，在语文知识方面却一字未提，这仍是不完全的，片面的教学目的，值得注意。

由《背影》可能引起相类似的许多问题，希望全国中学语文教师同志多加研究，并将现有中学语文课本中不适当的文章检举出来。

一场由《背影》引发的论争由此正式展开。参与者有中学语文教师、

---

[1] 黄庆生：《一篇很不好教的课文——〈背影〉》，载《人民教育》1951年第3卷第3期。

《人民教育》的编者以及教科书的编者。他们主动或者被迫以大致相同的立场从不同的角度对《背影》提出了批判。

（二）论争

1951年第三卷第六期《人民教育》以《关于教学〈背影〉的一些意见》为总题刊发了七篇文章：《对〈背影〉的意见》（编者）、《问题在于教者的思想政治水平》（张海帆）、《〈背影〉的社会背景》（汪宗超）、《我这样教〈背影〉》（白盾）、《〈背影〉不应该选作教材》（陈士礐）、《〈背影〉已经失掉意义了》（左海）、《有了问题要和大家商量》（闵耀汉）。第一篇文章的作者是《人民教育》的编者，内容是对后面六篇文章部分观点的回应。后面六篇文章是从来稿中选登的，作者是分别来自浙江、河北、安徽、湖南、北京、江西六省市的中学语文教师，文章的主要内容是对《背影》及上述黄庆生的《背影》教学一文的讨论，还涉及对与"语文知识"有关的作品艺术性的讨论。讨论主要集中于以下两大问题，针对每个问题都有正反两方面的意见。

1. 是否应该选

（1）应该选

张海帆认为，《背影》是"过去的人表现他二十余年前不健康的东西"，不是现在人写的表现当下仍存在的不健康的东西。作为"表现旧社会里的旧东西"，可以作为反例，"从介绍课文的时代背景方面用历史观点和阶级观点予以分析批判，使学生深刻地认识到生长在旧社会里的旧知识分子，他的思想和情感是多么狭隘，多么脆弱而不健康，以致多洒了许多不必要的眼泪，反衬出生长在毛泽东时代里的新青年该是多么愉快而幸福"。所以，《背影》应该收入课本。而且《初级中学语文课本》的编法很好，将"表现朱自清父子间狭隘而不健康的爱"的《背影》与表现母子、祖孙之间"伟大而健康的爱"的《母亲的回忆》和《辽尼亚和他的祖母》编排在一起，"好像是把一个盆栽放在大森林的边沿去对比，那该是显得多么贫弱而不健康啊"。[1]

白盾也持这种观点。他认为就思想内容来看，可从反面批评的角度运用这篇课文。和其他人不同的是，他还指出这篇课文"有严谨的结构、简练的用语，有起伏，有中心，有重点"，其在艺术方面有很高的价值，是值得从正面去学习的，例如途经多地的过程叙述很简略而浦口送别的场面描写用了很多笔墨，这就可以和学生平时作文易犯的"材料排列，不分轻重"的毛病相比较。[2]

闵耀汉是黄庆生的同事。他认为黄庆生的困惑主要是其存在"认识问题"，那就是到底该如何看待不同时代的作品。他主张用批判地继承的观点看待此前所有的"文学遗产"，吸收精华，剔除糟粕。"《背影》是新文学运动以来比较成功的文学作品，有些片段描写很不错，在文章作法技巧上，很可以使学生吸取些经验。至于不健康的感情部分，正好进行批判。"从选文的取向及《背影》自身的特点来看，"《背影》是新文学运动以来的作品，是可以选来讲的。如果认为基本上并不反动，只是在内容方面有某些缺陷的作品就要摒弃在语文课本之外，那么编选人对我国的文学遗产将无法处理"[3]。

（2）不该选

陈士赟认为，如果是平时将《背影》当作一般的文学作品来欣赏，就无所谓其内容的新与旧、观点的对与错，"任何有着高度艺术性的作品，都

---

[1] 张海帆：《问题在于教者的思想政治水平》，载《人民教育》1951年第3卷第6期。

[2] 白盾：《我这样教〈背影〉》，载《人民教育》1951年第3卷第6期。

[3] 闵耀汉：《有了问题要和大家商量》，载《人民教育》1951年第3卷第6期。黄庆生后来受到学校领导的处理，理由之一是："一九五二年到奉新县中后，工作仍不负责任，未经批准就在课堂上讲自己做的文章，反说：'这是民主世界，我高兴讲什么就讲什么！'"（李洵：《江西奉新县中教导主任彭敏奇等错误地斗争教师黄庆生，受到纪律处分》，载《人民教育》1953年10月号。）不知其所讲是否为发表在《人民教育》上的《一篇很不好教的课文——〈背影〉》。《人民教育》刊发《江西奉新县中教导主任彭敏奇等错误地斗争教师黄庆生，受到纪律处分》，不知是否有为其恢复名誉的意味。

有其存在的价值"，都有阅读的必要。如果是作为课文来教学，那么首先要考虑的是其思想性，其次才是艺术性。他说："无论如何我们应该选那不仅艺术价值高，而且思想内容又为我们这时代所肯定的作品才对。因为这是'教'人的啊！不但'教'以技艺，而且'教'以思想。一般说，文章的效果，应使被'教'者奋发激昂，而不应使之消沉、忧郁、颓废。"从"文学批评与教学效果"来看，《背影》"艺术性高，但思想不正确"，故不适宜作为教材。[1]

左海根据毛泽东的《在延安文艺座谈会上的讲话》中关于虽然每个阶级有不同的政治标准和艺术标准，但"无论什么样的阶级社会与无论什么阶级社会中的各别阶级，总是以政治标准放在第一位，以艺术标准放在第二位的"论断，认为《背影》"这一课完全是描写小资产阶级的情感，缺乏思想性"，"如果我们留恋《背影》的艺术性而忽略了它的思想性，那么我们的教学态度是不够认真负责的"。[2]

《人民教育》编者的看法与上述两位论者的一致："语文课本不是一般的文学选集，而是要学生学习的范文；既是范文，那么，就应该不止是在文字技巧和写作方法上有可取之处（富有艺术性），并且在内容方面——思想感情也应该是健康的，至少不能与我们现在的要求相抵触。内容的思想性应该作为选文的第一个标准。"[3]

与白盾、闵耀汉的《背影》艺术性强而有文学欣赏和写作教学的价值所以应选入课本的看法相反，《人民教育》编者认为恰恰是因为这一点而不能选。他引用了毛泽东的《在延安文艺座谈会上的讲话》中"内容愈反动的作品愈带艺术性，就愈能毒害人民，就愈应该排斥"的观点，认为《背影》正因为文字技巧方面有某些艺术性，所以"它就愈能以父子之私爱和感

---

[1] 陈士骙：《〈背影〉不应该选作教材》，载《人民教育》1951年第3卷第6期。

[2] 左海：《〈背影〉已经失掉意义了》，载《人民教育》1951年第3卷第6期。

[3] 编者：《对〈背影〉的意见》，载《人民教育》1951年第3卷第6期。

伤情调来感染青年学生，我们就愈应该根本从课本中把它排斥出去"。[1]而且不能像白盾、闵耀汉那样将内容与形式分开来看，"事实上，它的内容与它的形式是统一的，是紧密地结合在一块的，不是分离的。它的思想感情正是依据它的文字技巧来表现的，换句话说，就是作者有了这种不健康的思想感情，才采用了这样的词句和写作技巧。思想感情是不好的，与这种思想感情相结合的哀伤的词句和技巧，同样也是不好的"[2]。

2. 选了如何教

（1）批评、比较

张海帆认为既然《背影》存在"反面"的价值（"通过这一篇旧教材肃清目前仍存在的旧影响"），而且将其置于"主题都是正面的"两篇课文之间，形成了"鲜明的对照"，那么最好的做法是，既要提高"教者的思想政治水平"，从正面去引导，又要用对比的方式，从反面去批判。相反，"假如教者本身仍然是盲目地宣扬父爱的伟大，甚至讲课时还陪洒了几颗同情的热泪，引起学生们沉溺到私爱的深渊里去，假如是这样的话，我看他还是不教这一课好"[3]。

汪宗超也认为要从"加以深刻的批判"的角度从社会背景切入，用对比方法来教。例如《背影》中写父亲即便"东奔西走"仍不免家道中落，即便"做了许多大事"仍落得老境颓唐，是因为"旧社会是个半封建半殖民地的社会，广大人民外受帝国主义的压迫，内受封建势力的压迫及连年军阀内战的影响，遭受着极大的苦难"。父亲的境遇不仅是客观原因造成的，而且极具代表性，是"善良的中国人民的家庭"的缩影。这正证明了"摧毁旧社会制度，建立新社会"的必要性，而不能徒然伤感。在今天新社会里，广大劳动人民不管做的是不是"大事"，生活都有保障。[4]

[1]编者：《对〈背影〉的意见》，载《人民教育》1951年第3卷第6期。
[2]编者：《对〈背影〉的意见》，载《人民教育》1951年第3卷第6期。
[3]张海帆：《问题在于教者的思想政治水平》，载《人民教育》1951年第3卷第6期。
[4]汪宗超：《〈背影〉的社会背景》，载《人民教育》1951年第3卷第6期。

　　白盾的做法与上述两位相差不大：他将教学目的确定为"使同学们认识到小市民的家庭情感与无产阶级的家庭情感底本质不同处，并使同学们由此而肯定后者，否定前者"，引导学生用批判的态度，从分析感伤而颓废的父爱是不合理的社会制度造成的入手，进而领会只有在合理的社会制度中才能产生健康的父爱的"真理"。然后，将其与《母亲的回忆》比较，让学生意识到：《背影》写朱自清父子之间的"感伤而颓废"及其三次流的眼泪是"一些小市民在旧社会里没有出路的，无可奈何的哀愁与眼泪"；而《母亲的回忆》虽然是追悼母亲的死，"不但通篇找不出一个'泪'字和伤感情调来，而且处处充溢着积极、健康、进取的精神"，充满了信心、希望与鼓舞人向前向上的力量，"把对个人的爱，转移到广大人民身上去"，"是多伟大的气魄与力量"。这样该肯定什么该否定什么，就不言自明了。最后，将《背影》的内容与形式比较，认为其内容具有从反面批判的价值，其艺术形式则可从正面去学习。[1]

　　闵耀汉认为："古代或近代的记事文、寓言、诗歌和描写一类的文字，因产生的时代背景不同，思想有种种限制。今天我们对青年学生讲授时应用科学历史的观点，指出其中的糟粕，而不可简单地全盘否定或者乱戴帽子。"尤其应该指导学生学习其写作方面的技巧，而对于其思想，可以"通过分析课文中人物的思想活动，阐明爱的阶级性，藉以引导同学从温情、软弱、狭小的私爱中解脱出来"。[2]

　　《人民教育》编者认为汪宗超和白盾对于父亲境遇的认识是不当的，是受了上述《初级中学语文课本》之《背影》课后"思考·讨论·练习"第四点的误导："这还只是看到了问题的表面，还没有深入到阶级的本质"，"课本的编者把这所谓'大事'加以抽象化……将'大事'含混起来，模糊了阶级意识"，"在新社会里的所谓'大事'，就是为人民服务的大事，而

　　[1] 白盾：《我这样教〈背影〉》，载《人民教育》1951年第3卷第6期。
　　[2] 闵耀汉：《有了问题要和大家商量》，载《人民教育》1951年第3卷第6期。

不是压迫人民的'大事'"。"所谓作过'许多大事',在旧社会说来,大都是指升官发财的大事,指高高在上能压迫剥削人民的'大事'(决不是指革命大事),但后来败退下来了,终于不能恢复往日的地位;这,对于作者和他的父亲以及同阶级的人们来说,是非常惋惜的,不甘心的,以致'触目伤怀……情郁于中……'。但对人民来说,是丝毫不值得同情和感动的。由于统治阶级内部的争权夺利,有的胜利了,有的败落下来了,这是必然的现象;对于这些打了败仗的统治阶级的失意人物,在人民看起来,不但值不得同情和惋惜,而且要拍手称快:'你以前是做'大事',与那些坏蛋们一起来压迫我们,很神气,啊,你也有今日!'"[1]也就是说,如果站在阶级的立场来看作品中的人物、事件,那么《背影》中的父亲及其遭遇不仅不值得同情,还应加以嘲讽。同时,《人民教育》编者认为闵耀汉和白盾"脱离《背影》的思想内容来单纯说技巧的"的认识及采用的"在具体课文教学中抽象地说技巧的教学方法"是有害无益的,因为当分析其"严谨的结构"时就会讨论"怎样'严谨的结构'表达了怎样的思想意识",就会涉及"怎样'有起伏,有中心,有重点'地表达了父子间的私爱和颓废的感情",这对于学生的思想教育来说肯定是不利的。[2]

（2）弃之不教

左海认为,《背影》是"缺乏思想性"的,所以其思想内容不便教;"将文字的写作技巧与它的思想性割裂来看是不妥当的",所以其写作技巧又不宜单独教。因此,干脆不教:"上学期我在前三课这个单元里,只留下《背影》没有教。"[3]

《人民教育》编者在对上述中学教师的部分观点进行辨析并纠正其所谓错误的观点后,再次重申:"我们仍然认为这篇文章不应该选入语文课

---

[1] 编者:《对〈背影〉的意见》,载《人民教育》1951年第3卷第6期。
[2] 编者:《对〈背影〉的意见》,载《人民教育》1951年第3卷第6期。
[3] 左海:《〈背影〉已经失掉意义了》,载《人民教育》1951年第3卷第6期。

本。"[1]可谓一锤定音。

（三）结局

1. 变动署名

清末民国时期的教科书，一般会署上编著者姓名。这种署名方式不仅仅是让编者通过版权来获取经济利益，还是体现教科书的编写水平及体例特点等的一种方式。收入《背影》的《初级中学语文课本》第四册在 1950 年 11 月原版、1951 年 3 月第一次修订原版中署名的编者为宋云彬、朱文叔、蒋仲仁、王泗原、蔡超尘，助编者为胡墨林、张苑香、平润齐、王绮。修订者、出版者为人民教育出版社。不过，在《初级中学语文课本》第四册 1952 年 9 月原版及 1955 年 2 月第六版中，教科书编者已经由个人变为单位，其编者与出版者均为人民教育出版社，只是在书前的《出版者的话》中简单交代其与 1950 年版之间的关系："这套课本是根据本社出版的初级中学语文课本（宋云彬等编，1951 年北京版[2]）改编的。"这种做法是主动借消除个人色彩以凸显集体意志，还是被迫用集体的名义以规避个人可能会遭受的冲击？不知道。也许这两种考量兼而有之。

2. 替换课文

在《人民教育》刊出有关《背影》的部分争鸣文章以及编辑部认为应将《背影》移出教科书后，人民教育出版社立即将此文从教科书中删除，代之以充满革命情怀且适合形势需要的课文。上述 1952 年 9 月原版第四册前十课为《母亲的回忆》（朱德）、《美妙的小提琴》（苏联民间故事，乌蓝汉译）、《两封信》（《孙中山致苏联遗书》《高尔基给孙中山的信》）、《雁翎队》（孔厥、袁静）、《白洋淀边》（孙犁）、《辽尼亚和他的祖母》（格洛斯曼作、茅盾译）、《战斗英雄董存瑞和郅顺义》（王戎）、《为了祖国美好的明天》（王熙麟）、《死车的复活》（钱小惠）、《两面红旗》（白天）。1955 年

---

[1] 编者：《对〈背影〉的意见》，载《人民教育》1951 年第 3 卷第 6 期。

[2] 这套教科书由人民教育出版社出版，各省市翻印。此处的"1951 年北京版"，是北京翻印的版本，即"1950 年 11 月原版　1951 年 1 月北京初版"。

2 月第六版第四册前十课为《母亲的回忆》（朱德）、《美妙的小提琴》（苏联民间故事，乌蓝汉译）、《白洋淀边》（孙犁）、《辽尼亚和他的祖母》（格洛斯曼作、茅盾译）、五[1]、《为了祖国美好的明天》（王熙麟）、《死车的复活》（钱小惠）、《两面红旗》（白天）、《"石油城"》（杨朔）、《枪榴弹是怎样造成功的》（吴运铎）。这样不仅将《背影》逐出教科书，而且从用来替换的选文以及原书中的《母亲的回忆》和《辽尼亚和他的祖母》所在的位置及其排列的方式来看，编者已经将这两篇课文的功能从表现亲人之爱转移到对祖国、人民的爱上来了，并将文中的人物由具体的个人抽象化成进步阶级的典型。这从 1952、1955 年版在这两课后增加的提示中可以看出来。如在 1952 年版中《母亲的回忆》的课后提示的前两条："一　朱总司令的母亲是个勤劳简朴、宽厚仁慈、能和困难作斗争的劳动人民。人类的幸福全是这样的人创造出来的。对这样的人我们应当尊敬，应当感谢，更应当效法。二　这篇文章不只是写母亲，还反映出过去中国农民的疾苦和期望。母亲的疾苦，就是千百万农民的疾苦；母亲的期望，就是千百万农民的期望。"又如《辽尼亚和他的祖母》的课后提示的前两条："一　苏联人民具有热爱劳动、热爱和平、热爱祖国的伟大性格。因此，他们对破坏和平的法西斯强盗极端憎恨。这篇里的老祖母马利亚就是这种性格的典型。二　爱国主义的精神，是滋生在热爱亲人、热爱家乡的情绪里的。马利亚留恋家乡的一切，正是热爱祖国的具体表现。"

3. 检讨表态

《人民教育》于 1950 年 5 月 1 日创刊，由人民教育社编，由新华书店发行。1951 年 12 月 1 日第四卷第二期开始增加人民教育出版社为出版者。其中主任委员是成仿吾，副主任委员是叶圣陶和柳湜。1951 年 5 月 1 日第三卷第一期刊布启事宣布："《人民教育》从第三卷第一期起，确定为中央人

---

[1] 在目录中第 4 课《辽尼亚和他的祖母》和第 6 课《为了祖国美好的明天》之间只有第 5 课的序号而没有课文名称，正文页码直接从第 32 页跳到第 43 页。在这之间的一张插页没有标页码，却有一行文字："本书第 33 页至 42 页删去课文一篇，所以页码不相连贯。"

民政府教育部的机关刊物。"[1]由这一期杂志封底的编辑委员会名单来看，主任委员为教育部副部长钱俊瑞，不再设副主任委员，原副主任委员叶圣陶并没有出现在新的编辑委员会名单中。[2]《人民教育》由此前由人民教育出版社代管到现在其编辑部变成与人民教育出版社平级的单位。也就是说，中央人民政府教育部人民教育编辑部与人民教育出版社同属教育部下属单位又各自独立。正是因为《人民教育》由一份重要的教育刊物升格为教育部机关刊物，更具行政色彩，所以其对教科书的阐释直接代表官方的声音，而人民教育出版社更像是一个事务机构。1952年4月号[3]《人民教育》刊发了刘御的《对初中语文课本第一册思想内容的几点意见》。文章除了对1950年6月新华书店原版《初级中学语文课本》第一册中的《学好三门功课》《毛主席和工人》等13篇课文的表述及其"思考·讨论·练习"内容的不当提出批评外，还提到该书的主要编者宋云彬在《光明日报》上发表了检讨。刘御引用了宋云彬检讨中的话："过去我主持《初中语文课本》的编辑工作，朋友向我建议，选文章应该首先注意思想内容，我虽然表示接受，心里可不以为然。以为就语文课本的本身任务讲，首先应该着重语文。只要文章好，思想内容不妨放到第二位。因此，凡是我所喜爱的文章总要设法放进去"，是"靠一点老经验来编新时代的新课本"。刘御认为这本教科书的内容"与新民主主义教育的精神是不相符的，与青年的利益和人民的利益也是不相符的。因此，这本书就不可能很好地为政治服务，也不可能很好地为人民服务。为什么会产生这个错误呢？这与编者的思想水平和政治水平是分不开的"，"从这本书的检查和宋先生的检讨中，我们得到一个严重的教训：要想编好为政

---

[1]《〈人民教育〉编辑部重要启事一》，载《人民教育》1951年第3卷第1期。

[2]"1951年5月，叶老由于工作变动不再兼任《人民教育》编辑部的工作。此后30多年，叶老无论工作多么繁忙，一直关怀着编辑部的工作，多次亲自为刊物撰写文章。"本刊编辑部：《深切怀念叶圣陶同志》，载《人民教育》1988年第5期。

[3]《人民教育》1951年12月1日出至"第四卷第二期"，从1952年1月1日起，不再以"卷"和"期"的形式标注，而是以"一九五二年一月号"这种形式标注。为了便于阅读，本书对1952年之后的《人民教育》统一以"期"来标注。

治服务的、为人民服务的、新民主主义的教科书，编书的人首先要加强政治学习"。《人民教育》更是以编者按的形式指出"语文课本应该贯彻政治思想教育"，并像此前倡议讨论《背影》那样号召语文教师们"对这套课本，以及所有对这一课本的批评，展开全面严肃的讨论"。[1]

可能是迫于压力，人民教育出版社以单位的名义发表了关于《背影》的检讨，《人民教育》将其以补白的形式直接附在《对于初中语文课本第一册思想内容的几点意见》之后，其用意不言而喻。全文不长，照录如下：

　　在《人民教育》三卷三期和三卷六期上，先后发表了七位读者对初中语文课本第四册《背影》一课的批评。《人民教育》编者也提出了带总结性的意见。我们完全同意编者的意见，认为这篇课文对于青年"是绝对有害的"。故在此书重版时，便把这课取消了。为了从错误中取得教训，我们还专门开了检讨会。大家认为：这篇课文，不但在今天说来是有害的，就在朱自清先生写作此文的当时（一九二〇年[2]），也是一篇思想落后的文章。因为当时，在世界上已经发生了十月革命，在中国刚刚发生了五四运动。而当时年方二十三岁[3]的朱先生，他在这些伟大事变的面前，竟依依顾盼那行将走入坟墓的背影，并且一再地伤心落泪，显然，这是一种没落阶级的思想感情，这与当时的时代精神是背道而驰的。从政治来看，这是一篇为旧政治服务的作品。因此，不但在国民党的教科书中有它的地位，就连日本帝国主义统治时期的教科书中，也同样有它的地位。那末我们为什么还要选它呢？这说明我们的阶级观点太模糊了，也说明我们还有单纯强调文字技术的观点。这就是造成这个错误的主要原因。今后，我们应当在克服这些缺点的斗争道路上前进。[4]

---

[1] 刘御：《对初中语文课本第一册思想内容的几点意见》，载《人民教育》1952年第4期。

[2] 年份有误，应是 1925 年。

[3] 年龄有误，应是 27 岁。

[4]《人民教育出版社关于〈背影〉的检讨》，载《人民教育》1952 年第 4 期。

这段文字不知出自何人之手。这套教科书的主要编者宋云彬仍在人民教育出版社任职。在民国期间多次将《背影》选入自己编写的教科书还专门写过《朱自清的〈背影〉》等赏析文章，也是朱自清的挚友叶圣陶。虽然叶圣陶在《人民教育》刊发系列批评《背影》文章时已经退出了《人民教育》的编辑委员会，但此时是人民教育出版社的主要领导。上述收入《背影》的1950 年版《初级中学语文课本》第四册的第一助编胡墨林是叶圣陶的妻子。从其措辞及相关人员的身份来看，以集体名义发表这份检讨，可能是将这种违心的表态作为一种过关策略。不过，这份检讨发表之后，有关《背影》的争论确实也就告一段落了。1952 年，人民教育出版社在工作总结中指出，"今后必须加强理论和时事政策的学习，加强业务研究，吸收苏联经验，肃清资产阶级观点，改进领导方法，建立必要的制度"，同时呼吁专家、教师和读者对该社的出版物，"特别是对这次新编的课本，多多提示意见"。[1]

三、当下启示

《背影》在 20 世纪 50 年代初期的接受境遇与多种因素有关。对其阐释的方式，尤其是《人民教育》作为掌握了官方话语权的机关刊物，对其所采取的强制阐释的方式，在当时即使有不同意见者也无力反抗，至今并未见到有人去清理、辨析。这也为后来再次出现《背影》的不当阐释埋下了伏笔，也会由此引发新的争议。[2]

（一）接受与否，源于多种外部因素

20 世纪 50 年代初期教者感到《背影》"很不好教"，编者认为《背影》不能选，这主要不是文本自身的问题，而是文本之外的政治形势发生了变化。虽然文本写了父亲的爱这种亲情，写了自己的流泪这种伤感，但是私情和伤感是人类普遍存在的情感和情绪，在正常的情况下，不仅无可非议，

---

[1] 人民教育出版社：《本社新编课本简述》，载《人民教育》1952 年第 8 期。

[2] 张心科：《强制教学：从现象到本质——韩军执教〈背影〉评议》，载《语文教学通讯（初中刊）》2016 年第 4 期。

而且很能引发人们之间的共鸣，这恰恰也是《背影》打动人的地方。然而，当整个社会的价值取向由满足个人转向服务集体、由满足人的多元精神需求转向灌输单一的"正面""健康"情感时，在反对"超阶级""超政治"的时代语境下，《背影》这种带有表达私情和伤感的作品自然几乎会被完全否定。正如白盾所说，"这满篇渲染小市民伤感情调底'十几年前很出色地选在国文课本里'的文章，现在变得'很不好教'了。为什么呢？显然，这是时代进步了，波澜壮阔的革命洪流，已把《背影》中底屡弱、伤感、颓唐的小市民底情感，在广大青年们底心中冲刷得黯淡无光了"[1]。或者像左海说的，"不能否认朱自清的散文在新文学的发展过程中是起过一定的作用的，他的《背影》在过去一般小资产阶级知识分子中也曾传诵一时，有过相当的影响。但在今天来说已经失掉意义了"[2]。《人民教育》的编者则说得更具体："《背影》，在以前的确是红极一时的作品，曾为多少知识分子所拜倒。但到现在，却已经是过时了，已经不符合现在的要求了。这是因为它不仅是属于小资产阶级的作品（在小资产阶级的作品中，也有很多倾向革命和反抗旧社会的文章），而更重要的是它在宣扬父子间的私爱和充满了小资产阶级感伤主义的情绪。这种情绪乃是官僚阶级（见朱自清选集择偶记：'父亲其时在外省做官'）没落时期的产物"，"对旧社会没有流露出丝毫的反抗和抱怨"。[3]

除了政治形势外，还与语文学科性质相关。单从文学价值来说，《背影》是五四新文学作品的代表，也是朱自清散文的代表作，从其历史地位来说是文学史经典，从文本自身来说是文学经典，所以应该选作课文以培养学生的文学鉴赏能力和写作能力。上述闵耀汉在谈《背影》是否该入选以及如何教学时认为应遵从20世纪前期学者们的共识，将语文能力培养作为语文科的主要目的，而将思想品德教育作为其次要目的："国文课主要的教学目

　[1] 白盾：《我这样教〈背影〉》，载《人民教育》1951年第3卷第6期。
　[2] 左海：《〈背影〉已经失掉意义了》，载《人民教育》1951年第3卷第6期。
　[3] 编者：《对〈背影〉的意见》，载《人民教育》1951年第3卷第6期。

的在培养和提高学生的阅读和写作能力，并适当地贯澈思想教育。"[1]不过，教科书以及语文教学本身就具有教育性，而教育性又往往与不同时代的政治需要相关。教育性首先是思想性，更具体地说就是要体现统治阶级的思想。正如陈士骥所说的，从文学的标准来看，"《背影》是较有价值的好文章"，"从选作教材的标准衡量，《背影》是满纸伤感，其'爱'也是小资产阶级小天地里的'爱'，与今日抗美援朝，爱国主义的'爱'适得其反"，"特别是在今天爱国主义教育高潮中"，"在《背影》里，通篇找不到'爱人民'、恨丑恶的影子，只看见泪光中的一个软弱的肥胖的'背影'"。[2]可见，《背影》不仅无法承担其在当时语文学科中所应承担的思想教育任务，反而对当时的思想教育有害。教育性还体现在教材要符合接受者的知识能力水平和思维、心理特点等方面。如陈士骥认为，《背影》不适合作为教材是因为即使将其作为批判用的教材，对"批判能力缺乏的初中学生"来说也是"少益而多害"。[3]正是因为《背影》在这两方面都有违语文教育教育性的落实，所以左海说："如果在现在拿来作为初中语文教材，我认为是很不妥当的。"[4]

（二）阐释结果，受制于阐释者的强制阐释方式

上述不同论者的解读，虽然看似有些差异，但是无论是对《背影》的内容、主旨的解读，还是对其价值的判断，几乎是一致的。只是对其艺术形式的价值判断存在一点分歧。通过对以上论争进行梳理，可以发现，以上论者的解读都关注文章的思想性，并且认为《背影》表现的思想是消沉、颓废的，甚至是不健康、不正确的。认为应该"选"的论者主张将此文作为反例，或用作对比，或批判，或干脆不教；主张"不该选"的论者中即使有人承认文章的艺术性，但因为以思想性为重，而《背影》表达的情感是不健

---

[1] 闵耀汉：《有了问题要和大家商量》，载《人民教育》1951年第3卷第6期。

[2] 陈士骥：《〈背影〉不应该选作教材》，载《人民教育》1951年第3卷第6期。

[3] 陈士骥：《〈背影〉不应该选作教材》，载《人民教育》1951年第3卷第6期。

[4] 左海：《〈背影〉已经失掉意义了》，载《人民教育》1951年第3卷第6期。

康的，所以不应该将其选入教材。对于以上解读，不同论者有不同的阐释方式，但大多属于强制阐释，以下将结合《背影》的解读来剖析这种强制阐释方式。

这场论争中的强制阐释主要表现在主观预设上，包括预设立场和前置结论。上述白盾认为能否解读好这篇作品，关键在于包括教师在内的阐释者"是否解决了'立场'与'观点'的问题"，解读首先要"不站在作者——朱自清先生的立场（小市民的立场）"。[1]立场本身就影响结论，如果再在解读前就预设结论，则解读会更加主观。如果论者认为人类社会是阶级社会，任何人与事无不打上阶级的烙印，那么在阐释时必然首先会区分自己与对象的阶级身份，然后以此论定一切。上述阐释者尤其是以《人民教育》编者为代表的阐释者，在解读《背影》时所采用的基本方式（路径）便是如此：《背影》的内容写的是旧社会，旧社会的一切都是反动的，《背影》写于旧时代，旧时代是落后的，那么，《背影》所写就是反动、落后的。作者朱自清是旧社会的知识分子，自然属于小资产阶级；任何情感都是有阶级性的（如左海就提到，有人问："难道无产阶级就没有父子之爱么？"他的看法是："无产阶级的情感与小资产阶级的情感是有差别的。"[2]），那么《背影》所抒发的就是小资产阶级的情感。即便抒发的是对父亲的怀念这种人类共有的情感，因为其抒情主体是小资产阶级，抒情对象是封建官僚，所以作者的情感是"不健康的"，父亲遭遇也是不值得同情的（如陈士鬐认为本文给人两点启发："一、本文表现了在旧社会，中、小资产阶级没有出路；二、本文表现了知识分子向上爬而跌了跤的悲哀。"[3]）。这种解读路径是线性的，其中隐含的逻辑是机械的：作品与作者直接相关。假如认定作者的身份与自己不同，那么他所属的阶级（阶层）必然是落后的甚至是敌对的；假如认定他是落后、敌对的，那么其作品必然是有问题的。作品的内容与形式紧密相

---

[1] 白盾：《我这样教〈背影〉》，载《人民教育》1951年第3卷第6期。

[2] 左海：《〈背影〉已经失掉意义了》，载《人民教育》1951年第3卷第6期。

[3] 陈士鬐：《〈背影〉不应该选作教材》，载《人民教育》1951年第3卷第6期。

关。假如作品的内容是反动的，那么其形式也必然是有害的。

其基本过程是批评者先准备好立场，然后或隐或显地选择一定的模式或方法进行解读，最终得出前置的结论。"批评不是为了分析文本而是为了证明结论。其演练路径是从结论起始的逆向游走，批评只是按图索骥，为证实前置结论寻找根据。"[1] 从论争开始时黄庆生的质疑到论争者的不同解读，都或多或少体现了这种主观预设。例如白盾将《背影》的教学目的确定为"使同学们认识到小市民的家庭情感与无产阶级的家庭情感底本质不同处，并使同学们由此而肯定后者，否定前者"[2]，就是首先前置了立场——无产阶级的家庭情感更为健康。站在这种前置的立场，《背影》就成了证明这一结论的例子或材料，因此在解读时很容易更多地关注三次流泪的行为而非流泪的原因或其他，并将三次流泪解读为"无可奈何的哀愁与眼泪"[3]。同样地，汪宗超从社会背景的角度分析《背影》中的父亲形象，认为父亲从早年做过许多大事到晚年的颓唐是由旧社会造成的，而在新社会中劳动人民不管做的是不是大事生活都有保障。[4] 再如张海帆"从介绍课文的时代背景方面用历史观点和阶级观点"分析《背影》以得出结论：旧社会的旧知识分子的思想情感是狭隘不健康的，新社会的新青年是愉快而幸福的。[5] 可见，这些论争者或使用《背影》中朱自清的情感或使用父亲的境遇变化来作为证明新旧社会差异的证据或材料，借以赞扬新社会的美好，批判旧社会的黑暗，使学生自豪于出生或成长在新社会。

由于论争者前置了立场和预设了结论，所以阐释的过程就不是从文本出发，而是从结论出发，这就造成了阐释过程中一些谬误的发生。

因为立场被预设、结论被前置，所以解读者在解读文本时就不会全面考

---

[1] 张江主编：《阐释的张力——强制阐释论的"对话"》，中国社会科学出版社 2017 年版，第 417 页。

[2] 白盾：《我这样教〈背影〉》，载《人民教育》1951 年第 3 卷第 6 期。

[3] 白盾：《我这样教〈背影〉》，载《人民教育》1951 年第 3 卷第 6 期。

[4] 汪宗超：《〈背影〉的社会背景》，载《人民教育》1951 年第 3 卷第 6 期。

[5] 张海帆：《问题在于教者的思想政治水平》，载《人民教育》1951 年第 3 卷第 6 期。

察，而只是按图索骥地选择有利于证明自己的结论的内容即可，也不会严谨客观，只要能得出最终的结论即可。因此这些论争者在解读文本时出现谬误是必然的结果。例如左海根据毛泽东强调"以政治标准放在第一位，以艺术标准放在第二位"的论断，就认为《背影》"完全是描写小资产阶级的情感，缺乏思想性"。[1]这句话中包含着两层逻辑：一是朱自清是小资产阶级，二是因为《背影》完全描写的是小资产阶级的情感，所以缺乏思想性。这样的阐释从表面上看是知人论世，结合作者身份经历来解读文本，实际上是在片面地联系，因为其将朱自清完全定性为小资产阶级而刻意忽视了朱自清的其他身份。例如朱自清也曾被毛泽东赞扬为"有骨气的中国人"，如果按照这样的阐释方式，作为"有骨气的中国人"的朱自清写的文章必定极具思想性和教育意义，这可能也是1950年版《初级中学语文课本》选择朱自清《背影》的原因。由此可见，简单地根据作者的身份经历来评判作品的好坏犯了"诉诸人身"的谬误，不管是因人纳言还是因人废言都不可取。

除了关注作者身份、经历外，也有论者关注《背影》的内容。解读主要集中在两点：一是《背影》表现了不健康的感情；二是《背影》所表现的父亲的境遇是不值得同情的，甚至是应该批判的。针对第一点，论者列出的材料或证据多是朱自清的三次流泪，如黄庆生称："光就朱自清那三次感情脆弱，有点林黛玉式的下泪，就可能给感情尚未完全成熟的青少年学生以不健康的感染。"[2]白盾也将三次流泪解读为"无可奈何的哀愁与眼泪"[3]。对于第二点，《人民教育》编者认为父亲所做的所谓"大事"是旧社会中的"升官发财"，不是新社会中的"革命大事"，因而不需要同情惋惜反而应该嘲讽。[4]不论是哪一种解读结果，都是因为解读者刻意选择了有利于证明自己结论的内容而得出的：为证明文章情感的消沉颓废，就只选取朱自清的

[1] 左海：《〈背影〉已经失掉意义了》，载《人民教育》1951年第3卷第6期。
[2] 黄庆生：《一篇很不好教的课文——〈背影〉》，载《人民教育》1951年第3卷第3期。
[3] 白盾：《我这样教〈背影〉》，载《人民教育》1951年第3卷第6期。
[4] 编者：《对〈背影〉的意见》，载《人民教育》1951年第3卷第6期。

三次流泪行为而忽视作者流泪的原因；为证明父亲境遇不值得同情，就挖掘朱自清父亲的生平与落后的旧社会的关系等相关的内容。这些解读者都没有立足于完整的文本，而是根据自己前置的结论去选择碎片化的内容，即断章而取义，甚至是用读社会历史文献的方法来读散文。

除了关注《背影》作者的身份经历和文章内容外，还有一些论者关注作品创作的时代背景。这原本也是解读文本的重要方式，但其做法却是将时代背景与个人创作强行捆绑。例如，人民教育出版社在检讨中提到，朱自清在十月革命、五四运动这些大的政治革命前却围绕家庭私事来写父子之情是不当的。这种阐释暗含的逻辑是：面对伟大事变，任何人都应超越个人的情思，不能因为个人的境遇而伤感落泪。这是用集体主义的道德标准对文学作品和作者进行评判，将个人主观意识与时代精神强行捆绑在一起。对作者来说，这是一种道德绑架；对作品来说，是用道德标准去评判审美情趣。这种强行捆绑、强加因果的做法在这场论争中多次出现。例如张海帆提出将《背影》作为反例，以"使学生深刻地认识到生长在旧社会里的旧知识分子，他的思想和情感是多么狭隘，多么脆弱而不健康，以致多洒了许多不必要的眼泪，反衬出生长在毛泽东时代里的新青年该是多么愉快而幸福"[1]。将情感的狭隘、脆弱、不健康和旧社会强行联系在一起，不仅表现出一种思维方式上的"非黑即白"，而且其中暗含的对旧社会的批判表现出一种极端的历史虚无主义倾向。

还有一些谬误的产生虽然不与主观预设直接相关，但也能反映出论者的立场和阐释目的。例如黄庆生认为教学《背影》可能会造成一种后果："基于这种父爱而去引起学生们对于自己父亲盲目的感动，在目前进行爱国主义教育的时候，那更不妥当。"[2] 在他看来，学生学习《背影》会产生一种极端后果，即引起对父亲的盲目感动，所以不能选也不能教。引发对父亲的盲目

---

[1] 张海帆：《问题在于教者的思想政治水平》，载《人民教育》1951 年第 3 卷第 6 期。

[2] 黄庆生：《一篇很不好教的课文——〈背影〉》，载《人民教育》1951 年第 3 卷第 3 期。

感动的因素很多，学习《背影》只是一个潜在的触媒而已。黄庆生却试图以这个潜在的触媒会导致一种极端灾难性的后果为由，说服自己远离、悬置这个触媒。[1]

　　梳理论争者们的阐释，除发现其中的强制阐释方式之外，还能从中看到论争者对语文教育教学的看法，这些看法也影响着论争者们对作品的阐释方式。

　　一是对教育的主体和选文的作用认识不清。例如陈士骧在讨论不该选《背影》时提到，"因为这是'教'人的啊！不但'教'以技艺，而且'教'以思想。一般说，文章的效果，应使被'教'者奋发激昂，而不应使之消沉、忧郁、颓废"[2]。可见，陈士骧将教育的主体和使用的资源混淆了，也可能没能认识清楚选文的功能。选文是一种客观存在，如何使用，能否使受教育者奋发激昂，与教育者的引导方式以及编者确定的选文功能相关。二是对选文标准和范围的理解过于狭隘。如果只选体现昂扬先进思想的文章而拒斥相对感伤或者有一点消极情绪的文章，那么像《兰亭集序》《赤壁赋》这样的课文都会被排除在教科书之外，这显然不利于学生认识多元复杂的世界，思考人生的真相。因此，选文的思想性不应仅根据其情感是高昂还是消沉来判断，而应该根据是否能够表现丰富多元的世界（包括物质世界和精神世界），是否能引起学生对人生、社会、世界等有价值的思考来考量。三是对于文体特性的认识不清。例如汪宗超用历史观点来解读《背影》中的父亲形象：父亲的境遇受到半殖民地半封建社会的影响，父亲所在的家庭是当时"善良的中国人民的家庭"的缩影。[3]这些其实与文章的主体内容关系不大，他是在将散文当作社会历史文献和小说来读。

（三）科学做法：回归历史与文本，关注儿童

　　20世纪50年代论争者对《背影》的强制阐释角度相对单一，即都认为文章的思想性很差。在最近几年相对宽松的阐释环境下，对《背影》的

[1] 黄庆生：《一篇很不好教的课文——〈背影〉》，载《人民教育》1951年第3卷第3期。
[2] 陈士骧：《〈背影〉不应该选作教材》，载《人民教育》1951年第3卷第6期。
[3] 汪宗超：《〈背影〉的社会背景》，载《人民教育》1951年第3卷第6期。

阐释已趋向多元。例如将主旨理解为是对生死的感悟[1]，是表现作者的成长，是作者的自我剖析，是表达"生之苦痛和爱之艰难"[2]，是写亲子之爱的错位[3]，等等。面对这些不同的阐释，应该如何选择？如何辨别孰对孰错？如何判断其是否为强制阐释？当前语文教学提倡多元解读以提高学生的文学鉴赏和思维能力，但是多元的边界在哪里？回答这些问题首先需要明确阐释和解读的对象，即作品的意义。那么，什么是作品的意义？作品的意义从何处来？如何发掘作品的意义？

虽然因为文本是一个充满着空白点和未定性的"空框结构"，而读者的知识结构、个性气质、阅读取向及方法等又千差万别，文本阐释自然会产生见仁见智、歧义百出的现象，不过为了限制上述极端的强制解读，有必要回归历史和文本，而限制个人的任意解读。

首先需明确作品意义是多种因素作用于文本的结果。作品意义不是作者原意，作者原意指的是作家创作时想要表达的意义。对作者原意的追本溯源往往需要挖掘作者的写作意图，但由于创作存在着个体差异性、即时性，作家在创作时或许会存在对原本写作意图的偏离，又或者受制于多种因素而难以言说、言说不一致或使用模糊手段言说等，何况研究者在挖掘写作意图时也很难完全穷尽所有的有关写作意图的资料，所以把握作品原意的难度很大。另外，对作者的过度关注也容易导致走向脱离本文的极端。作者对作品的影响是有限的，"由于文学作品一旦发表，作者就无法再对它施加任何影响了，因此这部作品又具有广泛的社会性和可解读性"[4]。产生这种广泛的可解读性的一个重要前提是文本本身意蕴丰富，存在诸多可填补的空白，这就

---

[1] 韩军：《生之背，死之影：不能承受的生命之轻（上）——〈背影〉新解码》，载《语文教学通讯（初中刊）》2012年第1期。

[2] 王君：《生之苦痛与爱之艰难——〈背影〉教学实录及悟课》，载《语文教学通讯（初中刊）》2014年第4期。

[3] 孙绍振：《〈背影〉的美学问题》，载《语文建设》2010年第6期。

[4] 张江主编：《阐释的张力——强制阐释论的"对话"》，中国社会科学出版社2017年版，第304页。

为读者的解读提供了空间。接受美学理论也认为作品是一种召唤结构，召唤读者与文本对话、填补文本中的空白，但这不意味着作品意义可以完全由读者解读建构，《背影》论争中的强制阐释就是明证。周宪指出，"文本意义的阐释是作者、文本、批评家、特定语境、读者反应等多重要素相互作用所形成的协商性产物"[1]。朱立元也认为要"追求文本自在意蕴与阐释者生成意义的有机结合"[2]，其中，文本的自在意蕴（意义）指的是"特定文学作品，经特定作者对特定社会生活审美的体察、感受、认识，用文学语言创造出的特定艺术形象，向读者所传达出的意义和意蕴"[3]。这是作者在文本中呈现的作者与世界（在特定时代背景、特定经历、特定语境下，与他人、社会、世界）的关系。阐释者生成的意义就是读者"阅读、体验、感受作品的语言艺术，对作家创造的艺术形象进行再创造时生成的新意义"[4]，这种再创造的过程是动态的，因此出现"一千个读者有一千个哈姆雷特"或"一个读者有一千个哈姆雷特"的情况，读者可以在阅读时调动自己的各种经验进行能动性的多元解读。据此，可以找到阐释作品意义时限制强制阐释和过度解读的相对科学的做法，即回归历史与文本，关注读者的特殊性。回归历史指的是尽可能还原作品的特定作者和特定社会生活。回归的主体是读者，读者在阅读时要从文本出发，不先入为主，不预设立场，不断章取义，但不排斥多元解读。同时，需要注意在语文教育中的读者，不仅指课程专家和老师，还有更主要的对象——儿童。

从历史的角度解读作品，首先要做到知人论世。要熟悉作者的生平与创

[1] 张江主编：《阐释的张力——强制阐释论的"对话"》，中国社会科学出版社2017年版，第297页。

[2] 张江主编：《阐释的张力——强制阐释论的"对话"》，中国社会科学出版社2017年版，第374页。

[3] 张江主编：《阐释的张力——强制阐释论的"对话"》，中国社会科学出版社2017年版，第377页。

[4] 张江主编：《阐释的张力——强制阐释论的"对话"》，中国社会科学出版社2017年版，第378页。

作，也要熟悉作者所处的时代的社会情形及文学思潮，这样才能初步解读作品，并做出正确的判断。当然，不能只从某一个角度去看。例如《人民教育》编者也从历史的角度分析过《背影》："在'五四'以来的新文学运动中，一方面存在着战斗而有力的文学作品（这才是新文学运动中真正成功的作品），一方面也存在着没落阶级的感伤主义的文学作品；这两种作品，在社会上起了两种不同的作用：前者起了激励和鼓舞人们前进的战斗的积极作用，后者则起了消磨战斗意志，使人们沉醉在个人主义的哀情之中的消极作用。后者曾博得了属于没落阶级的一些人的称誉和欣赏，同时也毒害了许多心地纯洁的青年们！《背影》，在历史上已经起了腐蚀青年的作用，在新的历史时期，是决不能再有它散布'秋天的调子'的地盘的——当作语文课本的范文"，"事实证明，在陕甘宁边区中等学校的语文课本中，就没有《背影》的影子，却仍然使学生深刻地认识了什么是伟大的爱"。[1]可见，虽然他采用了历史的视角，但是他同时又持阶级（政党）的立场、现实功利的取向而又不辩证地分析，所以历史视角的正面作用随之消失。

　　从历史的角度研究作品，还要考察文本的接受史。通过梳理文本的接受史，呈现不同的阐释结果和阐释方式，比较其优劣得失，这样让那些即便是以"创新"为目的的解读，也因为有历史的参照和警示，而不会肆意歪曲文本，发出奇谈怪论。例如近年来有人将《背影》的主旨解读为阐发"生死之理"：已逝的祖母、将逝的父亲、朱自清、儿子构成了一个生命链条。其实，《背影》的接受史在朱自清生前已经开始，不同的教科书虽然赋予其不同的教学功能，但包括叶圣陶等人对其主旨的解读几乎是一致的，即阐发"父子之情"，朱自清并未提出异议。同时，也因为有历史上的解读成果可参照，阐释者才能做出有创造性的解读，其他人才能判断出其是不是创造性解读。

　　回归文本，首先要做到以意逆志，就是根据作者在文本中所写，而不是

---

[1] 编者：《对〈背影〉的意见》，载《人民教育》1951 年第 3 卷第 6 期。

读者在大脑中所想去解读作品。虽然阅读是文本与读者之间的交流与对话的过程，但是在这个过程中文本的既定框架会制约着读者的解读方向和结果，而不会任由读者发挥。如果硬要出于读者个人某种目的或者为了满足其所处阶层、群体的某种需要，而宣称文本没有写到其所希望写的内容、要表达的思想就是不合理的，那么自然就会做出脱离文本的牵强附会的解读，如前述黄庆生硬要将《背影》这篇以个人、家庭主要内容的课文与培养学生热爱"人民祖国"的教育目的联系起来，并"牵强附会地去联系"当时的"三大政治任务"，"联不上也要硬联，结果是牛头不对马嘴"[1]，甚至极端到强行要求其他读者认可自己的解读的地步，如《人民教育》编者就对读者发出了威胁：谁赞美它，谁就是小资产阶级，就要受到和朱自清《背影》一样的批判。[2]

回归"文本"，还需要关注以下几点。

第一是关注作品的文学性。需要明确的是，回归文本中的"文本"指的是文本空白较多的文学作品而非实用文章。实用文章虽然也存在对话空间，但更多的是逻辑层面的辨析而非审美层面的理解，例如分析议论文中的论据能否支撑观点、论证过程是否严密等都属于思维逻辑层面。但是，面对文学作品，需要用文学的阅读方式，即用审美的方式而非实用的、道德的甚至政治的标准来读。例如《背影》论争中诸多论者认为朱自清的落泪是一种不健康、脆弱的体现，朱自清在伟大事变面前依依顾盼、伤心落泪与时代精神背道而驰，这就是一种道德和政治标准。类似的标准体现在诸多作品的解读中，如以往对《项链》主旨的阐释是批判了玛蒂尔德作为小资产阶级的虚荣，是站在阶级立场上对人物进行扁平化解读，忽视了作品表现出的人物的复杂性和人物性格的发展性。再如，在文学作品的阅读语境下，面对寓言《愚公移山》，不能用环境保护的道德标准评价愚公的移山行为，面对散文中的抒情描写对象，不能用日常生活中的实用标准来评判其有用、无用。

[1] 闵耀汉：《有了问题要和大家商量》，载《人民教育》1951年第3卷第6期。
[2] 编者：《对〈背影〉的意见》，载《人民教育》1951年第3卷第6期。

第二是关注作品的文体样式。用读某一类文章的方式来解读其中某一篇文章，例如不能用读诗歌的方式读小说，也不能用读小说的方式读散文。《背影》论争中汪宗超认为造成父亲老境颓唐的原因是半殖民地半封建社会，父亲的不幸是"善良的中国人民的家庭"的缩影[1]，其实是在用阅读小说中"分析人物形象和其典型意义，挖掘人物境遇原因"的方法读散文。不同的文体应有不同的解读路径，对于散文，要把握"形散神聚"的特点，关注内容上的人、事、物、景、情以及形式上的结构和语言等；对于小说，要关注人物、情节、环境之间的相互作用，以此来把握作品主旨；对于戏剧，注重从特定空间中的人物对话切入分析人物以及人物间矛盾冲突；对于诗歌，注重用诵读、想象、联想、品味方式感受其意境和情感。

第三是从整体上把握文本。整体把握需要梳理文章内容脉络，建立前后文之间的联系。对于文本中存在的空白，可以通过把握前后文来进行补充。《背影》中作者写了自己的三次流泪，但是泪中包含的情感需要结合前后文整体把握。其中第二次落泪是在作者看到父亲攀爬月台的艰难的背影时，泪中有对父亲的境遇的心酸，也有对父亲生活沉重却仍然照顾"我"的行为的感动，所以才有了后文"我赶紧去搀他"的动作，但若将这次流泪解读为一种脆弱、不健康的情感，则是只看到了一个青年男性的流泪行为，却忽视了流泪的特定对象（父亲）、落泪的特定缘由（子对父的心疼）。

关注读者，要考虑教科书读者的特殊性。教科书编者在选择什么样的文本作为课文时，既要考虑到此文本是否有助于课程目标的达成和知识的落实，又要考虑到读者的接受和反应。这里的"读者"不应该只是成人，更重要的是儿童，即学生。首先，接受美学强调了读者在"文本"成为"作品"过程中的重要性。在接受美学看来，就像工厂里生产的产品只有在流通、消费领域才成为商品一样，作家创作的"文本"只有在被读者阅读后才能成为"作品"，所以作品的意义不仅仅是被预设的，更重要的是在读者阅读过

---

[1] 汪宗超：《〈背影〉的社会背景》，载《人民教育》1951年第3卷第6期。

程中生成（建构）的。其次，接受美学特别强调了读者的创造性解读在文本意义生成中的重要性。在接受美学看来，文本的意义不仅仅是作者赋予的或者文本固有的，还有待于读者的创造性解读。既然如此，那么儿童与成人对《背影》的理解应该有明显的差异，更不要说不同的儿童之间会存在差异了。儿童阅读这篇散文时，更多的是感动于其中所表现的父子亲情，而对于情感背后是否有阶级属性一般是不关心也不理解的，更多的是赞赏这篇散文的写作技巧，而不喜欢也不会接受"政治性第一、艺术性第二"的判断标准，所以与一些教师从成人社会的阶级立场出发来否定这篇散文不同，绝大多数儿童是喜欢这篇散文的。选文及其教学必须遵循课程目标，但是目标的确定必须适合学生。从社会发展的需要来说，是否将某篇文章选做课文以及在教学时做何种解读，应考虑不同年代儿童的价值导向要求；从儿童发展的需要来说，必须要体现儿童的立场，关注儿童的理解、接受水平，把握价值引领的适当性。1950—1952年，为了建设新民主主义教育而提出要肃清以美国教育家杜威的民主主义教育思想为代表的资本主义教育思想以及封建主义教育思想的影响，杜威提出的"儿童中心论"自然受到批判。又因为当时强调集体主义的精神，儿童不被视为一个在生理、心理上与成人不同的个体，而被视为一个"小国民"（成人集体中的一员）。正因为儿童的身份被遮蔽，儿童的立场被消解，所以在讨论《背影》是否适合作为课文以及如何确定教学目标时，也就无视了儿童的存在，而一味地以成人的立场来判断《背影》的价值，完全以成人的视角来解读《背影》的主旨，随之产生一系列不当甚至错误。最近几年出现的有关《背影》的强制教学——强制阐释课文的主旨（将表达"父子之情"扭转为阐述"生死之理"），强行偏离阅读教学的应有内容（没有明确地训练阅读技能，而是着重探讨课文内容），采用强令接受的教学行为（不是采用对话的方式而是设法强令学生甚至作者接受自己的解读结果）——一个很重要的原因就是教师漠视了学生的存在。因此，科学的做法，不能只限于历史与文本，还必须要关注读者，即要从具体的儿童的立场去判断一个文本是否适合选作课文，并根据儿童的理解、接受水平去确定教学目标（教学内容），去解读作品。

除了以上几种方式之外，回归文本还可以有其他多种方式。例如进行对比阅读，通过比较发现同一文体的共性和文章的个性；再如进行语言的赏析，以激发想象、联想等方式补足文本空白等。但是这些都需要建立在以上对文学作品的文学性、文体、文本整体的关注基础上，不应进行碎片化的细读或前置立场、断章取义式的强制阐释。在遵循以上原则的前提下，应鼓励多元解读和适当质疑。

总之，真正科学的做法，就是要采用"历史的观点"，持辩证的态度对待、解读文本；回到文本自身，采用以意逆志的方式，持全面、客观的态度对待、解读文本；关注读者，尤其是儿童，应从儿童的立场去判断作品的价值，从其理解、接受水平去解读作品。只有做到上述几点，不以今（当下形势）律古（创作年代），不以己（个人）律人（作者），不削足（文本）适履（立场），不量衣（观点）裁体（文本），才能规避历史上多次出现过的、在未来还可能再次发生的强制解读的现象。

《背影》课例评析："强制教学"的现象与本质

近年来，我著文多从正面立论，因为写批评类的文章也针对的是某类现象、某个群体而不涉及具体的事、单个的人。不过，最近韩军执教《背影》[1]的方式在语文界颇有代表性，也引发了广泛而长久的论争，所以现在有必要参与讨论，希望与大家以学术批评的方式展开对话。

一、解读方式：强制阐释

世纪之初，在思想界、文论界流行着解构、祛魅、否定、颠覆等观念，语文界出现了多元解读、创造性解读、无中生有式解读、症候式解读等名词（方式），一些让人瞠目结舌的"文本细读""经典重读"结果被冠以"新解"之名面世。其实其中绝大多数人使用的解读方式就是张江在《强制阐释论》一文中所批评的"强制阐释"。张江说："强制阐释是指，背离文本话语，消解文学指征，以前在立场和模式，对文本和文学作符合论者主观意图和结论的阐释。其基本特征有四：第一，场外征用。广泛征用文学领域之外的其他学科理论，将之强制移植文论场内，抹煞文学理论及批评的本体特征，导引文论偏离文学。第二，主观预设。论者主观意向在前，前置明确立场，无视文本原生含义，强制裁定文本意义和价值。第三，非逻辑证明。在具体批评过程中，一些论证和推理违背基本逻辑规则，有的甚至是逻辑谬误，所得结论失去依据。第四，混乱的认识路径。理论构建和批评不是从实践出发，从文本的具体分析出发，而是从既定理论出发，从主观结论出发，

---

[1] 韩军：《〈背影〉课堂实录》，载《语文教学通讯（初中刊）》2015年第4期。

颠倒了认识和实践的关系。"[1] 韩军对《背影》的阐释具备了张江先生所说的"强制阐释"的所有特征。

《背影》是一个文学文本，并非哲学文本。作为一篇写人叙事散文的教学应该是引导学生阐释其写了什么和如何去写的，发掘其内容与形式的美，从而获得审美愉悦。如果把它当成一个哲学文本，探讨其中的哲理就会忽视其文学特征。例如《背影》虽然不是小说，但是作为一个写人叙事的文学文本，为了突出其主旨，作者一般会对素材进行艺术加工，如在选择人物和事件时会注意主次，在记叙描写时会注意详略。

文学文本里的人物可以分为"艺术符号""艺术形象""艺术典型"和"卓越的艺术典型"等几种。艺术符号"本身并没有任何直接形象——外观的，或间接形象——性格的"。之所以如此呈现，是因为"有时情节只需要这些人物作为符号出现，表明在某一事件或场合还有某人存在"，"提到他们只不过为了表明其在某事件中出场了，为场面增添了气氛而已"，也就是说，他们并没有对事件起决定性的作用，也就无须对其内外进行多种描写，或叙述有关他的多个事件。艺术形象则不再只是一个简单的符号，而是"已经在言语、行动、环境、表情、心理活动等当中变得有血有肉"，不再只是"情节中无关紧要可有可无一闪而过的身影"，而是在整个情节发展中起着决定性作用，"读者可以通过这个符号回忆起他的外貌、性格、事迹，甚至生命历程"。艺术典型"不仅具有比一般艺术形象鲜明得多的外在印象和强大得多的艺术生命力，而且在它身上体现着某一社会群体的某种共性，或者是不同群体人们的某种共有情绪。而这种共性又是以独特的行为、言语或心理活动方式出现在这一个与众不同的生命体上，即以其个别的生存状态或生命形态表现了具有广泛意义的某种生命特征"。[2] 在描绘这个人物时，作者"从丰富的积累中加工、提炼出具有典型意义的情节与细节（表情、行为、

[1] 张江：《强制阐释论》，载《文学评论》2014年第6期。

[2] 周思源：《红楼梦创作方法论》，文化艺术出版社2006年版，第128—136页。

言语、服饰、心理等等）"。卓越的艺术典型"在于其在整个作品中的地位特别突出，作用极大。正是创造出了这样的卓越艺术典型，作品才得以取得艺术史上的不朽地位，成为一个时代乃至几百年的一座丰碑"。卓越的艺术典型给人的印象是熟悉而陌生，"他们给予读者的难以穷尽的审美享受，引发读者的心灵震撼力和持久的思考，为研究者提供的分析天地，都是一般艺术典型所难以比拟的，有的几乎是无限的"，如阿Q、林黛玉、葛朗台、哈姆雷特等。[1]文学文本中的事件也大致可作如此划分。

在《背影》这篇散文中，祖母、"我的儿子"无疑是艺术符号，"我"处在艺术形象和艺术典型之间，"父亲"无疑是艺术典型乃至卓越的艺术典型，只要一提起"父亲"形象人们几乎不由自主、不约而同地想起朱自清的《背影》，想起《背影》中的"父亲"，想起"父亲"的"背影"。整篇散文的主要人物就是"父亲"和"我"，关键物象是"背影"，主要事件就是四次"流泪"。由此看来，就是在写"父子之情"。当然，其中写到"我"对祖母去世以及父亲失业、羸弱、老去的伤感，父亲对"我的儿子"的挂念等，但是这些都与"我"相关，或事情是"我"在场所见，人是"我"的亲人，也是通过"我"叙述出来的。韩军在解读这篇散文时，为了说明这篇散文的主题是"感悟生死"，认为祖母和"我的儿子"这两个人"被忽略87载"，他们在文本中和"我"及父亲是同等重要的，他们四代人可划为"已逝的""将逝的""壮年的""未来的"四个不同的生命阶段，连成了一个"生命的链条"，所以整篇文章是感悟"死亡"与"新生"。[2]

如果用哲学的眼光来看，任何人物之间都存在着关系，不同年龄阶段的人均属于生命之链中的某一环节。相应地，一个事件中的任何人物都重要了，任何事件中的不同年龄阶段中的人物关系都可以纳入由生到死的关系了。如果像韩军这样解读《背影》，那么我们同样可以说被韩军所执教

[1]周思源：《红楼梦创作方法论》，文化艺术出版社2006年版，第128—136页。
[2]韩军：《生之背，死之影：不能承受的生命之轻——〈背影〉新解码》（上、下），载《语文教学通讯（初中刊）》2012年第1、2期。

的《雷雨》的主题也是"感悟生死"。因为那里面有周朴园的母亲、周朴园、周萍兄弟以及四凤肚子里的孩子，这些人同样可以分属"已逝的""将逝的""壮年的""未来的"四个不同的生命阶段。

"主观预设"主要表现在韩军认为朱自清具有"刹那主义"的人生哲学思想，于是《背影》就是朱自清哲学思想的外化。这不符合创作的规律。一个作家创作既受时代社会环境、个人哲学思想的影响，还与他写作这一篇文本时的心境有关，也就是说，也许他所处的时代社会很黑暗但是他写作的那几个小时心情很愉悦，也许他有一种恒定的哲学思想但是在这一篇作品中并没有明确运用这种哲学思想。如果忽视这两点，而强制裁定文本的意义和价值，就是"主观预设"。鲁迅说：针对《红楼梦》，"单是命意，就因读者的眼光而有种种：经学家看见《易》，道学家看见淫，才子看见缠绵，革命家看见排满，流言家看见宫闱秘事"[1]。如果非要说曹雪芹所处的时代有各种思想，然后像上述引文一样以某一思想（如排满）出发从文本里找依据，说这本书的主旨就是反映这种思想，那就不太合逻辑了。这只是某"家"的看法，而非作者的本意。

就"非逻辑证明"来说，韩军这种解读主要表现在以下三方面。

一是以偏概全。文本主要写"我"与"父亲"，主要表现的是父子情深，有写父亲对自己的安慰、关照、叮嘱、铺大衣、买橘子等，有自己对父亲误解而产生的羞愧，有对父亲处境艰难、身体屡弱、年龄变老的伤感等多种情感。但是，韩军单捡在奔祖母之丧时见到父亲以及在信中说自己"大约大去之期不远"等与"死"相关的次要事件，并将其放大，从而达到否定作者选择并描述主要事件、主要人物来表达的旨意的目的。

二是混淆具体与抽象。如果把所有的文学文本都当成哲学文本来解读，对文学文本无节制地抽象，那么世上所有文本最终只能归入几个屈指可数的主题，如宇宙、人生、社会、生命、爱、公平、正义等，因为哲学主题抽象

---

[1]《鲁迅全集》（第八卷），人民文学出版社2005年版，第179页。

到一定的程度也不多。

　　三是牵强附会。红学研究中有索引派，如称："书中红字多影朱字，朱者，明也，汉也。宝玉有爱红之癖，言以满人而爱汉族文化也；好吃人口上胭脂，言拾汉人唾余也。"[1]这种猜谜索解的解读方式早已被研究者所摈弃，但在韩军的文本解读中复活了。他对"背影"二字强行进行拆解，如"背"有"别"、"背井离乡"（奔波）、"悲"、"背时"、"见背"（死去）、"背弃"等意思，"影"是美丽的、瞬失的、虚幻的，然后从文本中找出蛛丝马迹。由此一来，"背影"就不是父亲具象的"背影"而是与生死相关："'背的影'是生命的虚幻，'由背到影'，是生命的过程！所有的'背'，厚实也罢，孱弱也罢，最终都必成'影'。这大概就是朱自清对生命的深刻体认。任何人，最终留给世界的都只能是'背的影'。人活着，轰轰烈烈、慷慨悲歌也罢，默默无闻、寂寂无名也罢，都不过是'刹那'般匆匆促促的'一闪'而已，留下的无非是'影'。终极处，连'影'也破碎！"[2]

　　韩军在执教《雷雨》时再次运用此法，其教学实录的摘要称："韩军的《雷雨》课，拂去社会学、政治学传统解释的尘灰，借曹禺本来的创作初衷，阐释全剧。用'周'一个汉字，贯穿教学，以'周'阐述人物，梳理情节，描绘命运，概括主旨，终抵'神秘'。'周'，既是周全、周到、周备的周朴园，又是剧中人'命运'的锁链，还是'环绕'，是'周遭'，是'周天'，所有人无一不在'周'的圈套和锁链中。剧中人，有周密、周详的心思与布局；剧中事，有钩心斗角的周旋和周折；剧终呢，人与事，统统脱不了狼狈周章的结局。最后释'周'字根由，更出人意料……"[3]假如主人公不是姓周，而是姓张、赵，那又该怎么解释呢？之所以得出上述诸种解

　　[1]蔡元培：《石头记索隐（节录）》，见朱一玄编《〈红楼梦〉资料汇编》，南开大学出版社2012年版，第899页。

　　[2]韩军：《生之背，死之影：不能承受的生命之轻——〈背影〉新解码》（下），载《语文教学通讯（初中刊）》2012年第2期。

　　[3]韩军：《〈雷雨〉课堂实录》，载《语文教学通讯（高中刊）》2012年第1期。

读结果，归根结底还是因为"认识路径混乱"，解读不是从文本出发读出自己的感悟，也不参照作者已有的交代以及其他读者的解读，就是要一味地出奇出新，然后找一个既成的观点并用这个观点去强解文本，对能证明自己观点的内容大加阐释，将不利证明自己观点的内容弃之不顾。

二、教学内容：强行偏离

我曾结合夏丏尊、叶圣陶的相关论述把语文教科书选文的教学功能分为全息、例子、凭借和引子四重[1]：全息功能是指把选文当成一个全息体，学生可以全方位、多层面地学习，而全面透彻地把握选文所包含的各种信息。如《背影》就可以从词语结构的划分、词义的辨析、词语的运用、材料的选择、线索的铺设、结构的安排、抒情方式、描写手法、全文主旨等各方面去学习。例子功能是让选文只充当某一具体写作目标的例子，只要求从某一个视角来看就可以了，不必像全息文那样要求"从种种视角来看"。如将《背影》当成印证间接抒情方式或者当成人物描写知识的一个典型的例子来学习。凭借功能就是把选文当成阅读技能的训练、能力的培植和习惯的养成的一个媒介。如通过让学生变换《背影》中某些句子的不同句式来训练其精读技能，或者可以通过对《背影》的仿作来让学生获得散文的立意、选材、组材及表达等写作技能。引子功能是指选文只被当成课堂上讨论的话题或给材料作文的材料，被用来触发学生进行与之有关联又有区别的阅读和作文。如将《背影》仅仅作为课堂讨论父子之爱的阅读材料或仅仅作为课外写作以父母师长为题材的作文的话题。在这里，韩军没有赋予《背影》全息和例子的功能，也没有将其当成引子（因为整堂课还是就《背影》在分析），而是赋予其凭借的功能。

对待作为训练阅读技能的凭借的阅读教材，与对待政治、历史等其他学

---

[1] 张心科：《夏丏尊、叶圣陶的语文教科书选文教学功能观评析——兼说"教教材"与"用教材教"》，载《中学语文教学》2008 年第 5 期。

科的阅读材料一样，都需要获取文本的信息，但是二者又有着根本的区别。其区别并不在于过去所理解的是否讲授了文本形式（文本形式虽然对于获取文本信息起到一定的作用，但是更应该归入写作教学的内容），而在于是否教授了阅读技能。如果只讲授《背影》的内容，那么和政治课、历史课等教学内容没有区别；如果带领学生通过对内容的获取而掌握某种或几种阅读技能，那么这就是阅读课。如果阅读是获取文本信息进而与文本、作者展开交流与对话的话，那么阅读教学就应该教学生掌握获取文本信息进而与文本、作者展开交流与对话的技能。

从韩军的《背影》课中见不到明显的阅读技能指导。当然，也许有人说暗含了多种阅读技能，或者像韩军自己说的是"语文训练课"[1]。那么我们要反问的是：难道在政治课、历史课中就没有暗含阅读技能？如果没有，那么阅读是怎么发生的？难道存在没有技能的听说读写活动吗？可见，听说读写教学与一般的听说读写活动的区别在于是否明确地把技能的教学作为一项内容，就像我们不能因为政治课、历史课上也有听说读写而将其当成语文课一样。

三、教学行为：强令接受

如果说教学要以学生为主体的话，那么，首先要考虑学生的知识能力基础和心理特点。就内容来说，任何一个文学文本几乎都可以从意思、意味和意蕴三个层面分别运用个体所拥有的语文（生活）知识、个人体验以及哲学理论去理解。韩军执教《背影》的内容显然设定在第三个层面。这对于初一的学生来说，显得太难，尤其是理解佛学视域中的生与死的关系。其次，不能以教师的解读代替学生的体验。韩军对文本的解读不是建立在学生体验的基础上的，而是将学生的思路强行地扭转到自己认识的思路和预设的结果上来。整个教学过程采取的是请君入瓮法，不是指导，而是诱导。

---

[1] 韩军：《〈背影〉课七说》，载《语文教学通讯（初中刊）》2015年第4期。

如果阅读教学是多重对话的过程的话，那么对话的主体（对象）就包括作者、文本、师生以及其他读者（如其他赏析研究本文的论著的作者）。其中任何一个主体所解读的结果只能聊备一说，可以求同，但不必伐异，而应存异。韩军在教学过程中一再说是学生得出的新解，其实他从这堂课的一开始就在诱导学生进入自己布设的新解圈套。真正引导学生得出新解的做法，应该是让学生先自由地说出自己的感受，发表自己的见解，然后提供其他人的阅读结果，然后在此基础上进一步结合文本以及自己的经验读出与其他人都不一样的结果，而不是否定其他人的阅读结果。所以，与其说是《背影》阐发了"生死之理"是学生提出的新解，还不如说是韩军在强令学生接受自己的新解。所以，整堂课看起来是多人参与，众声喧哗，但实际上是韩军一个人的教学，是异口而同声，或者更准确地说是众多学生协助韩军老师完成了这篇文章的解读。

执教者不仅强令学生接受自己的解读结果，还强令作者接受，或者说借作者之口让学生相信执教者的解读。韩军在执教《背影》结束时就设计了这样的环节——朱自清在天堂里给孩子们发来手机短信："孩子们：我的《背影》发表近87年来，一直被人们浅读、粗读、误读。只有今天，你们才真正读懂了，读深了，读细了，读对了。因此，我的在天之灵感到由衷欣慰，谢谢孩子们！朱自清。"[1]如果朱自清真有在天之灵，估计他会哭笑不得！

韩军老师曾发表过不少有创见的教学论文和高质量的教学实录，确实为语文教育的发展做出过贡献，但是综观他执教的《背影》，随处可见老师的强势控制，套用张江的说法，可名之为"强制教学"。

［1］韩军：《〈背影〉课堂实录》，载《语文教学通讯（初中刊）》2015 年第 4 期。

《背影》创作动机：父子之间的逞强与示弱

关于《背影》的主旨，有多种说法，如有人说是抒写父子之情，有人说是阐发生死之理。有关父子之情，有人说是写父子情深、父慈子孝，有人说是写忏悔往昔。我倾向于本文的主旨是抒写父子之情的说法，不过这父子之情并不是字面所见的父子情深、父慈子孝或忏悔往昔。在我看来，这篇散文非常含蓄地写了父子之间的逞强与示弱。

按照弗洛伊德的说法，男孩天生有一种"仇父"情结。正如一篇文章的题目《前辈，强悍然而孱弱》所示，父亲往往会以他的强悍激发起儿子挑战的欲望，让儿子在对他的不满、挑剔和反抗中逐渐长大；或者父亲本来就是孱弱的，他无意让儿子以挑战他的方式长大，而是儿子自己为了寻找一个对立面、一个挑战的对象而把他想象成很强悍的人。儿子会在挑战父亲的过程中长大，长大后当突然发现父亲的孱弱时，接下来的不是释然，甚至不是在心里和父亲和解，而是有一种莫名的恐惧；因为儿子突然发现自己也是孱弱的，自己的儿子也在挑战自己。

就常识来看，男人表达情感是非常含蓄的。父子之间更是如此，他们往往不会通过语言、文字来表达，即便是通过语言、文字来表达，也很内敛、婉曲，甚至隐晦，所以父子之间往往不太会"懂得"对方，旁观者（读者）也未必"懂得"他们的言行。

一、父亲的逞强与示弱

父亲在子女面前显示的高大，往往并不是形体的高大而是精神的强大。面对祖母病故、自己失业，父亲说："事已如此，不必难过，好在天无绝人之路！"这自然是父亲在儿子面前逞强。不过，作者在这之后写的全是父亲在儿子面前的示弱。

首先是浦口送别。这里的示弱主要表现在五个方面：一是叮嘱我。二是讲价钱。三是托付人。这种絮叨、计较、托付虽然显示出父亲对儿子的关爱之类（关心儿子一路的生活，不让儿子与别人交涉，希望儿子有人照顾），就像1936年叶圣陶在《朱自清的〈背影〉》中说的，"可以见到父亲始终把作者看做一个还得保护的孩子，所以随时随地给他周妥地照顾着"[1]，但是这显然有损于父亲作为一位成年男性的豪爽形象。当年的"我"没有也不会意识到这是一个父亲在向儿子示弱，而只是用一位自以为已成年的男性的眼光来打量另外一位成年的男性，所以"总觉他说话不大漂亮"，"心里暗笑他的迂"。四是买橘子。五是爬月台。买橘子固然表现出对儿子的关爱（路上有吃的，别饿着；前面写到铺上紫毛大衣，不会冷）和祝福（"橘"谐音"吉"，以喻万事大吉、一路顺风），但在作者看来似乎没有必要。爬月台更是如此。首先是月台很高而父亲很矮，爬月台有困难。其次是月台上走的人多，地面一定很脏。最后是站在月台上的乘客和送别的人肯定很多，父亲攀爬月台，一定会很难看，一定会被别人围观，一定会被别人嘲笑。面对这些，"一向爱面子，讲排场，在任上总是衣冠楚楚"[2]的父亲仍然执意要去给"我"买橘子。对于父亲来说，这既是在大庭广众之下，包括在儿子面前，展示自己的心理、身体的某些弱势（这种示弱也许是为了博得儿子的同情），也是在向儿子"示好"的同时向儿子"示弱"（这种示弱是为了缓和父子间天生的紧张关系）；对于作者来说，当年的心理是嫌弃和埋怨。文中写自己看到父亲去买橘子爬月台时的背影以及买回橘子离开时的背影而流泪，极有可能不是当时的行为，而是写作这篇散文时，在理解了当年父亲叮嘱我、讲价钱、托付人、买橘子、爬月台实际上是在向儿子"示弱"时发生的行为或

［1］叶圣陶：《朱自清的〈背影〉》，《新少年》1936年第1卷第1期。
［2］朱国华：《朱自清与〈背影〉》，载《人民政协报》1988年10月25日第3版。

者在心里"添加"的行为，以表示自责、忏悔，就如他自己在文中反复写道的，"我那时真是聪明过分"，"我现在想想，我那时真是太聪明了"。

其次是家书"道别"。后来，父子之间产生了很大的矛盾，作者甚至两年没有回去见父亲。父亲并没有为了维护一个父亲的尊严而矜持地断绝与儿子的来往，而是再次向儿子示弱——"只是惦记着我，惦记着我的儿子"。和上次那种示弱一样，这次仍然是以男人特有的方式来表达的。一是写信的行为。之所以不去见面而是写信，是因为这样既可以表达一些难以用口头言语表达的信息，也可以避免矛盾的双方为了维护各自的"面子"而在直接交谈时说出不利于缓和彼此间对立关系的言语。二是信的内容。父亲在信中写道："我身体平安，惟膀子疼痛厉害，举箸提笔，诸多不便，大约大去之期不远矣。"父亲在信中表达的是希望儿子能回来看望自己的意思，但是语言十分婉曲、纠结。"我身体平安"，是说自己身体很好，儿子你不要挂念，在外面好好工作，好好生活。"惟膀子疼痛厉害"，又强调自己有病，其实是希望儿子关注自己。从"举箸提笔，诸多不便"来看，应是肩周炎之类并不致命的小病，所以也不必过于担心。突然又没头没脑地来了一句"大约大去之期不远矣"，又把病情说得极其严重，其实这是怕儿子与自己老死不相往来，而希望儿子能在自己还活着的时候与自己见上一面。写信的行为及信的内容，都可以看出父亲在维护面子（逞强），又在示弱（主动给儿子写信，表达关心；说明自己身体孱弱，甚至将要死去）与示好（"终于忘却我的不好，只是惦记着我，惦记着我的儿子"）。

二、儿子的逞强与示弱

儿子在父亲面前的逞强，往往表现为挑战的姿态和不屑的言行。首先看浦口送别时儿子的逞强。在浦口送别时，父亲执意要送"我"，而"我再三劝他不必去"；父亲和别人讲价钱，儿子"总觉他说话不大漂亮，非自己插嘴不可"；父亲托付茶房照应自己，"我心里暗笑他的迂"。父亲买橘子，尤其爬月台，儿子内心在当时（1917 年）也许不是写作此文时（1925 年）

的"感动"，而是觉得有点"丢人"。当年的场景在八年之后仍历历在目，之所以记忆犹新是因为刻骨铭心。再看父亲用家书与儿子"道别"时儿子的逞强。儿子没有在收到这封家书后急切地赶回家中看望父亲，而是写了这篇有关父亲、有关父亲与"我"的文章，并在末尾表达对父亲的想念、想见之情："我读到此处，在晶莹的泪光中，又看见那肥胖的、青布棉袍黑布马褂的背影。唉！我不知何时再能与他相见！"这种行为显示的是儿子在父亲面前的"矜持"。

儿子在父亲面前的示弱，主要表现为写这篇文章的行为以及在文章内容中表达的自责。如果说父亲在浦口送别、用家书"道别"分别通过语言、文字、行为向儿子示弱是仅在父子之间（即使在月台被一部分人围观，围观者也是不知情的，他们不知道父亲是谁以及父亲为什么要爬月台），而且是很婉曲的，那么儿子在父亲面前的示弱则相反。他在文中不仅隐去了父亲因纳妾而挪用公款，因为挪用公款而丢官，甚至因此而气死祖母[1]，以及因克扣、通过私人关系预支自己的工资等而去职离家、父子失和[2]，而且记叙的全部只是父亲的"好"的言行，以及他对作者"好"的言行，赞美父亲"做了许多大事"，送自己时爬月台"不容易"，年轻时"东奔西走"，"哪知老境却如此颓唐"。此外，作者还对自己当初的言行、心理很是自责："我那时真是聪明过分"，"我那时真是太聪明了"，"家庭琐屑便往往触他之怒"。又在文中写了四次一般男人不太会有的"流泪"。这是在向父亲示弱。以发表文章的形式面对公众写父亲对自己的关爱、写自己现在对父亲的理解以及对自己往昔言行的忏悔和现在对父亲的想念，这是在"当众道歉"，更是一种示弱。

朱自清在1925年写作这篇《背影》时多次潸然泪下。同年发表这篇文章后他并没有立即将其寄给父亲。直到1928年秋天，他的三弟朱国华将开

---

[1] 姜建、吴为公编：《朱自清年谱》，安徽教育出版社1996年版，第13、20页。
[2] 关坤英：《朱自清评传》，北京燕山出版社1995年版，第165—166页。

明书店寄赠的散文集《背影》递给父亲，父亲在阅读书中的《背影》时"只见他的手不住地颤抖，昏黄的眼珠，好象猛然放射出光彩"[1]。

从以上两点来看，父亲与朱自清这两个在对方面前保持强者姿态的男人，通过各种方式在向对方示弱。《背影》所写就是父亲在朱自清面前的示弱，发表《背影》就是朱自清在公众面前向父亲示弱。与其说他俩因父亲行为不端、家庭琐事而产生矛盾，最终借《背影》而"和解"，还不如说是通过不断地向对方"示弱"而"懂得"了对方。这大概是普天之下大多数父子之间共有的互动模式，因此才触动了人们心中所有的人类共通的情感。正因如此，它才能成为超越时空的经典，打动着一代又一代的读者。

附记：

我对《背影》这篇经典课文的研读经历过几个阶段：一是文本接受史研究。2008年冬天，我写了《〈背影〉与白话散文的教学功能》，后收入《近代文学与语文教育》[2]。这篇文章从选文教学功能的角度切入，梳理了民国期间对其主旨、形式等方面的不同解读以及不同时段的教学内容与形式。我还以文后"附记"的形式讨论了那几年有关其主旨解读的争论。二是理论研究。既直接参与了21世纪初的有关《背影》的论争，又将21世纪初和20世纪50年代的两次有关《背影》的论争作为个案来研究。共有《强制教学：从现象到本质——韩军执教〈背影〉评议》[3]和《〈背影〉论争：1950年代初期的一个"课程事件"》[4]两篇论文（选入本书时有微调）。这两篇论文主要是从文艺学（阐释学）和教育学（课程与教学论）的角度讨论如何阐释与教学《背影》，尤其是将其作为"文学事件""课程事件"，从学理上

---

[1] 朱国华：《朱自清与〈背影〉》，载《人民政协报》1988年10月25日第3版。

[2] 张心科：《近代文学与语文教育》，华东师范大学出版社2019年版。

[3] 张心科：《强制教学：从现象到本质——韩军执教〈背影〉评议》，载《语文教学通讯（初中刊）》2016年第4期。

[4] 张心科：《〈背影〉论争：1950年代初期的一个"课程事件"》，载《全球教育展望》2023年第2期。

分析了一些闹剧产生的原因以及如何规避历史上的闹剧重演等。三是文本鉴赏。除了我在《语文有效阅读教学：精要的内容与适宜的形式》[1]中以《背影》为例初步讨论了写人叙事散文的解读与教学外，还有这篇《〈背影〉创作动机：父子之间的逞强与示弱》。我之所以在这个时候写这篇文章，主要与我的父亲于 2021 年 6 月去世有关。父亲的去世对我打击很大。在他病重期间，我除了待在老家服侍他之外，很想和他好好地长谈一次。因为我在成年之后几乎不相信他说的话。我想和他说说话，也想听他说说自己。可是我没有。我知道这种正式的长谈无异于当面宣告他将不治。父亲病重期间，有一次我顶撞了母亲，我在给他翻身时他说："你那么冲你妈干吗？你回来这么多天她都心疼得不得了！"我知道他不是说母亲而是在说他自己。我在照顾他的间隙去了一趟南京师大，因为早已接受邀约主持那边的一场博士论文答辩。出发的前一天晚上，我突然血压升高。第二天我到南京后接到母亲打来的电话，因为父亲说："给儿子打个电话问问。"父亲离开时，我一直在忙乱中度过。在他下葬结束后，在告别时跪下去那一刹那，我泪流满面。这时我才意识到父亲真正离开了。在他去世后的第十天，我开始梦见他，并持续了很多天。我又经常想到父亲还在时肯定也会像我一样有痛苦、孤单、受辱、失落、无助的时候，可是以前我从来就没想过。在我 2020 年写的自述《上帝撒向人间的种子》中，父亲的形象不太正面，而以前我一直嫌弃他话多、自信、显摆。以前，我自认为这么多年在尽自己的能力照顾着他们，可是他去世后这几年我越来越觉得有许多地方做得不够，我现在经常想"如果……""如果……"。

这篇文章写完后，我让我的博士生姚文晗帮我查核引文。她在搜索文献时不仅找到了朱国华写的《朱自清与〈背影〉》，还在刊登此文的《人民政协报》上找到了此前发表的朱国华写的《我的唯一心愿》[2]，而且《朱自清

---

[1] 张心科：《语文有效阅读教学：精要的内容与适宜的形式》，华东师范大学出版社 2020 年版。

[2] 朱国华：《我的唯一心愿》，载《人民政协报》1988 年 10 月 4 日第 2 版。

与〈背影〉》的写作可能就是因为这篇文章而引发的。她又根据《我的唯一心愿》找到了他在之前发表在《文学报》上的《大哥朱自清二三事》和发表在《解放日报》上的《朱自清弟弟谈〈背影〉》。我建议她根据这些材料写一篇文章，纠正目前一些文章因为没有见到原始材料而导致的以讹传讹的现象，如有人将《朱自清与〈背影〉》的发表时间写成1998年，将其题目写成《朱自清与背影》，还想当然地说朱自清的父亲看到《背影》时老泪纵横。我建议她在文中除了交代《朱自清与〈背影〉》的写作过程、文中的重要信息以及他写的这几篇与《背影》相关的文章内容的差异外，还可指出一些值得探讨的问题。如朱国华在《朱自清与〈背影〉》中写道："一九三六年，母亲病逝，自清变卖了夫人结婚戒指，奔丧回扬州。我详细地向他叙述了母亲病中的情景，并写了一些材料，叙述母亲的慈爱、和善，希望自清也写一篇象《背影》那样的散文纪念母亲，可不知为什么，他没有写。"[1] 由此看来，他写《背影》肯定不单是赞颂父亲，否则何不也写一篇类似的文章赞颂母亲的慈爱、和善呢？后来姚文晗根据新发现的材料写作并发表了《探寻〈背影〉的背景——朱国华〈朱自清与《背影》〉一文的重读与思考》。[2]

夏志清对朱自清《背影》中的"流泪"不屑一顾，他说："文中作者流泪的次数太多了。"他认为《荷塘月色》景物描写也不好，他说："《荷塘月色》全文'美'得化不开。"[3] 余光中称《荷塘月色》是拙劣地表达了一种对女性的"意淫"，他说：朱自清惯用女性形象来"装饰他的想象世界，用异性的联想来影射风景，有时失却控制，甚至流于'意淫'"[4]。除了可能因为这两人身居境外，受不同意识形态的影响而酷评朱自清的作品外，还与两人只看到朱自清作品的表面或者某些侧面而没有深入、全面地看待有关。

---

［1］朱国华：《朱自清与〈背影〉》，载《人民政协报》1988年10月25日第3版。

［2］姚文晗：《探寻〈背影〉的背景——朱国华〈朱自清与《背影》〉一文的重读与思考》，载《中学语文教学参考（初中）》2022年第2期。

［3］夏志清：《人的文学》，福建教育出版社2010年版，第142页。

［4］余光中：《青青边愁》，纯文学出版社1977年版，第227页。

二十几岁的朱自清在现代散文初创时期写的散文难免有些"文艺腔"，就是不自然，这是散文的大忌。就像叶圣陶在《朱佩弦先生》中提到的，"他早期的散文如《匆匆》《荷塘月色》《桨声灯影里的秦淮河》都有点儿做作，过于注重修辞，见得不怎么自然"[1]。散文的第一要素是真实。过分地雕琢，反而给人感觉不真实，例如《背影》中设置的几次"背影"和"流泪"，给人感觉就是在"写"文章，这大概是多年来在多数情况下此文一直作为初中课文的原因之一，因为可供初中生模仿。又如《荷塘月色》中对荷和月的描写，用了很多叠词，还有各种修辞手法，现在几乎没人这么写景，这么写就显得造作，也不会有人看。那么《背影》与《荷塘月色》为什么还能成为经典？除了因为一直被收入各种语文教科书，一直被人阐释，被人做过多种阐释外，是否与其内容上具备成为经典的要素有关？应该是。正如我在《〈背影〉创作动机：父子之间的逞强与示弱》中所说的，《背影》揭示了天底下大多数父子之间固有的互动模式，从而触动了读者心中的一种共有的情感。《荷塘月色》对荷花和月色的描写写出了月光下荷塘边的人能感觉到却无法写出的那种特有的微妙的感觉和特殊的气息。真正的经典往往会写出"人人心中有而人人笔下无"的东西。更何况《荷塘月色》通过写荷、引用古代的诗赋，与传统文化（文学）经典构成一种互文关系。尤其是在 20 世纪 20 年代新旧交替之际，在很多人试图割断历史、抛弃传统的情势下，朱自清的这篇《荷塘月色》不仅向传统文化（文学）致敬，而且很自然地让传统文化（文学）"复活"，甚至是生机盎然（"活泼泼的"）。由此看来，对于一个经典来说，固然要内容与形式兼美，次之是其形式方面可以有一点瑕疵，但内容方面一定要"伟大""独到""深刻"，就像现在的人写的散文诗几乎没人读，而鲁迅的《野草》让人百读不厌。这是因为散文诗首先要思想深刻，与之相应的是采用陌生化的语言来表达这种与众不同的思考（思

----

[1] 叶至善、叶至美、叶至诚编：《叶圣陶集》（第 12 卷），江苏教育出版社 2004 年版，第 280 页。

想），而鲁迅的思想是深刻的，《野草》的语言是独特的。现在不少人写散文诗常故弄玄虚，用奇奇怪怪的语言表达浅薄的思想，或者说通过制造这种语言来掩盖自己思辨力贫弱的事实。西施皱眉捧心，那是真有病，这种表情、动作是身体疼痛时的自然流露和反应，如果东施也作此状，那就是效颦了。

总之，经典既是建构出来的（读者的阐释建构出意义），又是本质存在的（本身具有经典的要素），主要是本质存在的；既是历史的文本（在文学史上具有重要的地位或能彰显某种特有价值的文本），又是永恒的范本（超越时空的文学经典），主要是永恒的范本。《背影》《荷塘月色》之所以成为被一代一代的读者常读常新的经典，就是因为像童庆炳在《文学经典建构诸因素及其关系》中所说的，"写出了人类共通的'人性心理结构'和'共同美'"[1]，从而引起人的共鸣。

---

[1] 童庆炳、陶东风主编：《文学经典的建构、解构和重构》，北京大学出版社2007年版，第81页。

《孔乙己》：从接受美学看"无中生有式创造性阅读"

　　围绕陈爱娟老师的教学案例《孔乙己告状》[1]所开展的关于"无中生有式创造性阅读"的批评与辩护已近两年。李海林等人从阅读理论的角度对这种脱离文本的误读的批评（如《要严肃对待文学作品的文本价值》[2]《"无中生有式创造性阅读"批判》[3]《创造性阅读的理性思考与实践分析——再论"创造性阅读"》[4]）以及余彤辉从文本理论角度对李海林在批评文章中没有区分文学文本、科学文本和一般文本所作的批评[5]，都是中肯的。然而，陈爱娟老师主张少遵循一些理论，多关注学生主体，在"有中生新"的基础上再来一个"无中生有"（如《如何引导初中生开展创造性阅读——兼与蒋红森老师商榷》[6]《创造性阅读：尊重学生还是服从理论》[7]）。这种只强调尊重学生，对阅读理论、文本价值的漠视，则是值得商榷的。中学语文教育研究的现状确实是得了"理论冗余症"，今天这个"主义"，明天那个"理论"。但是有多少人真正全面、深入地学习过其中的某一种理论呢？大多是道听途说。陈爱娟老师强调"尊重学生"，那么我们就从力倡"读者中心论"的接

[1]陈爱娟：《孔乙己告状》，载《中学语文教学》2003年第12期。

[2]蒋红森：《要严肃对待文学作品的文本价值》，载《中学语文教学》2003年第12期。

[3]李海林：《"无中生有式创造性阅读"批判》，载《中学语文教学》2005年第1期。

[4]李海林：《创造性阅读的理性思考与实践分析——再论"创造性阅读"》，载《中学语文教学》2005年第4期。

[5]余彤辉：《也谈"创造性阅读"》，载《中学语文教学》2005年第5期。

[6]陈爱娟：《如何引导初中生开展创造性阅读——兼与蒋红森老师商榷》，载《中学语文教学》2004年第4期。

[7]陈爱娟：《创造性阅读：尊重学生还是服从理论》，载《中学语文教学》2005年第10期。

受美学的角度来分析这种"无中生有式创造性阅读"。

我们先简单回忆一下陈爱娟老师的教学案例《孔乙己告状》：

在上课过程中，有学生问：丁举人把孔乙己打成这样，他为什么不去告状？于是她想到让学生开一个模拟法庭辩论会。接着学生们纷纷找辩论理由。有学生说：丁举人在自己家里打人是私设公堂。有学生说：是丁举人硬说他偷的，而他自己又没说偷。有学生说：咸亨酒店的老板可为他作证，就是他从不欠钱，从不欠钱就是有钱，有钱就不会去偷。在辩论会之后，要求学生把孔乙己告状的过程和结果写下来，有学生把孔乙己设想成胜利者，甚至当了官。

一、从接受美学看如何对待文本

巴尔特在其批评名著《S/Z》中将叙述文本分成两种：一种是"可读式"的，其中没有未定性和空白点，读者只能消费式接受；另一种是"可写式"的，它是一连串能指（语言文字的声音、形象）的结合，但其所指（语言文字的意义）是不确定的，读者可创造性地重写。在接受美学看来，任何文学文本是可读的，更是可写的。文学文本与作品是有区别的。文学文本是一个由不同层次和维面构成的"召唤结构"，其中的语音、语义、句法、结构、意象、意境、情节等存在的未定性和空白点星罗棋布，给读者预留了多处想象和联想的空间。只有读者对文本中的"未定"进行确定、对"空白"进行填补之后，才能称之为"作品"。而在确定"未定"、填补"空白"时，因为读者在认知结构、阅读动机、阅读方法、气质、性格等方面存在着差异，必然产生见仁见智、歧义百出的创造性阅读现象。

就《孔乙己》这篇小说来说，文本内的未定性和空白点很多。如孔乙己的肖像描写："孔乙己是站着喝酒而穿长衫的唯一的人。他身材很高大；青白脸色，皱纹间时常夹些伤痕；一部乱蓬蓬的花白的胡子。穿的虽然是长衫，可是又脏又破，似乎十多年没有补，也没有洗。"作者鲁迅采用写意式的勾勒，而非工笔式的描画，所以留下了许多空白：他的头发怎样？他的眼睛怎样？……又如情节，选取的是"生活横断面"式的几件典型的事连缀而成，而非"起居录"式的叙述，所以也有许多空白。小说中也有许多未定性。如作者叙述时间是"一九一八年冬"，叙述者"我"的叙述时间是"我""十二岁起"的所见所闻，叙述者的年龄未定，那么事件发生的时间也是未定的。又如"大约孔乙己的确死了"，死还是没死？也是未定的。文本外的未定性和空白点，则不计其数，如设想出王举人、茴香豆店里的小伙计等人物，孔乙己打赢了官司，活到 21 世纪开了"孔乙己书店"等情节。接受美学家伊瑟尔说："未定性这一术语用来指在意向性客体的确定性或图式化观相的序列中的空缺（gap）；而空白，则指本文整体系统中的空白之处。"[1] 也就是说，在接受美学看来，未定性和空白点存在于文本之内，相对文本自身来说，其之外的都是未定性和空白点，与文本无关，故不在文学文本阅读讨论的范畴之内。确定文本内的"未定"、填补文本内的"空白"，是"有上生新式创造性阅读"，是真正的文学文本的创造性阅读；而在文本之外任意地确定"未定"、填补"空白"，是"无中生有式创造性阅读"，与文学文本创造性阅读无关。

二、从接受美学看如何看待读者

从接受美学角度谈文学阅读的文章不少，而且言必称"一千个读者有一千个哈姆雷特"，似乎在接受美学看来"作者已死""文本无用"，读者的法力无边，可以任意解读，这是对接受美学的莫大误解。

接受美学认为："文学本文具有两极，即艺术极与审美极。艺术极是作者的本义，审美极是由读者来完成的一种实现。从两极性角度看，作品本身与本文或具体化结果并不同一，而是处于二者之间。"[2]"读者的主观作用却

---

[1]［德］沃尔夫冈·伊瑟尔著，金元浦、周宁译：《阅读活动——审美反应理论》，中国社会科学出版社 1991 年版，第 220 页。

[2]［德］沃尔夫冈·伊瑟尔著，金元浦、周宁译：《阅读活动——审美反应理论》，中国社会科学出版社 1991 年版，第 29 页。

将受制于本文的既定构架。"[1]也就是说，接受美学虽然强调读者的主观能动作用，但是它不否认"作者的本义""本文的既定构架"的客观存在，尤其是文本对读者的制约作用，而且主张"限制纯粹主观式的阅读的随意性"。[2]阅读过程中"本文的结构空白刺激着由读者依据本文给定的条件去完成的思想过程。但在这一本文与读者会聚的系统中，还有另一个位置，那就是以各种来自阅读过程的否定为标志的位置。空白与否定按它们各自不同的方式控制着交流过程……它们引导读者在本文中完成基本运演。而各种否定则删除相似的或不确定的因素。但是，删除的痕迹很明显，从而改变了惯于趋向熟悉与确定之物的读者态度，也就是说，读者被导向一个与本文若即若离的关系中"[3]。我们在填补孔乙己肖像空白时，可以把他想象成柳叶眉、樱桃口，但文本对此进行了否定，它告诉我们他是男人；我们可以把他想象成面目红润、大腹便便，但文本又对此进行了否定，它告诉我们他"穿的虽然是长衫，可是又脏又破，似乎十多年没有补，也没有洗"，穷困潦倒。就这样填补与否定交替进行，读者与本文若即若离。这样的读者才是在进行真正的文学文本的创造性阅读。完全脱离文本、抛开文本的"无中生有式创造性阅读"，只是在玄想臆测。

　　接受美学主张的"历史性解读"也对读者的创造性阅读起着一定的制约作用。如接受美学家姚斯以波德莱尔的《烦厌》为例提出了历史性理解的几个问题："就当代读者而言，《烦厌》一诗可以满足何种期待，否定何种期待？本文可能与之发生联系的文学传统是什么？历史、社会条件是什么？作者本人是如何理解这首诗的？第一次接受赋予这首诗的意义是什么？在今

　　[1][德]沃尔夫冈·伊瑟尔著，金元浦、周宁译：《阅读活动——审美反应理论》，中国社会科学出版社1991年版，第173页。
　　[2][德]H.R.姚斯、[美]R.C.霍拉勃著，周宁、金元浦译：《接受美学与接受理论》，辽宁人民出版社1987年版，第177页。
　　[3][德]沃尔夫冈·伊瑟尔著，金元浦、周宁译：《阅读活动——审美反应理论》，中国社会科学出版社1991年版，第203—204页。

后的接受史中，其中哪一种意义被具体化了？"[1]我们可从这些发问中推知历史理解的范围：和自己以前阅读的作品比较优劣。其内容和形式对传统文学有哪些摒弃、继承或超越。本文创作的背景怎样、作者的本意如何，这是需要了解的。孟子说："颂其诗，读其书，不知其人，可乎？是以论其世也。是尚友也。"[2]即认为了解作品，应该对作者生平及其所处的时代有所了解，以此与古人为友。另外，还要了解接受过程中众多历史上的、同时代的读者对其已读解到何种程度（垂直接受、水平接受）。其实在"历史性解读"的基础上，发现别人（古人、今人）解读中所遗留的文本中的未定性和空白点，而进一步确定"未定"、填补"空白"时，见人未见、发人未发，那将是更高层次的创造性阅读。

另外，陈爱娟老师说："学生是课堂的主人毋庸质疑，所以我们应当'唤醒学生在课堂上的主体意识'。"[3]下面，对与"主体"相关的几个概念，尤其是主体性，稍作分析。

三、从教学的构成要素来分析学生的主体性

语文阅读教学是师生围绕文本展开的，这就涉及三个基本要素：教师、学生、文本。"主体"有两种含义，一是指事物的主要部分、主要成分，二是指在关系中起主要作用的人。教学是一种活动，在这个活动中究竟谁是主体，60多年来学术界争论不休，莫衷一是。我们姑且认为学生是活动中的主体，以此为基点来分析。主体之所以成为主体，是相对于他所认识和行动的对象（客体）来说的。"离开了客体和指向客体的对象性活动，就无所谓人的主体地位和主体性。"[4]也就是说，在阅读教学中没有了文本这个客体，也

[1][德]H.R.姚斯、[美]R.C.霍拉勃著，周宁、金元浦译：《接受美学与接受理论》，辽宁人民出版社1987年版，第211—212页。
[2]孟轲著，杨伯峻、杨逢彬注译：《孟子》，岳麓书社2000年版，第187页。
[3]陈爱娟：《创造性阅读：尊重学生还是服从理论》，载《中学语文教学》2005年第10期。
[4]张天宝：《主体性教育》，教育科学出版社2001年版，第21页。

就没有学生的主体地位；没有了指向文本这个客体的对象性活动（填补"空白"、确定"未定"），体现的也就不是文本解读中的主体性。那么什么是主体性呢？"主体性是指人作为活动主体在同客体的相互作用中所表现出来的功能特性，是活动主体区别于一般人，特别是区别于活动客体的特殊性，它是作为消极、被动、盲目的客体性的对立面而提出的，是在同客体的对比中来揭示主体的规定性。"[1] 主体性又具有四个逐层递进的特征：一、自主性，即主体在作用于客体的过程中所显示的"主人"性质。二、自为性，即活动着的主体的自觉性。包括主体对客体之规律性的自觉和对自身内在目的性的自觉，是相对于"自发性""盲目性"而言的。它是自主性的进一步发展。在自主性中主体可能只知道应当作主，但不知道为何这样、如何作主。在自为性中，因为对客体之规律性的自觉和对自身内在目的性的自觉，所以主体不仅"要做"主人，而且"能做"主人。三、选择性，又是自为性的进一步发展。在自为性中，主体只知道自己内在目的和客体的固有规律，只为自由活动提供了可能的目的性和科学性，但还没有作出最后的决断。然而在选择性中，主体却能显示更充分的自由，有可以根据自身最迫切的目的来选择客体中多种必然性中最合目的性的那种而作出决断的自由。四、创造性，是选择性的进一步发展，是主体性的最高形式。在选择性里，主体还只是作出了最佳决断，使主体内在的目的性和客体的内在必然性的统一成为可能，并没有使二者的统一成为现实。在创造性中，因为能够将自身内在固有的尺度和客体内在固有尺度统一在自己的实际活动里，并最终创造一个全新的对象，所以主体的活动显示出充分而且现实的自由。[2] 这四个特征，反映了人的主体性由低到高不同的表现层次。在"无中生有式创造性阅读"中，学生或率性而为，或信口开河，确实体现了学生的"主人"性质，漠视了文本客体的"规律性""必然性""内在固有尺度"，这就必然产生很大的

[1] 张天宝：《主体性教育》，教育科学出版社 2001 年版，第 18—19 页。
[2] 刘为善、刘奔主编：《主体性和哲学基本问题》，中央文献出版社 2002 年版，第 4—10 页。

盲目性。如果说体现了学生的主体性，也只能是最低层次的，或者说停留在"主体意识"的层次上。主体意识，用一句话来说，就是要作为外物的主人的意识。换句话说，要让学生发挥真正意义上的主体性，必须让其认识到文本固有的内在规定性，然后充分展示其自为性、选择性和创造性。

四、从教学的动态过程来分析学生的主体性

教学是一项活动，必然是一个动态发展的过程。在这个过程中主客体必然发生相互作用，而相互作用的结果是主体客体化和客体主体化。正是由于这种客观事实的存在，西方马克思主义的法兰克福学派认为："客体与主体处于相互关联之中，主体介入了客体，客体以另一种方式介入主体。"[1]

（一）从师生活动过程来看

先从略微宏观的角度来考察教学活动。学生的年龄特点、知识能力基础、学习风格等决定着教师教学目标的设置、教学内容的选择、教学方法的运用、评价方式的确定。从学生学的角度来说，学生这个主体影响了与之相对的教师这个客体。但是教师这个客体并非消极被动的，作为国家课程政策的贯彻者、课程内容的实施者，他们必然在教学目标的设置、教学内容的选择、教学方法的运用、评价方式的确定时心中有数，并通过具体的教学活动在学生身上有所体现。也就是说，从教这个角度来看，学生这个主体在学习过程中已不是绝对的主体，而是客体化了。

再从微观的角度来考察教学活动。每堂课上教师和学生的活动是交替进行的。教师在组织活动、讲授内容、提出问题、作出要求时，教师是主体，表现出的主体性强。学生在参加活动、探究问题、选择方法时，学生是主体，表现出的主体性强。也就是说，在教学过程中，师生的主客体地位和相应的主体性是相互转化的。学生不可能在整个教学过程中都是主体，表现出主体性，只有他成为主体时，才能表现出应有的主体性。

---

[1] 冯契、徐孝通主编：《外国哲学大辞典》，上海辞书出版社2000年版，第196页。

由此看来，如果将学生的主体性绝对化、理想化，最终将使学生的主体性走上缺失的迷途；如果忽视了主客体相互转化，其教学将不会成为真正意义上的语文教学。

（二）从文本阅读过程来看

一般认为，作为阅读活动的发出者，学生是主体，他感受、理解、评价着文本的内容和形式；作为阅读的对象，文本是客体。事实上，在阅读文本时，尤其是文学文本已并非严格意义上的客体。接受美学家伊瑟尔认为，文学文本"有别于那种一般可以直接观察得到或者至少能够设想得出其整体的既定客体……因此，本文与读者间的关系是截然不同于那种既定客体与观察者之间的关系的：与那种主体—客体关系不同"[1]。正如前文所述，文学作品不是一个既定的封闭的固态结构，而是一个开放的、动态的"召唤结构"，它向读者不停地发出"召唤""吁求"，而使读者不停地思索和发问。如读《孔乙己》时，你会提问：孔乙己是封建科举制度的牺牲品吗？这是未经确定的问题，带着疑问你仔细倾听文本的诉说。然后文本接纳问题并作出"应答"。文本中有个隐含读者在轻轻向你解说，在《孔乙己》中你发现悲剧确实是封建科举制度造成的，你又发现举人老爷也是封建科举制度的产物。你在阅读中又会发问：除了封建科举制度，还有别的什么因素吗？文本又通过一系列事件，尤其是不绝于耳的笑声，告诉你孔乙己死于冷漠的人际关系。[2]从这个角度来说，读者这个主体又客体化了，文本这个客体又主体化了。另外，长期阅读文本，可影响到你的知识积累、情感修养变化等，使你这个主体又在不知不觉中客体化了。

由此看来，这种以文本为引子，然后"抛开文本""无中生有"式的误读（美其名曰"创造性阅读"），其实是没有认识到阅读活动同样是一个主体客体化和客体主体化的过程。不遵从文本的规定性，甚至不进入文本，即

---

[1]［德］沃尔夫冈·伊瑟尔著，金元浦、周宁译：《阅读活动——审美反应理论》，中国社会科学出版社1991年版，第129—130页。

[2]蒋成瑀：《阅读教学的四种对话关系考察》，载《中学语文教学参考》2004年第5期。

没有主体客体化和客体主体化的过程，只能是信口开河。如果说发挥了学生的主体性（形式上的积极、主动），那么这种主体性根本不是体现在文本阅读过程中，而是其他什么活动中所体现的主体性。同样，使学生的主体性实际上走上了缺失的迷途。

2001 年版《全日制义务教育语文课程标准（实验稿）》指出："阅读教学是学生、教师、文本之间对话的过程。"[1] 在上述"三"和"四"中主要是针对教师与学生对话及学生与文本对话来分析的。对话就是一种交际。交际就涉及双方双向而非单方单向的发出、传输与接受、表达。相应地，在教师与学生、学生与文本的对话过程中，他们之间的主体地位以及相应的主体性，是交替出现、动态发展的。如果我们真正领会语文课程标准中"对话"的含义，就不会在新课程实施中使学生的主体性走上缺失的迷途。

---

[1] 中华人民共和国教育部制订：《全日制义务教育语文课程标准（实验稿）》，北京师范大学出版社 2001 年版，第 17 页。

《祝福》重读：没有娘家的祥林嫂[1]

　　学生读鲁迅的《祝福》，为祥林嫂的不幸遭遇而悲哀、同情，继而问我：她为什么不回娘家，为自己寻一个栖身之所，为心灵找一个避风的港湾呢？细想一下，答案似乎不怎么简单。

　　家的观念在中国人的心目中是根深蒂固的。"诗中常闻子规啼，笔下每传鹧鸪声"，子规啼的是"不如归去"，鹧鸪叫的是"行不得也哥哥"。到今天，还有俗语"金窝银窝不如自己的穷窝""在家千日好，出门一时难"。从儒家训诫的"父母在，不远游"，到词曲中吟咏的"征夫泪""游子悲"，待在家中，回到家中，从古至今是中国人挥之不去的情结。"夫天者，人之始也；父母者，人之本也。人穷则反本，故劳苦倦极，未尝不呼天也；疾痛惨怛，未尝不呼父母也。"[2]祥林嫂两次到鲁四老爷家帮工，她任劳任怨，未曾指天斥地。她两次丧父，既而失子，心灵受到巨大创伤，为什么不回娘家以求慰藉？是鲁迅的疏忽，还是有意经营？有人分析这篇作品时指出："为了突出祥林嫂在封建强权压榨之下，从来没有获得过春天的特色，作者刻意把丧夫、再醮、失子、归天几个最关键的情节，都安排在春天发生，从而巧妙地揭示出祥林嫂是一个没有春天的苦命女人。"[3]也就是说，作者在时间的设置上绕开春天。同样，我认为作者有意将上述几个最关键情节发生的空间放在卫家山、贺家墺、鲁四老爷家，而绕开她的娘家，使她成为一个不能回

　　[1]本节有过度阐释的嫌疑，为了存真，姑且保留原貌，请读者批评指正。
　　[2]《史记·屈原列传》。
　　[3]李士侠：《没有春天的祥林嫂——读〈祝福〉》，载《中学文科参考资料》1990年第3期。

娘家的苦命女人。

不为她设置娘家，能达到什么目的？如果说她无家可归，只能算给她多舛的命运增添了一点不幸。我更愿信其"有家归不得"：一、父家不想其归。封建礼教讲男尊女卑，"嫁出去的女儿，泼出去的水"，"生是夫家人，死是夫家鬼"，一嫁出去，便与娘家脱离了关系。对于女儿的种种不幸，他们似乎只是漠然的看客。二、夫家不允其归。程朱理学讲"在家从父，出门从夫""嫁鸡随鸡，嫁狗随狗"。所以，夫家（卫老婆子）为了得到一注聘礼让老二娶媳妇，可以将祥林嫂像牲畜一样捆回，像商品一样卖掉。夫家（大伯）可借收屋将她扫地出门。夫家既不把她当自家人，而任意侮辱、损害她，又不让她回娘家，自然也就天经地义的了。三、自己不愿归。封建礼教像一张无形的网笼罩着中国大地，无论身处何地都一样，可以说人生痛苦无南北。她向人哭诉可怜的阿毛时，遭人"咀嚼鉴赏"渐至"烦厌和唾弃"。她的被逼改嫁，遭柳妈嘲笑。她的寡妇身份，被鲁四老爷视为"败坏风俗"、不洁不祥，而遭人皱眉、唾骂。她回娘家又能怎样？仍会遭人嘲弄、唾弃。她回去不能光耀门楣，她克夫、克子，难道就不克父吗？她回去只会给父母带来耻辱和恐慌。她的父母也会用鲁四老爷般的眼光来看她的。况且她在鲁四老爷家还可以通过"不惜力气""没有懈"的劳作忘记自己的痛苦："然而她反满足，口角边渐渐地有了笑影，脸上也白胖了。"她虽然随遇不安，但确实想"安"。

有家归不得的祥林嫂，在鲁镇、在家家户户合家团圆、敬神接福时，孤寂、凄然地消失在漫天的大雪中，消失于人世间。"这百无聊赖的祥林嫂，被人们弃在尘芥堆中的，看得厌倦了的陈旧玩物"，终于"被无常打扫得干干净净了"。

马克思、恩格斯曾经指出："资产阶级撕下了罩在家庭关系上温情脉脉的面纱，把这种关系变成了纯粹的金钱关系。"在中国宗法制度下的家庭关系，则变成了吃人的礼教关系。要说鲁迅的目的，大概就在此。

也许有人说像我这样，可以永远臆测下去：她因在鲁四老爷家包身工式的劳作而无暇顾及回娘家，娘家太远，娘家没人……这正是鲁迅创作成功的地方。接受美学的核心人物伊瑟尔指出，如果读者已被提供了全部故事，没有给他留下什么事情可做，那么，他的想象就一直进入不了这个领域，结果将是，当一切被现成设置在我们面前时，不可避免地要产生厌烦。正因为鲁迅的小说给读者留下许多空白，才能百读不厌。

《祝福》教学：建构环境多维之网，完善问答互动之链[1]

　　小说阅读教学该如何教？尤其是人物、情节、环境三要素该如何分析和呈现？这些问题多年来困扰着中小学的小说阅读教学。

　　在小说教学中，我们不应将文体知识抽象和独立出来，更不应将自己在阅读中生发的感想不加组织地灌输给学生，而应该选取与教学内容高度相关、与文本内涵紧密贴合的知识要素，再运用恰切适宜的教学形式进行整体清晰、局部细致的教学实践。如果选取"环境"这一要素作为阅读教学的切入口，就需要建构多维之网，在内部关注不同层面的社会环境之间的关系，在外部着眼于环境与情节、人物要素之间的相融共生。同时，还要设置既有逻辑层级又有回答支架的问题链，在问答互动中引导学生细读、沉浸于文本，继而入乎其内、出乎其外，逐步走向深度学习。赵老师以《祝福》这一经典课文的课堂教学对此作了有意义的尝试。

问诊案例

《祝福》（第二课时）教学实录

江苏省南通中学　赵静仪

一、导入新课

　　著名作家丁玲在评价《祝福》时说过这样一段话："祥林嫂是非死不行的，同情她的人和冷酷的人、自私的人是一样的，在把她往死里赶，是一样使她精神上增加痛苦。"换句话说，祥林嫂的悲剧有其必然性，而造成这种

----

[1] 姚文晗、罗君艺参与本节初稿的写作和讨论。

必然性的，正是丁玲所说的那些冷酷的人、自私的人、同情的人所共同构成的社会环境。这一节课我们围绕小说的典型环境——鲁镇，去探究祥林嫂悲剧的必然性。

二、掌握基本概念

师：我们先来了解一下社会环境包括哪些方面？

生：社会环境包括故事发生的历史背景和社会风貌。

生：社会环境还包括人们的思想观念、当时的社会秩序。

生：社会环境还包括故事中人物之间的内在关联。

师：说得很好。社会环境的作用有哪些？

生：交代故事发生的背景，揭示人们之间的社会关系。

师：有道理。好的社会环境还会暗示人物的命运和结局，揭示出作品的题旨。我们可以把鲁镇的社会环境大致分为三个部分来逐一探讨：一是鲁镇上的鲁家，二是鲁镇上的风俗，三是鲁镇上的人们，看看这些环境对祥林嫂命运悲剧到底有着怎样的影响。

三、分析"鲁镇上的鲁家"

师：鲁四老爷是一个怎样的人？

生：他大骂新党，维护帝制，是个顽固守旧的人。

生：祥林嫂死后，他骂祥林嫂是个"谬种"，说明他是一个冷酷无情的人。

生：鲁四老爷"是一个讲理学的老监生"。文中注解告诉我们，理学是宋元以后中国封建社会占统治地位的思想体系，而监生在清代乾隆后只存空名，说明他是一个极端守旧而又不学无术的人。

师：这位同学说乾隆之后监生只存空名，从而得出鲁四老爷没有真才实学的结论，这是推理。其他同学有没有证据补充？

生：鲁四老爷的书房里放着一堆未必完全的《康熙字典》，《康熙字典》是最基础的工具书，竟然还未必完全，说明他平时根本用不上。

生：鲁四老爷的书桌上放着一部《近思录集注》，《近思录》是理学的入门书，而《近思录集注》是清代学者为《近思录》作的集注，可以看出鲁四老爷其实没有研究过明清理学。

生：鲁四老爷的书桌上还放着一部《四书衬》，这是清代学者解说"四书"的一部书，也是理学的基础书籍。

师：通过同学们刚才的分析补充，我们确实能断定鲁四老爷是一个不学无术的人。老师发现同学们都没有提到鲁四老爷书房中朱拓的"寿"字以及那副一边已经脱落的对联，假如我们把这两处描写直接去掉，行不行？

生：不行。一边已经脱落的对联，说明鲁四老爷不常去书房，书房只是一个摆设。

生：不行。壁上挂着的"寿"字说明鲁四老爷希望自己健康长寿，但极为讽刺的是，其他人的命运似乎与他无关。

生：不行。书房里剩下的另一边对联上写着"事理通达心气和平"，意思是待人接物要通情达理，但鲁四老爷的言行却背道而驰，他是一个道貌岸然的人。

师：大家分析得很好。鲁四老爷书房墙上挂的是封建理学家的名言，桌上堆的是宣扬理学的书籍，这些陈设与其身份相符；朱拓的"寿"字则和祥林嫂的惨死形成鲜明对照，"事理通达心气和平"又与其大骂新党以及如何对待祥林嫂形成对照，这些深刻揭露了鲁四老爷的阴险、虚伪；"一部似乎未必完全的《康熙字典》"则是对这个不学无术、伪装斯文的老监生的嘲讽，因为那些书也仅是一些入门书而已。

师：或许有同学会说鲁四老爷尽管是那么顽固虚伪，但他看起来还是蛮斯文的，他和祥林嫂也不过是雇佣关系，也没见过他用什么毒辣的手段对待祥林嫂，这与恶霸地主黄世仁的巧取豪夺、强抢民女的手段有所不同。他与祥林嫂的悲剧又有什么关系呢？

（生讨论后发言）

生：鲁四老爷始终认为寡妇是不吉利的，一寡再寡的祥林嫂连神明都要嫌弃，他从心底忌讳、厌恶着祥林嫂。

生：鲁四老爷虽然没有直接的行动，但从祥林嫂两次来到他家，他都报以皱眉这一神态来看，他极端鄙视身为寡妇的祥林嫂。他的态度也直接影响着四婶，四婶在他的暗示下不允许祥林嫂沾手祭祀的事，其实就是他对祥林嫂造成的伤害。

生：鲁镇的社会环境是一个夫权至上的封建社会，就算鲁四老爷没有用那些直接的行为去对待祥林嫂，但他的态度依旧是刺向祥林嫂的利刃。

师（小结）：在封建社会里，男性死了，舆论将会归罪于妻子克死了丈夫。鲁四老爷作为封建统治的卫道士，当然从其陈腐的传统道德出发，对嫁了两次又"克"死了两个丈夫的祥林嫂表示蔑视、鄙视。正唯此，四婶的三句"祥林嫂，你放着罢，我来摆""祥林嫂，你放着罢，我来拿""你放着罢，祥林嫂"，才会一声又一声地将祥林嫂的精神击溃。鲁四老爷在祥林嫂的脖子上套上了一副封建礼教的枷锁，也正是这套枷锁将她活活勒死。

四、分析"鲁镇上的风俗"

师：请大家阅读鲁镇"祝福"的场景，这幅场景说明了什么？它与祥林嫂悲剧命运的必然性又有着什么关联？

生：迎接福神前，"杀鸡，宰鹅，买猪肉，用心细细的洗，女人的臂膊都在水里浸得通红"，这些事情都是女人在做，说明女性的社会地位很低。

生：还有，"拜的却只限于男人"，说明夫权在鲁镇这里是至高的，具有绝对权威。

师：怎么理解"年年如此，家家如此"这句话？

生：说明鲁镇"祝福"的习俗已经延续了很长时间，这也许是乡土中国的特色。

师：你能联系上学期阅读过的《乡土中国》来解读鲁镇的风俗，这是学以致用的表现。其他同学继续发表看法。

生：我认为乡土社会本质上是一个封闭的、不流动的礼俗社会，改朝换代所产生的政治力量非常微弱。鲁镇一旦形成群体所公认的封建礼教，那就变成人人主动遵守的行为规范，因此鲁镇年年都会举行"祝福"的年终大典。

师："年年如此，家家如此"的"此"实质上指什么？

生（一致看法）："此"表面上是做福礼，实质上指的是福礼背后所隐含的封建礼教。

师：很好。辛亥革命赶走了一个皇帝，但却丝毫没有能撼动鲁镇的封建礼教罗网。文中通过对"祝福"这一场景的描写，揭示出祥林嫂悲剧的社会根源，预示了祥林嫂悲剧的必然性。

五、分析"鲁镇上的人们"

师：接下来我们看一看，鲁镇的人们是怎样对待祥林嫂的。祥林嫂为什么叫祥林嫂？这个名字是她的本名吗？

生：不是她的本名，文中只提到她是卫家山人的邻居，可能也姓卫。

生：没有人问过她的名字，可能是她第一任丈夫的名字叫祥林，于是大家便喊她祥林嫂。

师：是的，在旧社会封建制度下，妇女地位低下，她们只能依附于男子，没有独立的人格，而这一点也被鲁镇的人们所认同，成为她们评判行动的准则，足见她们已受到封建礼教的毒害。那既然大家已经知道她叫祥林嫂了，那为何在祥林嫂改嫁丧夫再回鲁镇后，大家仍叫她祥林嫂？哪一个字用得很巧妙？

生："仍"字用得巧妙。两次都叫她祥林嫂，但态度截然不同，鲁镇的人们对寡而再嫁的祥林嫂更鄙夷了。

师：鄙夷归鄙夷，但她后来改嫁嫁给了贺老六，人们为何不改口叫她"老六嫂"呢？

生：封建社会可能不认可女性改嫁，因此她与贺老六的夫妻关系并未得到鲁镇人的承认。

师：封建礼教要求妇女遵从"三从四德"，人们始终称她为祥林嫂，这表明这些封建糟粕已根植于鲁镇人们的头脑。

师：祥林嫂是被迫改嫁的，改嫁后又死了丈夫和孩子，鲁镇的人们同情祥林嫂的遭遇吗？

生：她们并不关心祥林嫂的痛苦，听祥林嫂讲述悲惨故事的目的，只是品鉴别人的苦难来获得自身的满足感。

生：后来，当祥林嫂喋喋不休地重复自己的痛苦时，鲁镇人会不耐烦地打断她。

师：在这种冷酷无情的环境之中，似乎有个人在试图帮助祥林嫂，这个人就是柳妈，她与祥林嫂之间有着一段耐人寻味的对话。下面我们分析一下柳妈在祥林嫂的悲剧中到底起着怎样的作用。

（生自由朗读相关情节后回答）

生：文中说柳妈是善女人，但她对祥林嫂其实没有多少同情心，对祥林嫂被卖改嫁反抗时头上留下的伤疤，采取了讥讽、奚落的态度，以把玩别人的苦痛为乐，和鲁镇的人们没什么区别。

生：柳妈觉得祥林嫂就算撞死也不能改嫁，她给祥林嫂出的捐门槛的主意也是基于封建迷信，可见她受封建思想毒害很深。

生：柳妈同祥林嫂一样也是受压迫的底层劳动妇女。我感觉她给祥林嫂出了主意，其实也是为了满足自己高人一等的感觉，没有真心可言。

师：分析得很好。柳妈是一个"吃素的善女人"，她讲阴间的故事给祥林嫂听，主观上也许是想帮祥林嫂找到"赎罪"的办法，但是由于受封建迷信思想和封建礼教的毒害极深，她把佛教转世轮回和"饿死事小，失节事大"的理学信条，当作挽救祥林嫂的灵丹妙药。柳妈的方法没有得到社会认可，客观上给祥林嫂造成了极大的精神负担，把祥林嫂推向更恐怖的深渊。

六、课堂小结

师：这节课通过探讨鲁镇环境分析了人物悲剧命运的必然性，只要这样的环境存在一天，祥林嫂的悲剧就一天不可避免。因此，祥林嫂的悲剧是一个社会悲剧，造成这一悲剧的根源是封建礼教对中国劳动妇女的摧残和封建思想对当时中国社会的根深蒂固的统治。

正因为祥林嫂生活在这样的环境中，所以有人称祥林嫂是一个没有春天的女人，这种表述很形象。我们不妨一起来为它加个标题。

讨论后板书如下：

丽春之日，丈夫夭折（丽春折夫），失去生活依靠；

孟春之日，被迫再嫁（孟春丢职），失去谋生权利；

暮春之日，痛失爱子（暮春失子），失去感情支柱；

迎春之日，命丧黄泉（迎春丧命），失去生活希望。

诊断意见

在这节课上，赵老师确定的主要教学内容是以社会环境为抓手，引导学生探究祥林嫂悲剧的必然性。课堂从师生对"社会环境"这一基本概念的辨析入手，从学生的回答中提炼出社会环境的三个维度（层面），然后以此为依据将《祝福》中的"社会环境"大致分为"鲁镇上的鲁家""鲁镇上的风俗""鲁镇上的人们"三个部分逐一探讨，引导学生思考不同层面的环境对人物命运的影响，进而聚焦人物命运悲剧的必然性，揭示文章的主旨。整节课目标明确、流程清晰，有不少值得借鉴的地方。

一、厘清核心概念，自常规术语入手设计教学

情节、人物、环境作为小说的三要素，常常被作为学生进入小说学习的必备知识，而环境又分为自然环境和社会环境，似乎也是约定俗成、不言自明的。因此在小说阅读教学中，教师往往不再加以辨析，而是作为一种先验的知识直接引入。但是在小说阅读中，究竟哪些属于社会环境，社会环境与其他要素之间是否存在联系、存在什么样的联系，是学生难以分辨的点。学生常常只是在不断被灌输的过程中，在脑海中形成了一个含糊的概念框架和惯性的应试套路。

在这节课上，赵老师从这个"看上去"无须解释的"社会环境"的概念入手，让学生尝试为它分类并思考其作用。这是一个非常好的尝试，因为可以引导学生将似乎已然成为集体无意识的概念重新厘清。在学生求同存异的回答中，自然地生成了"社会环境"的三个层面（维度）："历史背景和

社会风貌""人们的思想观念、当时的社会秩序""故事中人物之间的内在关联"。在此基础上，顺势呈现《祝福》中社会环境的三个层面（维度），就给学生阅读小说提供了非常清晰的示范和抓手。这样一来，鲁镇冷漠的人际关系，鲁四老爷的封建礼教思想，柳妈关于死后因果报应的说法，都能够涵盖进这一堂课，为学生跨时空、强共情地理解祥林嫂悲剧的必然性打下基础。

二、着眼关键信息，在无疑之处生发探讨空间

"任何人物都处在特定的时空之中，任何事件也是在特定的时空中发生。"[1]这个时空究竟应借助哪些具体的东西呈现，如何带领学生理解小说中的特定时空（环境）的作用，不同教师的看法和做法常不同。赵老师在这节课上，主要是带领学生着眼关键信息，在无疑之处生发探讨的空间。

在分析"鲁镇上的鲁家"时，赵老师提出的问题是"鲁四老爷是一个怎样的人"，之后是引导学生从鲁四老爷的书房来寻找答案。鲁四老爷书桌上的《近思录》《四书衬》这些理学入门书籍彰显着他没有真才实学的本质；书房中朱拓的"寿"字以及已经脱落的对联和鲁四老爷的言行形成鲜明的对比，诉说着他的道貌岸然。针对社会环境中另外两个维度的探究，他采用了同样的教法："鲁镇上的风俗"紧扣"祝福"的场景，"鲁镇上的人们"聚焦祥林嫂的名字和柳妈"吃素的善女人"这一描述，都是在看似平常的地方设置问题，让学生能够沉浸于文本，展开合理的想象，获得更深入的理解。

另外，如果说深入阅读文本，首先要寻找环境描写的蛛丝马迹并展开对社会环境的维度分析，那么关联名著《乡土中国》的"互文"阅读经验，就是引领学生在不同文本之间对话，使得他们对社会环境由浅表理解走向深度思辨。在分析鲁镇上的"祝福"场景时，有学生提到这是"乡土中国"的特色，赵老师于是让学生联系《乡土中国》来理解鲁镇的风俗，这就将对社会环境的理解，由能看到外在的、具体的东西，转向探寻其背后的思想、

---

[1]张心科：《语文有效阅读教学：精要的内容与适宜的形式》，华东师范大学出版社2020年版，第26页。

文化和制度性因素。

三、设置有效问答，从浅表理解走向深度思辨

赵老师的设问及与学生的回答互动，显示了师生双方积极主动地就关键性问题深挖、生发的强烈意识，为教学中问题链的设计、实操提供了可借鉴的范例与经验。

首先，从问题本身来看，赵老师设置的大部分问题是基于文本细读与判断而提出的，这些问题能够引导学生展开想象、联想，运用合理的分析、推断，填补文本空白点，确定文本的未定处，从而有效地训练学生的审辨性思维能力。比如，赵老师提问道：鲁四老爷看上去并非毒辣的人，也没做什么恶事，那么他与祥林嫂的悲剧又有什么关系呢？这个问题没有确定的答案，不过学生需要以文本内容作为依据进行判断和回答，选择恰当的论据，阐发适当的观点。有的学生认为他的"嫌弃、忌讳、厌恶"等情感、行为也伤害了祥林嫂，间接地导致了祥林嫂的死亡。有的学生找到了"四叔—四婶—祥林嫂"这一影响关系的传导过程，都体现了学生被提问所激发出的推理判断能力。

其次，从问题与问题间的关系来看，赵老师对于开放性与闭合性问题的比例和配合都有一定设计。最典型的是在处理"怎么理解'年年如此，家家如此'这句话"与"'年年如此，家家如此'的'此'实质上指什么"这两个问题的环节上。在学生注意到"年年"与"家家"背后的延续性与普遍性后，赵老师进一步引导学生聚焦"此"所代表的"这一场景"并不只局限于一时一地，而是具有深厚绵延的社会土壤和支撑其千余年不变的如罗网一般笼罩着鲁镇的封建礼教。

最后，从提问与回答的师生互动角度来看，赵老师在整堂课中有意识地让知识点教学与文本分析的主动权经由课堂问答环节在师生之间流转，让问题带动学生的回应，由学生的回应生发下一个问题。比如提问："祥林嫂为什么叫祥林嫂？这个名字是她的本名吗？"这就关联起了"鲁镇上的人们"如何对待她的一个关键问题。在学生找到"没有人问过她的名字"的文本

证据后，教师提醒学生，需要进一步注意为什么人们在她改嫁丧夫后"仍"叫她祥林嫂，用"仍"字巧妙在何处。学生也基于此做出了"两次都叫她祥林嫂，但态度截然不同，鲁镇的人们对寡而再嫁的祥林嫂更鄙夷了"的发现与概括，从而在充分细读的基础上借助于问题这一"支架"来与教师展开有来有回的持续性对话。

就整体而言，赵老师在这节课上对社会环境的分析很到位，跟学生一起深入文本，对细微之处加以审视，从而在一定意义上实现了超越"这一篇"的深度阅读和基于学习小说阅读方法的积极实践。然而，当我们沉浸式地跟着他与学生阅读之后，会发现他们对祥林嫂命运悲剧的探讨又似乎陷入了一种宿命般无法无力去解决去抗争的境地，而这与鲁迅先生创作小说的初衷——唤醒国民的抗争意识有所出入。在我们看来，之所以会出现这样的问题，可能跟整节课对社会环境不同要素之间的内在关系，以及作为小说三要素之一的环境与人物、情节的互动关系没有过多地关注有关。另外，在问题设置层面，这节课在问题与问题间的相关性与层次性的设计方面，以及问题与答案间的回应度和生成性的处置方面，也有可以探讨的地方。比如如果能有的放矢地将互动生成的问题与所设置的主问题关联，更可能会事半功倍。

专家处方

一、明确小说环境不同维度的内在关系，建构环境的分析框架

1935年，美国生态学家布朗芬布伦纳提出了生态系统理论，强调发展的个体会嵌套于相互影响的一系列环境系统之中。其中微观系统是个体的活动和与人交往的直接环境；中间系统是各微系统之间的联系或两两之间的联系；外围系统指并未直接参与却对发展产生影响的系统；宏观系统则是指文化、亚文化和社会环境。[1] 每一种环境对人的影响程度和作用方式等都不同。

以此来看本节课上赵老师的设计，会发现"鲁镇上的鲁家""鲁镇上的

---

[1] 刘杰、孟会敏：《关于布郎（朗）芬布伦纳发展心理学生态系统理论》，载《中国健康心理学杂志》2009年第2期。

风俗""鲁镇上的人们"虽然巧妙地贴合了生态系统理论的几个维度，但又存在一定的交叉，其中的层面和维度不够清晰。"鲁镇上的人们"和"鲁镇上的鲁家"，是否可以理解为"鲁镇上的风俗"的维护者？"鲁镇上的鲁家"，又为何独立于"鲁镇上的人们"？所以，如果赵老师在细分了小说中社会环境描写的不同层面之后，能将其内在的关系表述清晰，从而在一个分析框架中展现不同层面的环境对人物命运的不同影响，明确环境描写的表层现象和深层意义，理解小说中的一些次要人物（如四婶、柳妈）在构成主要人物生存于其间的社会环境中的作用，思路应该会更加清晰，而且也更能让学生建构一个环境分析的框架，从《祝福》"这一篇"文章的学习走向学会小说"这一类"文体的阅读。

二、关注小说环境与人物、情节的互动，观照人物命运的走向

正如前文提到的疑惑，鲁迅先生创作这篇小说的本意应该在于唤醒国民的抗争意识，但是在分析完课文之后，我们似乎陷入了一个悲观的怪圈，正如赵老师自己总结的，"只要这样的环境还存在一天，祥林嫂的悲剧就一天不可避免"。这当然指向了课文所表达的人们应强烈批判、努力挣脱这种社会环境的主旨，但是也留下了一些疑问：在人物与社会环境的关系中，人物是否完全处于被动的境地？如果命运之手把祥林嫂投入到这样的环境中，那么她就不可避免地走向灭亡吗？

要想打破这样简单化（单向度）的思考，还需要将环境和人物、情节结合起来，形成一个有机的整体。要带领学生围绕人物自身的表现及人物之间的关系（情节）来探讨，分析人物某种言行举止及其处理与他人之间关系时的处境（事情发生的具体情境以及更大的社会背景，即环境）和目的，结合文本的叙述、描写以及叙述者（作者）评说的文字等来探求作者的看法（主题）。[1]

[1]张心科：《语文有效阅读教学：精要的内容与适宜的形式》，华东师范大学出版社2020年版，第27页。

在这节课上，赵老师可以在课前引导学生梳理出祥林嫂的人际关系网，在课上围绕着人物之间的关系，思考在每一种交往中祥林嫂的处境，并且分析她在这个"网"里的努力、挣扎与不得已的失败。比如在与四叔、四婶的交往中祥林嫂也认同他们的价值观，还以能够参与迎接福神时的准备工作为荣，因此才会在"祥林嫂，你放着罢！我来拿"的话语中"讪讪"而悲伤；在与柳妈的交流中，担忧自己因再嫁而"不洁"，因此才会轻信柳妈所说的"捐门槛"……在这样将三要素关联起来分析的互动模型中，学生能够更深刻地理解祥林嫂的命运悲剧正是由她对社会环境的"积极"融入和融入不成后"消极"抗争所造成的，也更能明确鲁迅先生创作这篇小说的主旨所在。

三、完善课堂互动的问题支架，促进学生的"审辨"思维提升

问答互动环节在课堂中理应起到了解学生思维过程、示范思辨方法两层作用。从这个角度来审视赵老师的课堂，会发现其在问答互动上还有需要完善的地方。

首先，需要充分发挥课前与导入问答环节的"前测"与"复习"的作用。教师在听到学生关于社会环境作用的回答（"交代故事发生的背景，揭示人们之间的社会关系"）后，可以进一步引导学生阐述人物的社会关系会对其命运产生怎样的影响，故事的背景与作品的题旨有何种关联，而不是直接地结论呈现给学生。另外，教师还应该为学生示范如何切换提问的角度来获取不同的思考方向，如可以提问"为什么得出这样的结论"来反思自身思考的过程，提问"这种观点的对立面是否有可取之处"来获取更全面、辩证的角度，提问"这一观点会产生什么样的行为与结果"来审慎地看待思考的影响。

其次，需要格外关注课堂中每一次提问的关联性。比如在掌握基本概念的环节中，赵老师所提出的"社会环境包括哪些方面"和"社会环境的作用有哪些"这两个重要的问题，没有在后续环节中得到有效回应。鲁四老爷、鲁家与社会环境之间究竟是什么样的关系，这个问题原本可以在此基础上得到推进与回溯。比如，可以就鲁四老爷个人在当时、在鲁镇的话语权力，在鲁家的影响力与社会舆论环境之间的关系进行比较，并可进一步讨论：鲁四老爷的话语权力是如何层层传导的？鲁四老爷的言语、行为、思想、情感是否不仅仅是他个人的，而体现了一大群人甚至是整个社会的底层逻辑与认知生态？另外，从整个"鲁镇上的风俗"到课堂教学的主问题（造成祥林嫂的悲剧的原因有哪些），再到从整个教学目标来观照赵老师提出的这两个问题，都会发现这两个问题之间有一定的割裂感。原因在于祥林嫂悲剧命运的必然性并不能简单地基于对这两句话的笼统阐述，而应在学生试图通过"女性社会地位低"来建立起"祝福场景"与"悲剧必然性"之间联系的思考、讨论的过程中，教师及时予以地回应，而非将问题域从风俗的内涵快速地切换至风俗的特点。教师应该调整问题与问题之间的逻辑关系，先引导学生由对"年年如此，家家如此"的细读来寻找文本证据，揭示"鲁镇上的风俗"诸多现象背后的本质，继而提问其特点，并延伸、关联《乡土中国》等理论性较强的文本，最后提问"祝福"与祥林嫂悲剧命运之间的关系何在。这样一来，问题就呈现出开放、发散的特点，也更能够调动学生的积极性，培养学生探究、发现的能力，提升学生的思维品质。

再次，还需时刻关注并引导学生回答，在问与答的互动中不断生成新的思考点，挖掘文本的深意。比如，在学生已经回答过鲁镇的人们对改嫁后的祥林嫂更鄙夷后，教师依然询问："鲁镇的人同情祥林嫂的遭遇吗？"相对于前面的回答，这是一个冗余的问题，因为与前面的回答有重复之嫌，完全没有必要追问。反而可以退一步着眼于文本的整体，让学生认识到"祥林嫂"这一既无姓也非名的名字就是鲁镇人建构其命运悲剧的直接证据，因为他们根本不关心她的个性、经历以及痛苦、挣扎，而是直接以一个强加给她的、附属于男人的、带有浓厚封建色彩的称号企图论定她的一生。还可以直接提出下一个更细致的问题——"柳妈在祥林嫂悲剧中起了什么作用"，将对上一个问题的探讨引至对文本内部细节的关注，也更有效。因为柳妈和祥林嫂的身份是相同的，她们都是鲁四老爷家的帮佣。但是她自觉高祥林嫂一等，因为她认为祥林嫂连续守寡而"不洁"而且死去之后仍会不得安宁，会因为再嫁（"失节"）而被两个死去的男人争抢进而会被阎王命令将其从中间锯开。如果不是柳妈的鄙视、恐吓和怂恿，祥林嫂不会到届里捐门槛。如果她不是因为捐了门槛觉得自己变"干净"了，就不会主动去端祭祀的福礼。如果她不去端福礼，就不会被四婶呵斥、阻止。如果不是因为四婶的呵斥、阻止，她就不会觉得自己永远洗脱不去罪孽而恍惚而了无生趣，并最后走向茫茫的黑夜，消失在人世间。可见，柳妈这个看似微不足道的"小人物"，无论是对故事情节的发展、主要人物形象的塑造、社会环境的建构，还是对小说主旨的表达，都起着重要的作用。

　　上述建议只是基于赵老师的教学片段，也未必恰当，主要是想借此分析小说教学中存在的一些问题，并探讨在小说教学中如何选择切入点并关联三要素，以及如何设计问题、评判答案等。

（沈亚敏、张心科合写）

《断章》：纪念碑还是管弦乐谱

接受美学家姚斯说："一部文学作品，并不是一个自身独立、向每一时代的每一读者均提供同样的观点的客体。它不是一尊纪念碑，形而上学地展示其超时代的本质。它更多地象一部管弦乐谱，在其演奏中不断获得读者新的反响，使本文从词的物质形态中解放出来，成为一种当代的存在。"[1]因为文学作品是一个由不同层次和维面构成的"召唤结构"，其中的语义、句法、结构、意境等存在的未定性和空白点星罗棋布，给读者预留了多处想象和联想的空间。而读者的情况又千差万别，不同的民族、时代和时节、环境、知识水平及阅读态度的读者在确定"未定"、填补"空白"时就产生了见仁见智、歧义百出的现象。卞之琳写于 1935 年的《断章》"你站在桥上看风景，/ 看风景人在楼上看你。/ 明月装饰了你的窗子，/ 你装饰了别人的梦"，仅 4 句 34 个字，却使人们在不断阅读中读取了多种意义。有人倡哲理说，有人主爱情说。哲理说又可分为相对关联说和装饰悲哀说，爱情说又可分为相思说和单恋说，还有其他多种说法。

1935 年前后，作者在研读纪德的作品，参悟庄子的真谛。其间他的诗作如《航船》《圆宝盒》等都带有浓厚的哲理色彩，这也成了将《断章》解读为哲理诗的旁证。

1. 相对关联说。作者自己如此解说："我着意在这里形象表现相对相衬、相通相应的人际关系。"[2]可见，他是在强调相对的关联。"你站在桥上

---

[1] [德]H.R.姚斯、[美]R.C.霍拉勃著，周宁、金元浦译：《接受美学与接受理论》，辽宁人民出版社 1987 年版，第 26 页。

[2] 卞之琳：《关于〈鱼目集〉》，见江弱水编《"断章"取义》，安徽教育出版社 1999 年版，第 4 页。

看风景"，你在欣赏、玩味风景中陶醉，在一般人眼里，你是享受者、消费者，而在作者的眼里，你又成了别人的风景。"看风景人在楼上看你"，你因此变成服务者、生产者。在这个世界上没有绝对的主体、客观，一切都在相互转换着，又相对相依、相通相应。诗人余光中就此作了精彩的阐发："它更阐明了世间的关系有主有客，但主客之势变易不居，是相对而非绝对。你站在桥上看风景，你是主，风景是客。但别人在楼上看风景，连你也一并视为风景，于是轮到别人为主，你为客了。明月装饰了你的窗子，你是主，明月是客。但是你却装饰了别人的梦，于是主客易位，轮到你做客，别人做主。同样一个人，可以为主，也可以为客，于己为主，于人为客。正如同一个人，有时在台下看戏，有时却在台上演戏。"[1]也就是说，主与客相互转换，人与人与物息息相关。

2. **装饰悲哀说**。李健吾认为："还有比这再悲哀的，我们的诗人对于人生的解释？都是装饰：明月装饰了你的窗子，你装饰了别人的梦。"[2]也就是说，人生如同正在舞台上上演的一场戏，这里没有主角，每个人在此只是配角。人与人之间是相互陪衬、相互利用的关系。这样诗中就充满着一种无限的、无奈的悲哀情怀。诗人阿垅甚至斥之为"罂粟花"。他说："多绝望的诗！多绝望的哲学！在第一节，风景是风景，人是风景，人世和人生是风景。还有色彩光影的存在。在第二节，宇宙是装饰，我是装饰，装饰了梦。什么也不是，什么也没有。"[3]一切走向空寥、虚无。

如果撇开"看"与"被看"、"装饰"与"被装饰"这些不谈，我们会发现诗中的"桥、楼、月、窗、梦"这五个基本要素是中国古典诗词里涉及男女之情的常见意象。如"明月楼高休独倚，酒入愁肠，化作相思泪"，

[1]余光中：《诗与哲学》，见江弱水编《"断章"取义》，安徽教育出版社1999年版，第70—71页。

[2]李健吾：《鱼目集》，见江弱水编《"断章"取义》，安徽教育出版社1999年版，第4—5页。

[3]阿垅：《人生与诗》，见江弱水编《"断章"取义》，安徽教育出版社1999年版，第36页。

"梳洗罢，独倚望江楼，过尽千帆皆不是，斜晖脉脉水悠悠"，"月上柳梢头，人约黄昏后"，"夜来幽梦忽还乡，小轩窗，正梳妆"，还有不可胜计的记梦之作。所以，不少人认为这首诗写的是爱情，抒发了一种缠绵、愉悦或孤独、伤感的情调。非常有意思的是，据作者回忆，当年在延安时，作曲家冼星海一次和他闲谈，告诉他曾为《断章》谱过曲。后来研究者发现谱稿上注有"徐缓""带感伤""1936年写于上海""此曲题名赠盛建颐"。盛建颐是盛宣怀的孙女，是冼星海回国后第一个钟情的对象。不过有关"爱情说"也有以下两种。

1. **相思说。**"你站在桥上看风景，/ 看风景人在楼上看你。""你"和"看风景人"都把对方当作风景一样欣赏，相互眷念、爱慕，久久不肯离去，直到明月照窗、悄然入梦之时。

2. **单恋说。**"你站在桥上看风景"，你是无意的；"看风景人在楼上看你"看风景人是有心的，甚至还要连同你窗上的明月，带入他的梦境。你对于他来说，如同《关雎》里的淑女"求之不得"，《蒹葭》里的伊人永远"在水一方"，他只有在楼上看你，在窗外梦你。

当然，有关这首诗的主题还有"热爱生活说""人际扬善说""参禅悟义说""寻求隐逸说""距离生美说"等等。正如作者在一篇名为《"不如归去"说》的文章中说的，不同地方的人从布谷鸟的叫声中听出了不同的情思——芦焚觉得是"光棍扛锄"，李广田认为是"光光多锄"，而他自己觉得是"花好稻好"，还有"布谷""郭公""割麦插禾""不如归去"等，可谓蔚为大观。所以，作者认为读诗也一样，"读诗确乎可以读出诗作者本没有意识到的意蕴，只要言之成理，不背离原作合乎逻辑的架构（我相信思维，不是做梦，总有逻辑）就不是歪曲"[1]。

---

[1] 卞之琳：《相干与不相干——谈秋吉久纪夫论〈尺八〉诗一文随笔》，见江弱水编《"断章"取义》，安徽教育出版社1999年版，第25页。

《远和近》：咫尺·天涯

你，

一会儿看我

一会儿看云。

我觉得，

你看我时很远

看云时很近。

20 世纪 80 年代，中国诗坛出现了一个以顾城、舒婷、北岛为代表的新的诗歌流派——朦胧诗派。他们的诗歌，从形式上看追求整体象征，其意象多具有不透明性和多义性；从内容上看追求自我价值，常有对历史、传统的批判意识和忧患意识。

顾城这首《远和近》，仅两节 25 个字，却包蕴着极丰富的内涵。上节写"你"的行为，下节写"我"的感受。"你"与"我"是同类，与"云"是异类。"我"是有情之人，而"云"是无情之物。而"你"却在有情的同类与无情的异类之间犹豫、踯躅。"一会儿""一会儿"极言看的时间之短促、视线转移之频繁，也透露出看时内心之惊惶。而"我"与"你"是"一代人"，有同样的经历，所以能体味"你"内心的活动。"你"觉得与"我"这个原本很近的同类很远，与原本很远的异类"云"却很近。这种异常的行为和心理，源于异常的社会环境——那场旷日持久的浩劫，政治运动波诡云谲，人与人之间剑拔弩张。作者在反思着历史，拷问着灵魂。

诗的特殊功能就在于以部分暗示全体，以片段的情况唤起整个情境意象和情趣。"真正懂得诗的人会把作者诗句中只透露一星半点的东西拿到自己心中去发展。"[1] 我们可视之为一首政治诗，也可视之为一首爱情诗。诗中的"你""我"是不确定的，可解读为普通的你我，也可认为是一对情侣。他们可能为一点小事而负气、沉默，在僵持中一方一个细微的动作，却激起对方情感的波澜，感觉对方虽与自己身与身近在咫尺，心与心却远隔天涯了。还可视之为一首哲理诗。诗借"你""看我""看云"这个情境，阐发关于远和近的哲理，而标题也叫"远和近"。"你看我"，"你"能看到"我"，说明"你""我"在空间距离上本应是很近的；"很远"则是心灵之间的距离邈远。"你看云"，"你"与"云"之间的距离本应是很远的，"很近"则是心灵之间的距离接近。这就告诉我们空间距离与心灵距离是不一致、不对称的。

朦胧诗，正因为其意象本身的不透明性及组合时的片段性，而产生众多空白点和未定性，也给读者预留了众多想象的空间、思考方向，让人常读常新。

---

[1] 巴尔扎克语。参见罗建忠等编著：《文学概论》，花山文艺出版社1984年版，第47页。

《荷花淀》：诗化小说的文体特征

诗与小说的结合有两种方式：一是借诗的语言形式来写小说，为诗体小说，如普希金的《叶普盖尼·奥涅金》；一是使诗的意蕴内化到小说中，为诗化小说，孙犁的《荷花淀》是此类作品的代表。青年孙犁非常喜欢读诗词[1]，写小说如唐人写绝句[2]，所以他的小说也自然"写出了人物身心的内在的美、生活斗争和自然风光的诗意"[3]。诗化小说作为小说的一种样式，同样具有环境、人物、情节三要素，但这三要素有其独特之处。本节结合孙犁的《荷花淀》逐一浅析如下。

一、环境意境化

环境指人物所处的社会背景（社会环境）和生活环境（自然环境）。这里的环境意境化是针对自然环境而言的。现实主义作品中的自然环境多采用客观的描写来再现，真实到一个面包卖几分钱、一片树叶是何种颜色。浪漫主义作品多以虚幻的形式来构造，如仙界的琼楼玉宇、冥间的鬼狱魔窟。孙犁说："我所走的文学道路，是现实主义的。有些评论家，在过去说我是

---

[1] "说不喜欢诗词，是假的，但比起青年时期，是差一些了。""冀中导报社地上，堆着一些从纪晓岚老家弄来的旧书，其中有内府刻本《全唐诗》。"孙犁：《孙犁书话》，北京出版社 1996 年版，第 44、348 页。

[2] "唐代小说作者，也都是诗人，他们非常重视语言的艺术效果。在他们的散文作品里，叙事对话，简洁漂亮，哲理与形象交织，光彩照人。"孙犁：《孙犁书话》，北京出版社 1996 年版，第 60 页。

[3] 程凯华编著：《中国现代文学史问答手册》，陕西人民出版社 1986 年版，第 441 页。

小资产阶级的，现在又说我是浪漫主义的。他们的说法，不符合实际。"[1]
《荷花淀》中的自然环境显然不是浪漫主义的，但又有别于现实的环境，而
是将环境意境化了。

　　意境是中国古典诗歌在艺术表现方面所追求的最高境界，它是将内在
的情感、情绪、情趣与外在的景物、景致、景况交融在一起的一种方式，能
造成一种富有内在意蕴和意味的画面，达到一种独特的审美追求。王国维在
《人间词话》里说："故能写真景物真感情者，谓之有境界"[2]，而"自然中
之物，互相关系，互相限制。然其写之于文学及美术中也，必遗其关系限制
之处"[3]。即寓自己的感情于有选择的物象之中，做到意与象会，形成意象。
再由众多意象相联系统一而生成意境。最终在情景交融的意境中营造一种诗
的氛围。如小说开头的场景描写，作者撷取了几个物象——蓝蓝的天空、皎
洁的月光、微微的风、薄薄的雾、悠悠荡着的银白的淀水、飘着淡淡的香气
的密密的荷叶。月下，小屋，一个女人手里编织着的是洁白的苇眉子，脚下
是一片洁白的苇席——构成一幅空灵剔透的月下淀边织席图。幽静清新的环
境、圣洁温顺的水生嫂及作者对这片土地的眷恋之情三者水乳交融、浑化无
痕，而诗意盎然。这种意境化了的自然环境还有几处，如"现在已经快到
晌午了，万里无云，可是因为在水上，还有些凉风。这风从南面吹过来，从
稻秧上苇尖上吹过来。水面没有一只船，水像无边的跳荡的水银"，"她们
轻轻划着船，船两边的水，哗，哗，哗。顺手从水里捞上一棵菱角来，菱角
还很嫩很小，乳白色，顺手又丢到水里去。那棵菱角就又安安稳稳浮在水面
上生长去了"，"那一望无边际的密密层层的大荷叶迎着阳光舒展开，就像
铜墙铁壁一样。粉色荷花箭高高地挺出来，是监视白洋淀的哨兵吧"。这几

---

[1] 孙犁：《孙犁书话》，北京出版社 1996 年版，第 237 页。

[2] 王国维著，靳德峻笺证，蒲菁补笺：《人间词话》，四川人民出版社 1981 年版，第
7 页。

[3] 王国维著，靳德峻笺证，蒲菁补笺：《人间词话》，四川人民出版社 1981 年版，第
6 页。

段场景除情景交融外，还有一个共同的特点就是幽静。诗家常说"诗境贵幽""诗境以深静为主"，可见，孙犁是通过情景交融的幽（恬）静的意境的营造来体现诗意的。另外，诗歌要有更深的意味，还必须追求象外之旨、言外之意，"一览而尽，言外无余，不可为诗"[1]。这里的自然环境除起到烘托人物、寄托情思的作用外，也透露了一种号召抗战的旨意——如此优美的风光不容敌人来破坏，如此恬美的生活不允敌人来侵犯。

附带说一下这篇小说的社会环境，它也有别于一般现实主义小说通过直接的史传式的大段的叙说来交代，而是散点铺撒于小说之中，通过人物之口间接地不经意地表露出来，"行于简易闲澹之中，而有深远无穷之味"[2]。如"明天我要到大部队上去了"，"会上决定成立一个地区队。我第一个举手报了名的"，"我是村里的游击组长"，"不要叫敌人汉奸捉活的。捉住了要和他们拼命"，"听他说，鬼子要在同口安据点……"，"哎呀，日本！你看那衣裳！"，"水生嫂，回去我们也成立队伍"，这样就告诉我们小说写的是抗日战争最后阶段冀中人民的斗争生活。

二、人物写意化

极工与写意原是一组相对立的绘画技法。极工求穷形尽相、毫发毕现；写意尚逸笔草草而意趣盎然。可见，写意化的主要特征是简洁、传神，以朴素、洗练的笔法将所指对象的主要特征表现出来。艺术大厦从外面看有不同的门径，但进去之后就会发现其内容是相通的。中国诗如中国画一样崇尚写意。如李白的《玉阶怨》："玉阶生白露，夜久湿罗袜。却下水晶帘，玲珑望秋月。"容貌、语言、心理不着一笔，仅以罗袜、水晶帘等服饰、器物写出女人之美，以久立、下帘、望秋月等动作、神志写出美人孤苦的企盼，可

---

[1] [清] 田同之：《西圃诗说》，见郭绍虞编选、富寿荪校点《清诗话选编》，上海古籍出版社 1983 年版，第 752 页。

[2] [宋] 范温：《潜溪诗眼》，见郭绍虞辑《宋诗话辑佚》，中华书局 1980 年版，第 373 页。

谓"语短而意愈长"[1]。

小说一般通过对人物的肖像、服饰、动作、神态、语言和心理描写来刻画人物本身，或通过人物所处的环境来烘托。通过环境营造诗意前面已论及，我们来看作者对人物本身的刻画。小说的外貌描写（肖像、服饰）只一处，是写水生的"这年轻人不过二十五六岁，头戴一顶大草帽，上身穿一件洁白的小褂，黑单裤卷过了膝盖，光着脚"，寥寥几笔就勾勒出一个富有朝气的农村青年形象。然而孙犁对自己最崇拜的[2]，也即小说的主人公——水生嫂及其他妇女的肖像、服饰还有心理不着一笔，就连肖像写意化的一种重要方式——鲁迅所说的"画眼睛"也弃而不用，用笔简省到极点。作者用得最多的是人物对话，稍及一些动作神志。但人物对话很简短，不铺陈渲染；动作、神态极少且多附在对话前，不叠加粉饰。人物对话和动作神态的描写虽简约，但都极具个性化，产生一种"外枯而中膏，似澹而实美"[3]的诗化效果。如，当水生回来时，"女人抬头笑着问：'今天怎么回来这么晚？'"，抬头一笑透露出如释重负后的欣喜，淡淡一问责怪之中满含关切。一笑一问既表现了女人的贤淑，又流露出对丈夫的爱。同时，我们从问话中知道水生平时回来得早，为什么今天这么晚呢？造成悬念，引人入胜。当水生说自己第一个举手参加地区队时，"女人低着头说：'你总是很积极的。'"，"低着头"显得很温顺，"你总是很积极的"批评中又有几分赞许。当听说水生明天就到大部队上去时，"女人的手指震动了一下，想是叫苇眉子划破了手。她把一个手指放在嘴里吮了一下"。这地方完全可用大段的心理描写突出她心底的波澜，但作者却用"手指震动了一下""把一个手指放在嘴里吮了一下"这两个极简省又极传神的动作写出了她由震惊到镇定的

---

[1][明]李东阳著，[明]瞿佑著：《麓堂诗话及其他一种》，商务印书馆1936年版，第6页。

[2]"我以为女人比男人更乐观，而人生的悲欢离合，总是与她们有关，所以常常以崇拜的心情写到她们。"孙犁：《孙犁书话》，北京出版社1996年版，第239页。

[3][宋]苏轼著，孔凡礼点校：《苏轼文集》，中华书局1986年版，第2110页。

过程，揭示出一个平凡的家庭妇女和伟大的妻子的双重性格。以一当十，言约而意丰。更具写意特色的是五个女人商量寻夫的那段对话：

"听说他们还在这里没走。我不拖尾巴，可是忘下了一件衣裳。"

"我有句要紧的话，得和他说说。"

"听他说，鬼子要在同口安据点……"水生的女人说。

"哪里就碰得那么巧，我们快去快回来。"

"我本来不想去，可是俺婆婆非叫我再去看看他——有什么看头啊！"

除标识水生嫂一人身份外，其他四位只用一句话，但或害羞或坦率或稳重或急躁或风趣的五个女子，跃然纸上，如在眼前。

可见，这种写意化的处理、含蓄隽永的诗意，惹人思量，耐人品味。

三、情节片段化

赵执信在《谈龙录》中记载过他与洪昇、王世贞之间的一段以龙喻诗的争论："钱塘洪昉思（昇），久于新城之门矣，与余友。一日，并在司寇宅论诗，昉思嫉时俗之无章也，曰：'诗如龙然，首、尾、爪、角、鳞、鬣，一不具，非龙也。'司寇哂之曰：'诗如神龙，见其首不见其尾，或云中露一爪一鳞而已，安得全体！是雕塑绘画者耳。'余曰：'神龙者，屈伸变化，固无定体；恍惚望见者，第指其一鳞一爪，而龙之首尾完好，故宛然在也。若拘于所见，以为龙具在是，雕绘者反有辞矣。'"[1]诗歌如此，小说亦然。首、尾、爪、角、鳞、鬣具见，那只是一条凡龙。小说如果首尾完整，情节紧凑，悬念迭生，大起大落，只能给人一种紧张感，产生不了诗意。只见"一爪一鳞"而不见"首尾完好"，则无异于断体残肢的陈列。小说如果无首无尾，只几个片段的拼凑，极易给人造成思维上的盲点，使得小说晦涩难懂，遑论诗意。"首尾完好"，中间合理配置"一鳞一爪"，则显出神龙气象。

---

[1]［清］赵执信：《谈龙录　石洲诗话》，人民文学出版社1981年版，第5、6页。

小说如果有首有尾，中间似断实连、忽实又虚，则诗意顿生。

小说以水生嫂等待任游击组长的丈夫归来开头，以水生嫂及妇女们配合子弟兵作战结尾，时间从夏到秋到冬，地点从家到村到淀，时空跨度大，人物、事件多，但作者在中间只选取三个片段——夫妻话别、探夫遇敌、助夫杀敌——而略去众多人物的交代。正如孙犁自己说的："《荷花淀》所反映的，只是生活的一鳞半爪。"[1]小说写抗敌，但水生走后怎样谋划抗敌，遇敌后敌人怎样行动，杀敌时场面如何，小说中或不置一词进行虚化，或寥寥几句进行淡化，如行云流水，流到当行处则行，流到不可不止处即止。这种不以情节取胜[2]的处理方法常给人"不讲究篇章结构"[3]的感觉。钱锺书在《管锥编》中说："诗之道情事，不贵详尽，皆须留有余地，耐人玩味，俾由其所写之景物而冥观未写之景物，据其所道之情事而默识未道之情事。"[4]孙犁正是用作诗的方法来安排小说情节的。

除了以上三方面特色之外，小说语言的准确简洁、含蓄蕴藉（无一处直接抒情），抑扬顿挫、铿锵有声造成的节奏感、音乐感（如哗哗水声），也增强了小说的诗化效果。

（张心科、戴元枝合写）

---

[1] 孙犁：《孙犁书话》，北京出版社 1996 年版，第 320 页。

[2] "比如，我现在喜欢读一些字大行稀、赏心悦目的历史古书，不喜欢看文字密密麻麻、情节复杂奇幻的爱情小说。"孙犁：《孙犁书话》，北京出版社 1996 年版，第 329、330 页。

[3] "他的小说好像不讲究篇章结构，然而决不枝蔓。"百花文艺出版社编：《孙犁作品评论集》，百花文艺出版社 1982 年版，第 1 页。

[4] 钱锺书：《管锥编》（第四册），中华书局 1979 年版，第 1358、1359 页。

《故都的秋》：悲秋还是赏秋[1]

　　读高中的时候，语文老师在上郁达夫的《故都的秋》时说这篇散文是写悲秋的，但是我阅读的感受一直是作者在赏秋。

　　老师的解读依据的可能是语文教材和教师教学参考书。例如 1998 年版的高中语文教材中《故都的秋》的"自读提示"称："'秋'，可写的东西很多。在故都，火一般的香山红叶，明镜似的昆明湖水，何尝不能照映出'秋'的倩影？由于作者身处的时代在其内心投下了深远的忧虑和孤独者冷落之感的阴影，因此，作者笔下的秋味、秋色和秋的意境与姿态，自然也就笼上了一层主观感情色彩，它们是经过了感情过滤以后的'结晶'。"[2]暗示作者因为忧虑和孤独而没有写秋的"倩影"，而是在某种程度上写了附着了自己主观感情的"阴影"。与之配套的语文教学参考书则直接说："抒发了悲秋之感。"[3]2004 年出版的语文教师教学用书也持这种说法，其所界定的"本文题旨"为"抒发了向往、眷恋故都之秋的真情，并流露出忧郁、孤独的心境"，在分析"清、静、悲凉"时特别提出"清""静"是事物的特征，"悲凉"是作者的主观感受，就像《荷塘月色》有"哀愁"一样。[4]

　　解读一篇文章要将"知人论世"与"以意逆志"相结合。孟子说："颂

　　[1]本节由张若朴执笔，本人参与讨论和修改。

　　[2]人民教育出版社中学语文室编著：《高级中学课本·语文》（第二册必修），人民教育出版社 1998 年版，第 250—251 页。

　　[3]人民教育出版社语文二室编：《高级中学课本·语文教学参考书》（第二册必修），人民教育出版社 1998 年版，第 152 页。

　　[4]人民教育出版社中学语文室编著：《全日制高级中学教科书·语文教师教学用书》（第三册必修），人民教育出版社 2004 年版，第 77、80 页。

其诗，读其书，不知其人，可乎？是以论其世也。是尚友也。"[1]又说："说诗者，不以文害辞，不以辞害志。以意逆志，是为得之。"[2]也就是说，阅读一个作品首先要熟悉时代背景，了解作者的生平，因为作者所处的时代以及他的经历会反映在作品中，也影响作者选择的题材、运用的语言和表达的主题，了解这些才能知道作者到底要表达什么。但是，如果仅仅依靠时代背景和作者生平，往往会先入为主地带着某种已有的观点去理解作品，导致误解作者的本意（以辞害志）。所以，接着还是要根据作品本身来揣摩作者的本意。

将这篇文章的主旨确定为"悲秋"，从表面上看其实也运用了知人论世、以意逆志这两种阅读方法。如上述语文教材的《故都的秋》的"自读提示"称："从1921年9月至1933年3月，郁达夫曾用相当大的精力参加左翼文艺活动，进行创作。1933年4月，由于国民党白色恐怖的威胁等原因，郁达夫从上海移居杭州，撤退到隐逸恬适的山水之间，思想苦闷，创作枯淡。直到1937年全面抗战爆发，他才毅然投入战斗的洪流。学习这篇写于1934年的课文，要理解作者当时的处境，认识作者渗透在作品中的那种思想感情的合理性，进一步体会散文'情'与'景'、'形'与'神'相辅相成的辩证关系。"[3]又如2004年出版的语文教师教学用书指出，要"消除时代隔阂"以帮助学生理解课文主旨："可以提示学生，在30年代的旧中国，连年战乱，民生凋敝，读书人也衣食无所安，居无定所。为了谋生，郁达夫辗转千里，颠沛流离，饱受人生愁苦与哀痛。他描写自己心中的'悲凉'已不仅是故都赏景的心态，而是整个的人生感受。"[4]《故都的秋》中也确实出现了"北国的秋，却特别地来得清，来得静，来得悲凉"和"总能看到许

［1］《孟子·万章下》。

［2］《孟子·万章上》。

［3］人民教育出版社中学语文室编著：《高级中学课本·语文》（第二册必修），人民教育出版社1998年版，第251页。

［4］人民教育出版社中学语文室编著：《全日制高级中学教科书·语文教师教学用书》（第三册必修），人民教育出版社2004年版，第80页。

多关于秋的歌颂和悲啼""有情趣的人类，对于秋，总是一样地能特别引起深沉、幽远、严厉、萧索的感触来的"等出现"悲"字或相关词语的句子。

不过，将国民党白色恐怖、作者居无定所等与作者的创作简单地联系起来的这种知人论世的做法是片面的，只是从其文章出现的几个"悲"字去理解课文的主旨这种以意逆志的做法也是偏颇的。

我准备同样采用知人论世与以意逆志相结合的方式，通过查阅郁达夫在创作《故都的秋》前后的资料，通过反复阅读这篇作品，试着探析其主旨。

一、知人论世——赏心乐事

1928年2月，郁达夫与王映霞结婚。郁达夫长得并不好看，"他前额开阔，配上一副细小眼睛，颧骨以下，显得格外瘦削"[1]，但是王映霞被称为"杭州第一美女"。1933年4月，在"一个春雨霏微的季节"，他和王映霞从上海搬到杭州，隐居在富春江，被人羡称为"富春江上的神仙眷侣"。他在《移家琐记》中写道："在一处羁住久了，精神上习惯上，自然会生出许多霉烂的斑点来。更何妨洋场米贵，狭巷人多，以我这一个穷汉，夹杂在三百六十万上海市民的中间，非但汽车，洋房，跳舞，美酒等文明的洪福享受不到，就连吸一口新鲜空气，也得走十几里路。移家的心愿，早就有了。"[2]对于"性本爱丘山"的他来说，移居杭州，自然会有一种"久在樊笼里，复得返自然"的喜悦之情。

1933年，他还到浙西、皖南游玩，写了《出昱岭关记》《屯溪夜泊记》等大量游记。1934年7月，他和王映霞去青岛、济南、北戴河等地游玩，并于8月12日到达北京，游历了许多景点，见了不少朋友，"心旷神怡，诗兴大发"。9月9日结束北游回到杭州。[3]也就是说，1934年前后正是郁达夫春风得意的时候。正是因为生活闲适、心情愉快，这段时间他创作了大量的

[1]王映霞：《我与郁达夫》，广西教育出版社1992年版，第16页。

[2]郁达夫著，亦祺选编：《郁达夫散文》，浙江文艺出版社1998年版，第29页。

[3]方忠：《郁达夫传》，团结出版社1999年版，第171页。

文学作品，包括名篇《故都的秋》。

这篇散文的创作缘起，在《达夫日记》中有明确的记载：1934年"八月十六日（旧七夕），星期四，阴。今天是双星节，但天上却布满了灰云。晨起上厕所，从槐树阴中看见了半角云天，竟悠然感到了秋意，确是北平的新秋。……晚上看了一遍在青岛记的日记，明日有人来取稿，若写不出别的，当以这一月余的日记八千字去塞责。接《人间世》社快信，王余杞来信，都系为催稿的事情，王并且还约定明日来坐索"。"八月十七日（七月初八），星期五，晴爽。晨起，为王余杞写了二千字，题名《故都的秋》。"[1]可见，《故都的秋》是在北京游玩期间创作，与国民党的白色恐怖并无直接关联，而是上厕所见了半角云天感到秋意有所触动，又受催稿信所逼迫，最后写出的。

当然，"故地重游，郁达夫的心情是复杂的"[2]。这种复杂的心情，应该有见到美景、故交的喜悦，也有对不能久居此地的留恋。就像《郁达夫传》的作者所写的，"故都的秋实在太美了。郁达夫从杭州到青岛，再到北京，一路风尘仆仆，但能欣赏到这无尽的秋的美景，他非常满足。他情不自禁地写下了散文名篇《故都的秋》，热情地赞美北京的秋色、秋味"[3]。1936年5月，郁达夫也在散文《北平的四季》中直接提到《故都的秋》是赞颂北平的秋："前两年，因去北戴河回来，我曾在北平过过一个秋，在那时候，已经写过一篇《故都的秋》，对这北平的秋季颂赞过一遍了，所以在这里不想再来重复；可是北平近郊的秋色，实在也正像是一册百读不厌的奇书，使你愈翻愈会感到兴趣。"接着他还是忍不住又写了一段北平的秋色："秋高气爽，风日晴和的早晨，你且骑着一匹驴子，上西山八大处或玉泉山碧云寺去走走看；山上的红柿，远处的烟树人家，郊野里的芦苇黍稷，以及在驴背上驮着生果进城来卖的农户佃家，包管你看一个月也不会看厌。"甚至说可以

[1]浙江文艺出版社编：《郁达夫的日记集》，浙江文艺出版社1986年版，第319页。
[2]方忠：《郁达夫传》，团结出版社1999年版，第170页。
[3]方忠：《郁达夫传》，团结出版社1999年版，第171页。

在农民的家里或者古寺的殿前住上三个月，以感受北平的秋味。[1]

"衣食无所安，居无定所"也不是这篇散文创作的动机和原因。郁达夫并非缺衣少食，他有丰厚的稿费足够用来在杭州购置房产，还有余钱去买奖券；更非被迫居无定所，他几次搬家不是颠沛流离而是为了寻找更好的居处，他辗转各地更多的是在游山玩水。就像他在谈住所时说的，自己有"一种好旅游，喜漂泊的性情"[2]。1936 年，他在《住所的话》中说到，从自然环境和生活便利来说，未建都前的南京、濒海的福州都是比较好的居身之所，杭州除了房子不太好之外，"住家原没有什么不合适"。这是他离开上海去杭州，后来又离开杭州去福州生活的一个重要原因。他在《住所的话》中再次赞美了北平："若要住家，第一的先决问题，自然是乡村与城市的选择。以清静来说，当然是乡村生活比较得和我更为适合。可是把文明利器——如电灯自来水等——的供给，家人买菜购物的便利，以及小孩教育问题等合计起来，却又觉得住城市是必要的了。具城市之外形，而又富有乡村的景象之田园都市，在中国原也很多。北方如北平，就是一个理想的都城。"甚至觉得自己当初移居的杭州也比不上北平了。[3]可见，他之所以赞颂故都的秋，可能是北平"城市之外形"能满足物质上的需要，北平"乡村的景象"（尤其是近郊的秋色）又能给人精神上的享受，满足了他所说的人到中年之后常有的"求田问舍之心"。

如果硬要说《故都的秋》的主旨是悲秋，那么悲从何来？何悲之有？

二、以意逆志——良辰美景

自古确实有很多文人喜欢写以秋为题材的诗文，但是并不都是"悲啼"，还有不少"歌颂"秋天的名作。例如刘禹锡的《秋词》："自古逢秋悲寂寥，我言秋日胜春朝。晴空一鹤排云上，便引诗情到碧霄。"他在歌颂

---

[1] 郁达夫著，亦祺选编：《郁达夫散文》，浙江文艺出版社 1998 年版，第 67 页。

[2] 郁达夫著，亦祺选编：《郁达夫散文》，浙江文艺出版社 1998 年版，第 51 页。

[3] 郁达夫著，亦祺选编：《郁达夫散文》，浙江文艺出版社 1998 年版，第 51 页。

秋天天空的高远，令人胸襟开阔，诗情迸发。又如毛泽东的词《沁园春·长沙》写了"层林尽染，漫江碧透"的绚烂、澄净，以及"鹰击长空，鱼翔浅底，万类霜天竞自由"的勃勃生机。郁达夫的《故都的秋》所写的故都的秋景不是衰败的，而是充满生机的，也是歌颂秋天，但又不是上面这两种豪放的风格，而是透着一种传统文人玩赏的情趣。从以下几个方面可以看出这一点。

首先看作者直接评说的文字。作者在开头两段中写道："我的不远千里，要从杭州赶上青岛，更要从青岛赶上北平来的理由，也不过想饱尝一尝这'秋'，这故都的秋味。"在南方"只能感到一点点清凉，秋的味，秋的色，秋的意境与姿态，总看不饱，尝不透，赏玩不到十足"。他显然是把"秋"当成可品味的美食、可把玩的物品来看待的。他甚至在文章结尾直抒胸臆，希望能用生命换取赏玩故都的秋的机会："秋天，这北国的秋天，若留得住的话，我愿把寿命的三分之二折去，换得一个三分之一的零头。"

作者在文中正式写北平的秋景前说："秋并不是名花，也并不是美酒，那一种半开、半醉的状态，在领略秋的过程上，是不合适的。"他好像反对用赏玩的心态对待北平的秋，而上面提到的那些评说的文字给人的感觉好像是要直接沉浸到故都的秋之中，饱尝故都的秋味，不是浅尝辄止。但是，这只是表达他对故都的秋的喜爱程度很深。从下面他对故都的秋的描绘之中，可以看到他其实采用的还是玩赏的心态来描绘故都的秋景。

其次看作者描绘景物的文字。先看这段被广为品析的文字：

不逢北国之秋，已将近十年了。在南方每年到了秋天，总要想起陶然亭的芦花，钓鱼台的柳影，西山的虫唱，玉泉的夜月，潭柘寺的钟声。在北平即使不出门去吧，就是在皇城人海之中，租人家一椽破屋来住着，早晨起来，泡一碗浓茶，向院子一坐，你也能看得到很高很高的碧绿的天色，听得到青天下驯鸽的飞声。从槐树叶底，朝东细数着一丝一丝漏下来的日光，或在破壁腰中，静对着像喇叭似的牵牛花（朝荣）的蓝朵，自然而然地也能够感觉到十分的秋意。说到了牵牛花，我以为以蓝色或白色者为佳，紫黑色次之，淡红色最下。最好，还要在牵牛花底，教长着几根疏疏落落的尖细且长的秋草，使作陪衬。

一是所选择的景物。陶然亭、钓鱼台、西山、玉泉虽然地点在北平，但是作者并没有选择北方常见的高屋、阔路、红叶、深湖，而是选取芦花、柳影、虫唱、夜月、钟声等在江南常见的景和物。在阅读时，我们自然会将这些物象组合在一起，会想起"故垒萧萧芦荻秋"[1]"杨柳岸，晓风残月"[2]"二十四桥明月夜"[3]"夜半钟声到客船"[4]等染着淡淡的喜悦又有着淡淡的哀愁的情境。

二是对景物的修饰。在皇城人海里租屋喝茶，显然是想闹中取静。之所以在"屋"之前加一"破"字，是因为这"破"更能彻底体现出乡野的味道吧！而能看出天空的高碧，能听见驯鸽的飞声，绝不是为了生活奔忙、行色匆匆的人所能顾及的，一定是有闲暇、闲心的人才能看到、听到的。还细数槐树底下一丝一丝漏下来的日光，静对破壁腰中蓝色或白色的底下长着几根疏疏落落的尖细且长的秋草的牵牛花，玩赏的姿态跃然纸上。作者在"日光"和"牵牛花"前所反复添加修饰语的过程，其实也是一种在心中品赏的过程。整个画面的氛围给人一种"小桥流水人家"般的恬静、闲适。

作者接着写了北国的秋槐、秋蝉、秋雨、秋风、秋果几幅图景，选择的物象都是偏精致、细小、清新的，而不是粗野、阔大、衰败的。例如"第一是枣子树；屋角，墙头，茅房边上，灶房门口，它都会一株株地长大起来。像橄榄又像鸽蛋似的这枣子颗儿，在小椭圆形的细叶中间，显出淡绿微黄的颜色的时候，正是秋的全盛时期；等枣树叶落，枣子红完，西北风就要起来了，北方便是尘沙灰土的世界……"

三是描绘场景所用的句式。作者在描绘场景时喜欢用一组短句子，而且

[1]［唐］刘禹锡：《西塞山怀古》。
[2]［宋］柳永：《雨霖铃》。
[3]［唐］杜牧：《寄扬州韩绰判官》。
[4]［唐］张继：《枫桥夜泊》。

喜欢把一些修饰的、限制的语句放在要写的中心词句后面。如"北国的槐树，也是一种能使人联想起秋来的点缀。像花而又不是花的那一种落蕊，早晨起来，会铺得满地。脚踏上去，声音也没有，气味也没有，只能感出一点点极微细极柔软的触觉。扫街的在树影下一阵扫后，灰土上留下来的一条条扫帚的丝纹，看起来既觉得细腻，又觉得清闲，潜意识下并且还觉得有点儿落寞，古人所说的梧桐一叶而天下知秋的遥想，大约也就在这些深沉的地方"，给人感觉就是作者在脑海中在回味以前的场景，就像画家在画一幅画一样，画了一棵槐树，再画一排，再画道路，画落蕊，画帚痕，他在槐树的旁边慢慢地添加着，最后形成一幅很有意境的画。品尝食物，如果为了果腹，大可狼吞虎咽；如果是品味，则要慢慢地品，细嚼慢咽。看物品，如果是为了了解，大可一眼瞥过；如果是品鉴，则应从不同角度去观赏，反复摩挲，细细把玩。

总之，分析一篇作品的主旨，最好应该关注作者的传记（全人），阅读作者的其他作品，并分析整篇文章（全文），而不能简单地将作品与创作时的政治形势机械地联系，不能仅靠作品中零星的几处文字来判断。通过本节对创作背景和作者生平的再研究，通过对作品本身再分析，我们可以发现《故都的秋》的主旨并不是过去所说的悲秋，而是赏秋。

《我与地坛》：处理节选课文应顾及全篇、知人论世[1]

《我与地坛》全文共七节，人教版高中语文教材第一册选取了其中的第一、二节。第一节写地坛，从自己与古园的缘分写到古园景致，写自己在这里的思考及所得到的生命感悟，对这一部分内容及旨意的争议较少。但对其第二节内容及旨意，一些教学案例如阿三的《焚情"地坛"——我与〈我与地坛〉》[2]和一些课文分析如陈永祥的《大地·母亲·生命·生活的沉思与断想——重读〈我与地坛〉》[3]，认为是作者史铁生借此着力歌颂"母爱"。这其实是对作品的误读。为此，有人进行了拨正。如陈鉴霖在《论理"地坛"》中认为，在"眼泪—母爱"之后应该是一种理，一种富有穿透力的生命哲学，但他对一些教师误读为"母爱"的原因没有揭示。[4]那么，怎样解读节选的文章呢？鲁迅先生曾说："我总以为倘要论文，最好是顾及全篇，并且顾及作者的全人，以及他所处的社会状态，这才较为确凿。"[5]也就是说，在阅读节选的文章时应顾及全篇、知人论世。

一、顾及全篇

入选教材的文章有些经过了删改，如《社戏》，编者选取了"寓有诗意"的后半部分，而删去了"我"在北平看戏的两次经历。原文中鲁迅将

---

[1]本节由戴元枝执笔，本人参与讨论和修改。

[2]阿三：《焚情"地坛"——我与〈我与地坛〉》，载《语文学习》2003年第11期。

[3]陈永祥：《大地·母亲·生命·生活的沉思与断想——重读〈我与地坛〉》，载《中学语文教学》2003年第4期。

[4]陈鉴霖：《论理"地坛"》，载《中学语文教学》2004年第3期。

[5]《鲁迅全集》（第六卷），人民文学出版社2005年版，第444页。

过去与现在对比，更突出自己对美好童年的无限依恋。所以，鲁迅先生说："选本所显示的，往往并非作者的特色，倒是选者的眼光。"[1]在《我与地坛》全篇七节中，所写的人除母亲外，还有一群常来地坛的人，如一对无论春夏秋冬、风霜雪雨都相依来园中散步的夫妇，一位天天练唱的小伙子，一位运气不佳的长跑者，一对从小就在园子玩耍的兄妹等。"虽然写了不少客观的景物和人事，但这也不是重点，作品构思的关键是在'我'与对象的关系上，重在'我'从对象那儿所获取的生存感悟上"，"作者之所以写这么几个人物，也是源于他们给了作家生存的启发"。[2]唱歌的小伙子和运气不佳的长跑者让作者领悟到活着的价值问题。歌唱者天天来唱，长跑者天天来练，他们得到了什么呢？难道说他们什么也没得到就没有意义？不是，手段大于目的，过程比结果更富有意味，用史铁生自己的话说，"只是为了引导出一个美丽的过程，人才设置一个美丽的目的，或理想"[3]。只有这样，人才能实现对自身、对有限的根本超脱，才能活得轻松、自由，才不会感到命运的不公。命运的绝对公平是没有的，例如那对可爱的兄妹，命运却让美丽的妹妹先天智力障碍，这是何等残酷！但事物就是如此，不可能平等，不可能完美、划一，它是美与丑、善与恶、健康与病残、聪明与愚钝的对立与衬托。这样，世界才五光十色，充满欢笑与悲伤。至于谁去充当那不幸的角色，那是相当偶然的。作者由此体悟到世界构成的法则，变得心平气和，对平凡的、琐碎的一切充满了深情，看世界的目光也更加温柔善良。而母亲，是作者在写完让自己摆脱了生与死的纠缠，从残疾自伤阴影中走出来之后，第一个写到的人。其着眼点不会仅仅来表现母爱，歌颂母爱。并且作者在这一节的最后写道：母亲那艰难的命运、坚忍的意志和毫不张扬的爱，随光阴流转，在我的印象中愈加鲜明深刻。作者此处的议论是要告诉读者，母

[1]《鲁迅全集》（第六卷），人民文学出版社2005年版，第436页。

[2]汪政、晓华：《生存的感悟——史铁生〈我与地坛〉读解》，载《名作欣赏》1993年第1期。

[3]史铁生：《答自己问》，天津人民出版社1996年版，第126页。

亲的一生给他的启示是面对艰难的生活，该怎样活下去，即"从抗争中去得些欢乐，欢乐不是挺多吗？真的，除去从抗争中得些欢乐，活着还有别的事吗？人最终又能得些什么呢？只能得到一个过程！在这个过程中，谁专门会唉声叹气，谁的痛苦就更多些，谁最卖力气，谁就最自由、最骄傲、最多快乐"[1]。于是，他找到了自我拯救之路：活下去，同命运作顽强的抗争，在抗争中争得人的尊严、骄傲，争得心灵的幸福。因此，我们读解课文时，在感动于母爱的基础上，应进一步结合全文去体味其中蕴含的生存哲理。

二、知人论世

孟子曰："颂其诗，读其书，不知其人，可乎？是以论其世也。"[2]在读解《我与地坛》时，也应知史铁生其人，论其所处之世。大谈这篇作品旨在表现母爱的人，只是在"读其书"，而且是所节选的"书"。尽管作者也写出过纯乎表现母爱的文章如《秋天的回忆》，但其作品，无论是小说还是散文，其中心意蕴是对"生命意义"的探寻。作者之所以对"生命意义"如此痴迷，因为它是从古至今最令人困惑的哲学命题，更主要的是作者自身不幸的遭际——20岁那年，史铁生双腿瘫痪，落下终身残疾，生存的绝境迫使他不得不思考这一问题——"生存，还是死亡"。他徘徊、犹豫过，最终还是选择了活下去。但活要活得明白，即不但要活，而且要问为什么而活，亦即追寻"生命意义"，为活下去寻找理由和根据。为此，他开始了追寻"生命意义"的漫长精神之旅。在这一过程中，创作成了他最好的思考工具，他借创作来思考，又通过创作把思考结果传达出去。曾经有记者问他"为什么要写作"，他回答说为了不至于自杀，他说这不是玩笑而是真心话，因为，对他来说，写作真的是要为生存找一个至一万个精神上的理由，以便生活不只是一个生物过程，而是一个充实、旺盛、快乐的精神过程。而这篇《我与

---

[1]《史铁生作品集》（第1卷），中国社会科学出版社1995年版，第291页。
[2]《孟子·万章下》。

地坛》是作者"对过去十年写作在内容、思想、形式和写作行为本身进行解剖，为写下去（活下去）寻找理由"[1]。其人其事都在预示着第二节内容主要不是在表现母爱，而是以母亲的言行表现生存的道理。

以上分析了一些教师对课文《我与地坛》第二节主旨误读的原因是没有"顾及全篇"和"知人论世"。中小学语文教材里的许多课文是节选的，我们在指导学生解读节选的课文时，应该注意这两点，只有这样，才能理解得准确、全面。

---

[1] 陈顺馨：《论史铁生创作的精神历程》，载《文学评论》1994年第2期。

《牡丹亭·闺塾》：尴尬人逢尴尬事[1]

　　在《闺塾》这出戏中，汤显祖以其生花之妙笔，塑造了三个呼之欲出、栩栩如生的人物形象。且不论率直敢于反抗的春香、稳重而不乏对自由渴望的杜丽娘，单说迂腐气十足的陈最良，作者在嘲弄的同时，不无同情，因为在作者眼里"陈最良也不是什么'坏人'，但他作为封建社会常规道路上的失败者，也只是拿社会教导他的东西教导杜丽娘"[2]。为此，作者在这出戏中，写尽了陈最良的尴尬。

一、讲述内容被约定后的尴尬

　　陈最良"自幼习儒"，考白了头发，还只是一个秀才，穷酸潦倒，甚至因落到绝粮的境地而被人戏称为"陈绝粮"，最后只好"儒变医"。正值尴尬穷困之际，他被请去做杜丽娘的闺塾先生，受到杜府的青睐，"极承老夫人的管待"，真是感恩知遇。开讲第一课讲什么呢？杜老爷交代过："则看些经旨罢。《易经》以道阴阳，义理深奥；《书》以道政事，与妇女没相干；《春秋》《礼记》又是孤经；则《诗经》开首便是后妃之德，四个字儿顺口，且是学生家传，习《诗》罢。"他自然要遵从杜老爷交给他的使命，从《诗经》开讲，而《诗经》开篇便是《关雎》，又不得不讲，一尴尬也。他教授《关雎》是为了宣扬"后妃之德"，这是"经传"为他注明了的，更是为了拘束杜丽娘的身心。这也是杜老爷交代过的："孟夫子说得好，圣人千

---

　　[1]本节由戴元枝执笔，本人参与讨论和修改。

　　[2]章培恒、骆玉明主编：《中国文学史》（下），复旦大学出版社1996年版，第350页。

言万语，则要人'收其放心'。"前几出戏已交代过的，丽娘父母之所以给女儿延师，是因为他们发现丽娘白日睡眠，有违家教，有必要用诗书来拘束她的身心。不料，上课的第一天，开讲的第一课，反而开启了丽娘的心灵之锁，唤醒了她的青春热情。读罢《关雎》，丽娘感叹："圣人之情，尽见于此矣。今古同怀，岂不然乎？""关了的雎鸠，尚然有洲渚之兴，可以人而不如鸟乎？"从而萌发了游园的愿望，而后有了《惊梦》《寻梦》等情节。禁锢者竟成了启发者，这对封建礼教真是一个绝妙的讽刺，对陈最良来说实为尴尬之至。

二、师道尊严被颠覆的尴尬

"天、地、君、师、亲"，在古代"师"是放在"亲"的前面的。又云："一日为师，终身为父。"在这出戏中，陈最良哪有半点为师为父的尊严。陈最良对杜府请先生有较为清醒的认识："他们都不知官衔可是好踏的！况且女学生一发难教，轻不得，重不得。傥然间体面有些不臻，啼不得，笑不得。"虽感叹"人之患在好为人师"，但禁不住"人之饭，有得你吃"，踏入了杜府，也就踏入了尴尬之境。他成了杜老爷拘束女儿身心的工具。他面对的不仅是女学生，而且是富有反抗精神的女学生，尤其是伶牙俐齿的春香。

陈最良开口"子曰"，闭口"诗云"，言语行动已习惯于依从封建教条。丽娘、春香迟到，他便引用《礼记·内则》中的话来教训他们："凡为女子，鸡初鸣，咸盥漱栉笄，问安于父母；日出之后，各供其事。"春香的一番"知道了，今夜不睡，三更时分，请先生上书"的话，弄得他无言以对。待他"依注解书"，讲解"'雎鸠'，是个鸟；'关关'，鸟声也"，马上招来春香的调侃——"怎样声儿"。这看似平常的一句，却令陈最良着实为难。学生既然要问，先生不得不讲，于是这位"知识渊博，满腹经纶"、年过六旬、十分"老成"的老塾师，只得在讲台上像孩子那样叽叽咕咕地学起了鸟叫。调皮的春香乐不可支，乘机浑闹，满台鸟叫，令人喷饭。春香觉得听书颇为好玩，越发认真。在陈最良讲到"在河之洲"时，春香忙不迭地对其作了极为有趣的诠释："是了。不是昨日是前日，不是今年是去年，俺衙内关着个斑鸠儿，被小姐放去，一去去在何知州家。"陈最良不禁又气又恼，却无可奈何，只能以"胡说"来呵斥她。当陈最良说到"窈窕淑女，是幽闲女子，有那等君子，好好的来求他"时，春香又问道：那君子"为甚好好的去求他"？这一回陈最良连招架之力也没有了。一首动人的爱情诗，被硬讲成宣扬"后妃之德"的教条，自然漏洞百出，无法解释，结果理屈词穷，只能狼狈地以"多嘴"的训斥给自己找台阶下。学生无忌，先生尴尬，严肃的课堂成了嬉闹之所。

春香领了"出恭牌"溜走，回来后告诉小姐："外面原来有座大花园，花明柳绿好耍子哩！"此时，以收束丽娘身心为宗旨的陈最良岂能容忍她对丽娘的挑逗？他立即恼羞成怒道："待俺取荆条来。"春香却丝毫也不害怕："荆条做什么？"在春香的心中，陈最良毫无"师道尊严"可言。外面又传来卖花声，她又道："小姐，你听一声声卖花，把读书声差。"陈最良可谓技穷，举起荆条抽打春香，这一来，上课的讲台又成了老先生与小丫头的打斗场。此时，满脑子"子曰诗云""三纲五常"的陈最良的师道尊严丧失殆尽。

三、生活常识被考问的尴尬

陈最良"自幼习儒"，15 岁参加科举考试，连考 15 年依然"秀才一个，穷困潦倒"，真是"天下秀才穷到底，学中门子老成精"。青春为科举制度所吞噬，思想为封建教条所束缚，"除了几句经书，他就不知道人生是什么"[1]。丽娘要绣对鞋儿给师母上寿，以尽学生之心、晚辈之礼，陈最良却说："依《孟子》上样儿，做个'不知足而为履'罢了。"丽娘说的是实实在在的"鞋"、平平常常的"上样儿"，却引起陈最良关于《孟子》一书和孟子之言的联想，可见其迂腐十足，丝毫不懂生活。

---

[1] 章培恒、骆玉明主编：《中国文学史》（下），复旦大学出版社 1996 年版，第 350 页。

　　正是由于生活常识的缺乏，在与丽娘关于"闺房四宝"与"文房四宝"的冲突中，陈最良再次陷入尴尬之境。他让"春香取文房四宝来模字"，春香却将螺子黛、画眉细笔、薛涛笺及鸳鸯砚等陈最良从未见过的"闺房四宝"搬到书房来，有心戏弄这位老儒生。丽娘道："这是螺子黛，画眉的。"陈最良道："这是甚么笔？"丽娘笑道："这便是画眉细笔。"这泯然一笑，包含着对老师酸腐的窃笑。陈最良道："这是甚么纸？"丽娘道："薛涛笺。"陈最良道："这是甚么砚？"丽娘道："鸳鸯砚。"陈最良："许多眼？"丽娘道："泪眼。"陈最良居然说："哭甚么子？一发换了来。"这里，丽娘以十分恭敬的态度把陈最良逼到一个无地自容、尴尬至极的境地。所谓知识渊博、满腹经纶的老师其实是一个什么也不知道的老腐儒，何其尴尬啊！

《〈拿来主义〉"逻辑"诊断》的逻辑诊断

过去的议论文阅读教学多停留在"理解"层面，师生一起揣摩这篇议论文的论点如何鲜明、论据如何典型、论证如何充分、语言如何准确。近年来，又因为受提倡创造性阅读、培育批判性思维等主张的影响，出现了许多"批评"课文的教学。这自然是有必要的，因为即便是名人大家的典范之作也未必就绝对正确。不过，只停留在这个层面不利于全面深入地把握课文，不利于最大限度地提高学生的思维水平和阅读能力；也可能会让部分师生为了创造而故意否定课文，或者因为缺乏讨论而认识流于偏狭。所以，在理解、批评的基础上还需要讨论，即从意图入手讨论论题、论点、论据、论证。

近日，李玉山老师在《〈拿来主义〉"逻辑"诊断》中认为，《拿来主义》的论题所指（主要是讨论对外交流，而不是对待文化遗产）、论证方式（一面主张"运用脑髓，放出眼光"，一面主张"不问他是骗来的，抢来的"及"不管三七二十一"，二者是矛盾的）和结论（没有提及经济、科学）"不严谨"，违背了逻辑学中的"矛盾律"和"同一律"等。[1] 这种不一味盲从的解读取向值得学习，因为在他看来即便是被视为现代文学最著名的作家的经典之作也有可能存在问题。不过，不仅他的批评本身存在问题，而且前面提到，只是批评还不够，应该有讨论的环节。如果按照这种方式来解读或者教学《拿来主义》，可能会获得一些新的认识。

---

[1] 李玉山：《〈拿来主义〉"逻辑"诊断》，载《中学语文教学》2020 年第 2 期。

一、应是不当的批评

先说论题与论点。李老师认为"拿来"的对象是外国文化而非本国文化遗产。他认为既然开头谈的是对外交流，按照逻辑学上的"同一律"，后面在论证时就不应该用有中国特色的大宅子为喻。其实，仔细阅读全文，我们会发现，鲁迅在文章开头以讨论如何对待外来文化引入话题，用例证法先破（闭关主义、送去主义、送来主义）后立（拿来主义），又用对待大宅子的不当态度和做法以及对待烟灯、烟枪、姨太太等合理的态度和做法的喻证法，先破后立地讨论了如何对待中国文化遗产。前后两者只是切入的角度和论证的方法不同，论证的指向并不矛盾，如同"并蒂花开"，其中的"蒂"就是本文的核心论点："我们要运用脑髓，放出眼光，自己来拿。"因为"拿来主义"所要讨论的本来就包括对待中外文化两方面的内容，所以可以分别用不同的切入角度和论证方法来讨论，以达到从两个侧面统一到一个论题（论点）上的目的；无论是在运用例证先破后立，还是在运用喻证先破后立时，从文字上看都不是同时讨论如何对待中国和外国文化，而是分别论证，类似于"互文见义"，但是有关对待外国文化的态度和做法同样适用于对待中国文化遗产，反之亦然。所以，不仅在逻辑上没有问题，而且在行文上更加简洁、灵活。如果前后均中外兼顾并从两方面立论，虽然可使前后两部分的结构保持一致，但是会显得单调、呆板。杂文不是学术论文，其文体的特征之一是笔法灵活。

再说论证。李老师认为鲁迅在论证过程中所持的观点是矛盾的。李老师说："得了一所大宅子，且不问他是骗来的，抢来的，或合法继承的，或是做了女婿换来的"中的骗和抢的行为"不仁义、不道德、不合法"。[1] 显然鲁迅在这里是用戏谑的口吻讽刺以达到顺戈一击的目的。李老师又认为，"所谓'不管三七二十一'就是不去挑选和辨别，统统拿来"这个主张与

[1] 李玉山：《〈拿来主义〉"逻辑"诊断》，载《中学语文教学》2020年第2期。

前文提出的"运用脑髓，放出眼光"相对立。[1]其实，"我想，首先是不管三七二十一，拿来"并没有错误，因为"不管三七二十一"的前面有一个限制语"首先"，作者将"拿来"分成两步：首先在态度上不应一味地拒斥，要先"拿来"；接下来的行动也不是全盘照收，而是"占有，挑选"，"或使用，或存放，或毁灭"。可见，二者并不矛盾。总之，鲁迅的论述并没有像李老师说的那样"违反了'矛盾律'"。

最后说说结论与旨意。李老师又说：《拿来主义》"展望前景"式的末尾"没有拿来的，人不能自成为新人；没有拿来的，文艺不能自成为新文艺"，不应该局限于讨论"新人""新文艺"，因为"培养'新人'，建设'新文艺'，绝对是'拿来'的目的之所在，但这只是'拿来'终极目标大集合的必要元素而不是全部"，这样结尾"不能不说是个不小的缺憾"，所以在原文的结尾最好应加上"没有拿来的，经济不能有新发展；没有拿来的，科学不能有新进步；没有拿来的，国家不能自成为新国家"。[2]这就有点强作者所难了。如果结合当时的论战背景，就会发现鲁迅与他人主要是围绕建设新文化（更具体地说，就是文化建设中的语言文字改革、文学艺术创作等）以改造国民性而展开论争的。鲁迅讨论的问题的范围在文艺等精神层面，既没有也无意拓展到经济、科学等层面。鲁迅讨论的是现实的问题，既不是也不想就此讨论抽象的哲学。《拿来主义》中的"拿来"有具体所指，不能泛化为一切，不能也不必随意"抽象"。今天日常话语体系中的"拿来主义"是脱离历史语境经过"抽象"后的结果。我们对待鲁迅的《拿来主义》，不能以"抽象地"继承后的结果去判定"具体地"继承的局限。"拿来主义"已成为一个超越时空适应范围的极广的哲学命题，《拿来主义》却是在特定时空下针对特定问题写成的一篇杂文。所以，我们不能以今律古、强人所难。总之，不能以"拿来主义"的"抽象意义"等同于《拿来主义》

---

［1］李玉山：《〈拿来主义〉"逻辑"诊断》，载《中学语文教学》2020年第2期。

［2］李玉山：《〈拿来主义〉"逻辑"诊断》，载《中学语文教学》2020年第2期。

的"具体意义"，进而说鲁迅"违反了'同一律'"。近年常见很多批评文章不同程度地存在着上述倾向。如果借用下文将要提及的冯友兰对待文化遗产的主张，正确的做法可能是在讨论《拿来主义》这个文本时应关注其"具体意义"，在讨论文本中涉及的"拿来主义"这个命题时应关注其"抽象意义"。

二、可做适当的批评

首先是论点。作者主张实行拿来主义，反对实行闭关主义、送去主义等。如果双方是敌对关系，对于强者来说，弱者如果实行拿来主义，势必会增强其自身的实力而削弱强者的实力，如果仅是文化等被拿去问题还不大，如果是经济、器械（尤其是武器）被一味地拿去，其结果可想而知。所以，站在国家、民族本位的立场，有时实行闭关主义、送去主义，更有利于其自身发展。因此，作者在《拿来主义》中并没有从文化主体双方的立场可能存在差异的角度去讨论拿来主义，而只是从"我"方的立场出发去讨论对待他者的文化的态度和做法，既不能全盘否定，也不能照单全收，要辩证地分析，要占有、挑选，或使用，或存放，或毁灭。

其次是论证、论据。作者两次采用先破后立的方式，分别用例证和喻证的方法讨论了如何对待外国文化和我国传统文化——实行拿来主义。虽然对象（角度）不同，但观点一致，即前文所说的"互文见义"。虽然在行文上避免了重复单调，但是因为前半部分是讨论如何对待外国文化的，给人的感觉下文只是换了一种论证方法而实际上仍是在讨论如何对待外国文化。这种杂文的笔法反不如一般严正的议论文在每一次讨论的开头明确地指出要讨论的对象和观点而显得一目了然。

再看论证方法。相较于严正的科学论文，杂文常采用生活化的说理。作者在求真的基础上还会关注听众的接受心理，所以要提供熟悉的语境，采用形象化的说理方法等，不过弊端也会随之而生。例证法的好处是能用典型的事例证明论点，其弊端是典型的未必就是普遍的，往往会存在反例。在运用例证法时，除了要保证例子的正确、典型外，还要尽可能地规避出现反例，而这恰恰是十分困难的。作者在批评送去主义时，举的例子是徐悲鸿和刘海粟去国外办画展，梅兰芳在国外演京剧，这三人的行为未必就不当，贡献也不小，更不要说林语堂、冯友兰等人用英文发表的系列介绍中国文化的论著让西方认识了中国，这些在西方产生了巨大、积极影响的论著恰恰是推行"送去主义"的产物。喻证的好处是形象生动，其弊端是往往所指不明。文中的大宅子、烟灯、烟枪、姨太太等喻体所指，只能依其本身带有传统中国特有的且属"遗留"的性质及其与开头讨论的对外文化是相对的关系来判断其为传统文化遗产。因为所指不明，所以极易导致读者产生文章仍是沿着讨论如何对待外国文化的思路在论述而只是换了一种论证方法而已的误解。

三、开展适度的讨论

阅读论辩性的课文，不能不合逻辑地批评。在适当地批评之后，应开展适度的讨论，对作者要同情地理解，进而修正其说法，寻找新视角，补充新论据，讨论新问题。首先要采用知人论世的方式理解其意图（为什么要这样说），进而讨论此话题还可以从哪些角度立论，观点是否要加限制条件，可以替换或补充哪些论据，可以从哪些层面进一步论证，等等。

关于论题和观点。语文教科书和教师教学参考书采用知人论世的方式确认本文的题旨：胡适等自由主义者曾主张全盘西化，20 世纪 30 年代一些左翼作家则对其全盘否定，一些官员、名人主张恢复读经。面对当时流行的西化、闭关、复古等绝对的主张，1934 年鲁迅借《拿来主义》主张对待中外文化要采取辩证的态度，即批判地继承。其论题的选择与观点的确立有着特殊的背景。毛泽东在 1940 年发表的《新民主主义论》中也沿着鲁迅的思路并将其观点概括为"剔除其封建性的糟粕，吸取其民主性的精华"。应怎样对待事物，除了讨论态度或者做法外，还应进一步考虑影响这种态度和做法的其他因素，如在什么时空下、在什么条件下、什么人、出于什么目的等。或者说，不能简单地说应该怎样、不应该怎样，还要考虑其他限制因素。

因为在鲁迅所处的时代有关文化创造者的阶级属性并不被重视，所以人们在讨论文化问题时几乎不讨论这种文化是谁创造的，而主要讨论其是先进的还是落后的。不过，到了20世纪50年代，判断事物先进或落后的重要依据往往是其创造者或拥有者的阶级地位。在此背景下，1957年，冯友兰在《中国哲学遗产底继承问题》和《再论中国哲学遗产底继承问题》中提出并探讨了"抽象继承法"与"具体继承法"。他主要是从时空的角度来探讨包括传统哲学在内的文化遗产的继承问题。面对有关文化继承问题的历史唯物主义和辩证唯物主义的统一立场，如何对待诸如"资产阶级哲学和封建哲学都是为剥削阶级服务的"等认识问题，冯友兰试图从时空这个角度剥离附着在文化继承上的阶级因素。他在《再论中国哲学遗产底继承问题》中说："我主张在研究古代哲学底工作中，要把哲学体系中的主要命题，加以分析，找出它底具体意义和抽象意义。如果有可以继承底价值，它底抽象意义是可以继承的，具体意义是不可继承的。"[1]"所谓思想史资料中的命题，在继承或作哲学史研究底时候，也要分析出它底一般意义和特殊意义。"[2]"抽象"和"具体"，相当于"一般"和"特殊"。古人在某种特殊情境下面对特定的对象出于某种目的所讲的某句话自有其特殊的含义，如果我们将情境、对象、目的等都除去，这句话就往往具有了超越时空的含义，带有普适性。如《论语》中的"学而时习之""有朋自远方来，不亦乐乎""吾日三省吾身""三军可夺帅也，匹夫不可夺志也"等。如此一来，说话者个人所属的阶级之类就从话语的影响因素中被消解掉了，只剩下话语本身的含义。如果拘泥于"具体意义"，则会发现古今毫无共通之处，则无法做到古为今用；相反，如果关注其"抽象意义"，则可发现古今相通，进而可以古为今用。出于这个目的，虽然冯友兰一面强调"一般意义是不能单独存在的，必须跟一种特殊意义结合起来才能存在"[3]，一面又说应该继承的是其抽象意义而不

[1]冯友兰：《再论中国哲学遗产底继承问题》，载《哲学研究》1957年第5期。
[2]冯友兰：《再论中国哲学遗产底继承问题》，载《哲学研究》1957年第5期。
[3]冯友兰：《再论中国哲学遗产底继承问题》，载《哲学研究》1957年第5期。

是其具体意义。

关于文化遗产的继承，鲁迅的论点并没有大的问题，他和毛泽东从继承文化遗产的态度和做法上提出了批评地继承的观点。冯友兰从时空角度提出了抽象地继承的观点。我们还可以从条件（如主体实力的强弱）、对象（某种文化的发展过程及衰亡原因）、意图（是吸取他者的优点从正面增强自身的实力，还是了解他者的缺点从反面警醒自己，或者抵制文化侵略以保护自己）等其他角度来讨论"拿来主义"，提出新的观点，像冯友兰那样对鲁迅的观点进行局部修正。

关于论据。同样应从意图的角度去看待他为什么要批评刘海粟、徐悲鸿、梅兰芳等人的行为。弱者既不能实行闭关主义，更不可能实行送去主义，闭关要不得，送去没人理，只有拿来才是必需和可能的。所以，鲁迅对他们的批评是有一定道理的。他也是在借此批评国人那种"我祖上曾经阔过"的盲目自大的心理。国力衰弱时将文化向外推广，别人确实未必接受，也必然无法发扬国光。如果换一个历史情境，当鲁迅在文中展望的图景变成现实，即在人成为"新人"、文艺成为"新文艺"后，或者说，当国力强大，国际交流正常，提倡文化自信时，则完全可以"送去"以"发扬国光"，如今天的汉籍外译、出境演出、创办孔子学院等等。此外，还可以替换、补充更多更典型的论据。

关于题旨。鲁迅当时主要是讨论文化领域的"拿来主义"，如果要拓展到经济、科学等其他领域，应该如何处理？可能经济方面要"具体"地拿来，科学方面更多地要"全面"地拿来。当然还可以从更多的角度去论证。兹不赘述。

《"互文结构"与"知人论世"》的立论诊断

《〈《拿来主义》"逻辑"诊断〉的逻辑诊断》发表后不久，收到编辑韩振老师转来李玉山老师的批评文章《荒诞的"互文结构"与泛化的"知人论世"》（发表时编辑将题目改为《"互文结构"与"知人论世"》）。他在文中并没有反驳我对其作品的批评，而是认为我在文中提出鲁迅是在讨论文化问题而不是经济、军事、科技等，所以是"泛化"，认为我提出的《拿来主义》在讨论文化问题时采用了类似于"互文见义"的笔法很"荒诞"。李老师并没有正面回应我对他的批评，而且文中用了诸如"不懂常识""荒唐可笑"之类情绪化的词语。讨论学术问题，可以有不同的观点和角度，也要容得下别人的批评和不同的意见。为了避免被人纠缠，我本来不想回应，所以和编辑商量，准备请不同领域的学者从文章学、现代文学（鲁迅研究）、逻辑学（非形式逻辑）、语言学（语境）、文化学等角度去分析，将这个问题的讨论推向全面和深入。我相信这些讨论肯定会给我们带来很多新的认识。我便请了孔凡成、刘辉、陈赣、蒋远桥、郝敬宏、赵瑞萍等老师参与讨论。我在给每个人发的邀请函中均提到，对被批评者和我的文章应进行客观、辩证地分析，不要刻意地维护我，也不能恶意地批评他，而是指出各自的问题和合理之处，然后阐发自己的看法。不过，读了陆续收到的文章后，我还不太满意。我和我的博士生任睿说起此事，也给她看了李玉山老师的上述未刊文章，她说想试试写一篇。上述关于《拿来主义》的论题和笔法的看法，我在《〈《拿来主义》"逻辑"诊断〉的逻辑诊断》中只有断定没有论证。所以，我拟定了文章的标题和分析框架，确立了分论点，并写了部分文字，然后指导她查阅资料、展开论证，也对刘辉老师在《〈拿来主义〉

的逻辑》中关于"大宅子"不是比喻中国传统文化等观点作了回应。下面是我所拟的《不宜泛化的论题与古已有之的章法——关于〈拿来主义〉的两点思考》的初稿和后续修改时添加的文字。

李玉山老师在《〈拿来主义〉"逻辑"诊断》中认为鲁迅的《拿来主义》违背了逻辑学中的"矛盾律"和"同一律"。[1] 我撰文《〈《拿来主义》"逻辑"诊断〉的逻辑诊断》予以批驳，认为《拿来主义》的论题、论点、论证、结论和旨意并无大的逻辑问题。[2] 不久，李老师又发表反批驳的文章《"互文结构"与"知人论世"——〈拿来主义〉解读的两个问题》。他在文中并没有反驳我的观点，而是认为我在文中提出鲁迅是在讨论文化问题而不是经济、军事、科技等，所以是"泛化"，认为我提出的《拿来主义》在讨论文化问题时采用了类似于"互文见义"的章法很"荒诞"。[3] 几年来，孔凡成、刘辉、郝敬宏、赵瑞萍、苏和平、张慧玲、郭传斌等老师撰文参与了这场有关《拿来主义》是否存在逻辑问题的论争。关于《拿来主义》的论题和章法，我在《〈《拿来主义》"逻辑"诊断〉的逻辑诊断》中提及而没有展开论证，这里只针对李老师的批驳回应而稍作申说。

李玉山老师在《"互文结构"与"知人论世"——〈拿来主义〉解读的两个问题》中，从《拿来主义》论题和结构两方面认为我所说的该文是讨论如何继承中外文化遗产问题，是在泛化论题，认为我所说的该文存在类似于"互文见义"式的结构是不当的。这看起来是在讨论论题和结构两个问题，实际上是一个问题，即是否分别讨论中外、古今文化问题。结构问题是由论题问题引发的。论题问题讨论清楚了，结构问题就迎刃而解了。

我认为《拿来主义》讨论了如何辩证地去对待（吸收、继承）外国文

［1］李玉山：《〈拿来主义〉"逻辑"诊断》，载《中学语文教学》2020 年第 2 期。

［2］张心科：《〈《拿来主义》"逻辑"诊断〉的逻辑诊断》，载《中学语文教学》2020年第 9 期。

［3］李玉山：《"互文结构"与"知人论世"——〈拿来主义〉解读的两个问题》，载《中学语文教学》2021 年第 1 期。

化与中国传统文化问题，无论是从杂文的体式特点，还是从传统文章的笔法、鲁迅杂文的习用作法来看，文章运用了类似于"互文见义"的形式也是有理有据的。

一、所论内容

（一）问题：讨论的是文化还是泛化的问题？答案：是讨论文化建设，没有任意泛化

1.外语境：写作缘起于《大晚报》刊载的文化新闻

《拿来主义》写于1934年6月4日。同年6月2日，《中国日报·动向》发表了鲁迅的《谁在没落》。两篇文章前后刊发，讨论皆缘起于《大晚报》的新闻："我国美术名家刘海粟、徐悲鸿等，近在苏俄莫斯科举行中国书画展览会，深得彼邦人士极力赞美，揄扬我国之书画名作，切合苏俄正在盛行之象征主义作品。……自彼邦艺术家见我国之书画作品深合象征派后，即忆及中国戏剧亦必采取象征主义。因拟……邀中国戏曲名家梅兰芳等前往奏艺。"[1]其所评论的是因为一些人认为中国画（重写意）、京剧（以两三人代千军万马，以四五步代万水千山）与西方象征主义存在相似性，所以存在交流的可能。这是由具体的文化事件来讨论文化交流问题，没有泛化到文化之外的经济、军事、科技之类。如果认为所论是如何对待文化、经济、军事、科技，那么恰恰是李老师自己在"泛化"论题。

2.内语境：旧枪炮之类是引发讨论文化话题的引子

鲁迅从"单说学艺上的事"切入正文，接着围绕"学艺"展开论述，最后以"没有拿来的，人不能自成为新人，没有拿来的，文艺不能自成为新文艺"作结。"学艺""文艺"均指文化。"新文艺"自然属于文化范畴，具体是指通过吸收把别人的变成自己的，通过革新把传统的变成现代的。

---

[1]鲁迅：《谁在没落？》，见《鲁迅全集》（第五卷），人民文学出版社2005年版，第514页。

"新人"之"新"也显然是指精神层面上的解放。

（二）问题：讨论的是外国文化还是中国文化？答案：讨论的是中国文化建设，只是从讨论拿来外国文化说起

1. 从思路来看，是由中国文化向外推广自然说到中国文化继承

全文从向外国送去中国文化写到主张辩证地对待中国传统文化，顺理而成章，逻辑缜密，思路清晰。

2. 从手法来看，是用大宅子等系列比喻讨论中国文化

首先，大宅子可通过"合法继承"或其他不当、非法方式（"骗来的""抢来的"）获取。"继承"的对象应为"遗产"。"遗产"就指传统文化。其次，作者批判了面对"大宅子"三种不同的态度——"徘徊不敢走进门"的逃避主义、"放一把火烧光"全盘否定的虚无主义、"接受一切"全盘继承的投降主义，并进一步用如何对待"鱼翅、鸦片"等喻体来说明正确的做法。这些喻体皆有明显的"遗存"性质，"大宅子"也不例外。此外，由鲁迅在文末所言的"宅子也就会成为新宅子"可知前文中的"大宅子"指"旧宅子"。

有研究者通过数据库统计，认为"宅子"一词至少在 20 世纪二三十年代并不是专指中国传统住宅，所以谈不上具有"鲜明的中国符号特征"，也不能指称中国传统文化。[1] 其实，鲁迅杂文语言的奇崛性不在于他用了什么比喻，而在于能出人意外地在不同事物间建立联系，发现两者间的相连之处，形成独具特色的概念界定。这也决定了不能仅以使用大数据统计的结果来判定"大宅子"的比喻含义。这种统计看起来是实证，却未必科学。语料库本身并无法确定是否遗漏了用宅子比喻文化遗产的语料内容，甚至不能说因为当时的人很少用或者不用大宅子来比喻传统文化遗产，所以鲁迅就不可以用或者就不会使用，即便是绝无其他人而仅有鲁迅这样用也未必不可。就像鲁迅在《未有天才之前》中将土壤比喻成产生天才的民众。正因为别人不

---

[1] 刘辉：《〈拿来主义〉的逻辑》，载《中学语文教学》2021 年第 1 期。

用或者很少用土壤来比喻民众，鲁迅的比喻才显得贴切而新奇，否则就成了陈词滥调，这与人们常说的"第一个用花儿来比喻女人是天才，第二个用花儿来比喻女人是庸才，第三个花儿来比喻女人是蠢材"的道理是一样的。

3.从题旨来看，是"没有拿来的，人不能自成为新人，没有拿来的，文艺不能自成为新文艺"

《拿来主义》的文末称："没有拿来的，人不能自成为新人，没有拿来的，文艺不能自成为新文艺。"与"新人"相对的是旧人，与"新文艺"相对的是旧文艺。"旧"是什么？答：传统（文化）。正如我在《〈《拿来主义》'逻辑'诊断〉的逻辑诊断》中指出的，是"分别用不同的切入角度和论证方法来讨论，以达到从两个侧面统一到一个论题（论点）上的目的"[1]。

总之，无论是从外语境、内语境，还是从其思路、手法及题旨来看，鲁迅在《拿来主义》中都是在讨论文化问题，而没有泛化到经济、军事、科学等领域。

二、所用形式

"互文见义"的章法是否说得通？首先，《拿来主义》不是学术论文而是杂文，杂文的特点之一是笔法灵活。其次，鲁迅是思想家，也是文章家，他擅长多种文体的写作，也熟悉古代的诗文作法。我们需要注意杂文"这一类"文体的特点、《拿来主义》"这一篇"文本的特点以及鲁迅"这一位"作家的写作风格（习惯）。

（一）杂文"这一类"文体的特点：笔法灵活

杂文不是严整的学术论文，笔法灵活是其特点。作者在写作时常由一个问题想到一个与之相似、相关的问题，看似信手拈来；会采用引用、比喻、举例、类比等方法说理，显得形象、生动、有趣。这一点已经在《〈《拿来

[1]张心科：《〈《拿来主义》"逻辑"诊断〉的逻辑诊断》，载《中学语文教学》2020年第9期。

主义》"逻辑"诊断〉的逻辑诊断》中阐述过，不再赘述。

（二）《拿来主义》"这一篇"文本的形式：古已有之

　　如何从国外拿来，如何从古代拿来，以建设"中国的""新的"文化。《拿来主义》将外国文化与中国文化对照着来写，类似于传统写作中的"宾主变化"法[1]。先写"闭关主义""送来主义"，再写"拿来主义"。先写如何对待外国文化，再写如何对待中国文化，"纵是放开一步，擒是抓住"[2]。将"宾"与"主"对照着写，先"宾"后"主"。又类似于传统的"比喻有两柄而复具多边"[3]。"拿来主义"是"一柄"，外国文化、中国传统文化是"多边"，就是无论是对待外国文化，还是对待中国传统文化，都应辩证地继承（吸收）："运用脑髓，放出眼光，自己来拿。"

　　我在《〈《拿来主义》"逻辑"诊断〉的逻辑诊断》中认为其写法类似于"互文见义"[4]。中国传统语言学或诗学中的"互文见义"与西方现代文艺学中的"互文性"这两个概念中的"互文"所指并不相同，不能像李玉山老师在反批驳的文章中那样将二者混淆在一起。"互文性"指不同的文本之间存在着某种关联。"互文见义"是古人创作诗文时常采用的修辞手法，原指在相邻句子中使用相对的词语，二者互相补充，结合起来表示一个完整的意思，即"参互成文，合而见义"。如"秦时明月汉时关"并非分别单指秦朝的明月、汉朝的关塞，而是指秦汉时候的明月和关塞。就形式和内容来说，《拿来主义》"从文字上看都不是同时讨论如何对待中国和外国文化……但是有关对待外国文化的态度和做法同样适用于对待中国文化遗产"[5]，类似于"互文见义"。杂文这种文体鲁迅可以开创，不同文体的笔法也可以互

[1]周振甫：《文章例话》，中国青年出版社1990年版，第153页。
[2]周振甫：《文章例话》，中国青年出版社1990年版，第149页。
[3]周振甫：《文章例话》，中国青年出版社1990年版，第242页。
[4]张心科：《〈《拿来主义》"逻辑"诊断〉的逻辑诊断》，载《中学语文教学》2020年第9期。
[5]张心科：《〈《拿来主义》"逻辑"诊断〉的逻辑诊断》，载《中学语文教学》2020年第9期。

用，鲁迅在《拿来主义》这篇杂文中借鉴了传统诗文的这种笔法。

（三）鲁迅"其人"为文的习惯：习用作法

鲁迅的其他文章是否采用了类似的章法？"互文见义"的手法运用并非只有《拿来主义》这个孤例，它甚至成为鲁迅讨论中与外、古与今等相对或相反问题时的习用作法。如在《天上地下》中，鲁迅讽刺一些报刊在报道国民政府的军队轰炸中央苏区时用"炸进去"一词而报道日本飞机轰炸中国用"炸进来"一词，相应地，出现了"上海小学生的买飞机"和"北平小学生的挖地洞"的现象。在他看来，蒋介石"剿共"与日军侵华形异而实同，都是在中国的土地上轰炸，被炸死的都是中国人。由此看来，"非安内无以攘外"与"安内急于攘外"的实质是什么、二者关系怎样、各自是否有必要，也就不言而喻了。[1]与此话题相关的《"以夷制夷"》、《中国人的生命圈》、《文章与题目》（原题《安内与攘外》）也都用了类似的笔法。其他如《论"旧形式的采用"》《不知肉味和不知水味》《北人与南人》《"京派"与"海派"》《再论雷峰塔的倒掉》等在讨论相对或相反的现象、人、事等（或形异而实同，或对立而统一，或观察的侧面或讨论的角度不同但对象相同，从而在其间形成一种相互印证、衬托、补充的关系）时都采用了这种行文思路。

总之，无论是从杂文的体式特点，还是从传统文章的笔法、鲁迅杂文的习用作法来看，认为《拿来主义》运用了类似于"互文见义"的形式可谓言之成理而且持之有据。

---

[1]《鲁迅全集》（第五卷），人民文学出版社 2005 年版，第 147—148 页。

《边城（节选）》教学：重体式·顾全篇·教读法

小说教学内容如何确定与如何教学，一直存在很多争议。近年来，"三要素"作为小说教学的内容被认为已过时，有人提出要将小说分成情节小说、心理小说、荒诞小说等不同亚类，并将不同亚类的体式特征作为教学内容；还有人提出应该将西方叙事学的知识作为小说教学的基本内容。其实，将小说分成不同的亚类并据此确立教学内容并没有脱离"三要素"的范畴，只是突出了"三要素"中某一两个要素而已。引入繁难的叙事学知识也许违背了语文知识教学要遵循"精要、好懂、有用"的原则，反而增加了学生的认知负荷。以"三要素"作为小说教学的基本内容并没有过时，不过无论是小说教学内容还是教学形式确实都需要改革。

不少课文是从中长篇小说中节选出来的相对完整、独立的章节。在提倡"整本书阅读"的背景下，如何认识和处理节选的课文与原作的关系，也有进一步探讨的必要。

阅读教学的主要目标是什么？是欣赏其内容以获得审美愉悦，还是进一步借此掌握阅读方法以提高阅读能力？

总之，有关节选小说的教学内容与形式都需要重新审视，要注重体式、顾及全篇，并据此教授小说阅读方法。下面，结合王瑜珈老师的《边城》教学实录来探讨。

问诊案例

《边城（节选）》教学实录

王瑜珈

一、预习检查

师：《边城》共有二十一节，教材选取的是第三、四、五、六节。

生：第三节讲的是边城的人们紧锣密鼓地筹备着端午节的龙舟竞渡。

生：第四节……（迟疑）

师：可以先按提示完成第五节的概括填空。

生：第五节讲了去年端午，翠翠和爷爷去顺顺家的吊脚楼避雨，初识大老天保。

师：参考第五节，关注时间、人物、主要事件。

生：第四节写两年前的端午，翠翠在大河边看完划船等爷爷，邂逅了二老傩送。

生：第六节写老船夫与卖皮纸的过渡人的争持，表现了民风的淳朴和老船夫的重义轻财。迎亲的花轿来到渡口，撩拨了翠翠内心深处的情思。

二、问题探讨

1. 为什么读到二老时我会想起我喜欢的少年？

师：了解了课文内容，我们发现边城可探讨的东西有很多，比如优美风光、节日民俗等。从昨天同学们反馈给老师的问题来看，大家都对人情很感兴趣，那今天我们就一起来品品边城人情。我先选择最动人的一个。

（屏显）

> 为什么读到二老时我会想起我喜欢的少年？

师：看来大家都和我一样，对这个问题很感兴趣。答案在哪里寻找？

生：第四部分，翠翠和二老初遇。

师：请三位同学分角色演绎下二人初遇情景，大家在听的过程中注意勾画文中重要细节，分析人物形象。

（学生分角色表演第 25—38 段）

师：谁来点评一下刚才三位的表现？（生沉默）那就请"傩送"的同桌好不好？

生：读得好。我觉得旁白是读得最投入的。

师：言下之意是"傩送"和"翠翠"还不够投入？

生：不是，都是很投入的。

师：那你从同桌"傩送"投入的朗读中听出了什么感情？

生：少年的轻狂。他对翠翠说："回头水里大鱼来咬了你，可不要叫喊救命！"对狗说："老兄，你要怎样？"

师：这是轻狂？

生：还有调皮、可爱吧。

师：这位同学读出了轻狂、可爱。那老师也想采访一下"傩送"，作为"当事人"，你认为这些话传递的是什么情感？

生：对女孩子的一份欢欣，因为他说"到我家里去"；还有一点好面子，狗叫了以后他还说吓它。

师：他说"欢欣"的时候，很多同学都笑了，是不是有不同的解读？

生：文中写到他听出她年纪小小的，所以一个人在这儿等可能会害怕。二老很善良，他被翠翠骂了都没有回去，表现得很大度。所以我觉得他后面也不是好面子，是开玩笑。

师：很好。傩送的好意被误会，翠翠不但不领情，甚至还骂了他。而傩送被骂后却还能从翠翠的角度去思考，表现出大度、善良的一面。关注文本细节可以帮我们更好地去理解人物。

师：那这次相遇，双方印象如何？

生：不好。

师（出示插图）：这是黄永玉先生为《边城》中二人初遇所作的一幅插图。《边城》有诸

咬人的大鱼　黄永玉绘

多艺术改编形式，却唯有这幅插图被作者视为《边城》知音，得到作者的肯定。同学们能否结合文本来解读下这幅图？如果不理解，也可以说说你们的疑惑。

生：这幅图是红色的，边城是一个古朴的地方，我觉得红色能够表现出当地人的一种热情。左边是翠翠，她用右手抚着左手，就像在说"你不用来帮我了"，好像在拒绝；右边手里拿着鸭的应该就是二老，你看他的眼神是望着翠翠的，应该表达了对翠翠的关心。文中说黄狗在向二老吠，图中也表现出来了。傩送说了大鱼来咬她，所以这上面大鱼的形象很大，但大鱼没有牙齿，也比较符合他们那种天真、可爱的特点。所以我觉得这幅图特别形象生动地表现了他们初遇的那种场景。

师：观察得非常细致，从图的颜色、构成、细节分析了这幅图，还可看看图中人、物的比例，谁占了中心位？

生：翠翠画得比傩送大，应该是反映翠翠的心理。然后是鱼占了中心位。

师：鱼从哪里来？请同学们把那句话勾出来。

生：回头水里大鱼来咬了你。

师：这个细节让我想到了 20 世纪 80 年代《边城》的电影剧本，编剧把剧本寄给沈从文先生征求意见，其中此次相遇是这样描写的（出示剧本选段，略），你们觉得合适吗？

生："翠翠害羞地低下了头"和"翠翠跟那男子四目相遇"不合适，不符合当时翠翠的心理，翠翠应该是很焦急的，对二老印象也没那么好。

师：你和沈老的观点达成了高度统一，谢谢。（出示沈从文批复意见，略）翠翠此时是个尚未成年的女孩，感情是朦朦胧胧的，她对傩送的第一印象似乎还没有对那条大鱼的印象深。

（生笑）

2. 大鱼在文中为什么反复出现？

师：细心的同学发现了占据中心位的大鱼在文中反复出现，我们找找还有哪里有大鱼，思考大鱼反映出翠翠怎样的心理。

生：第 46 段翠翠说"翠翠早被大河里鲤鱼吃去了"。前面傩送是善意的提醒、玩笑，后面这个就是翠翠对爷爷没有来接她的生气、小抱怨。

师：傩送用的是"咬"，到了翠翠嘴里却变成了"吃"，为什么？

生：说明鱼在翠翠心里留下了很深的印象，而且鱼可能有点凶，翠翠还有点怕。哪怕是在和爷爷对话时，脑子里还有当时和二老相遇时的场景。

生：第54段，去年送翠翠回家的那个人也提到了。

师：话好懂，看翠翠反应。

生：抿着嘴笑了。

生：还有第81、83自然段，爷爷和翠翠的对话中也出现大鱼了。

师：这个时候翠翠的反应是？

生：嗤地笑了。

师：从"抿着嘴笑"到"嗤地笑"，透露出翠翠怎样的心思？

生：一个是去年，一个是今年，翠翠长大了，感觉大方了些。

生："抿着嘴笑"是很娇羞的，"嗤地笑"是那种完全忍不住了，说明翠翠心里对二老的好感更深了，感情更强烈了。

师：综合一下，一条大鱼，从两年前二人初遇，再到去年端午、今年端午的反复出现，串起了翠翠的成长，也让我们窥见了翠翠内心情感的与日俱增。初见的印象并没有很好，后来却成为翠翠"甜而美"的回忆。这一变化中最重要的因素是什么呢？

生：可能是时间吧，时间把她的记忆美化了。

师：仅仅是时间的发酵就能让不美好的变得美好了吗？我有过不美好的记忆，比如东西被偷了，我现在想起来依然觉得不美好。所以，除了时间催化，还有什么是很重要的？

生：人物本身的特质。我觉得是因为二老人好，一开始有误会，所以印象不好，但后来翠翠明白了，误会解除了，就明白了他的好了，想起来就会让人觉得很温暖。

生：我也觉得是因为二老这个人好，热情又能干，会捉鸭子，还很善良，翠翠骂了他，他也没和她计较，还专门找人送她回去。哦，对了，人称"岳云"，他还很帅！

师：那"为什么读到二老时我会想起我喜欢的少年？"这个问题，同学们心中有答案了吗？

生："喜欢的少年"，我想那个"少年"在她的心中应该就像傩送在翠翠心中一样，是会发光的，他身上有许多有吸引力的地方，能给人以温暖、向上的力量。

师：说得很好。这就是沈从文先生想让我们看到的人，用他自己的话说，他要表现的是"优美、健康、自然而又不悖乎人性的形式"。

3. 文中人物为什么基本都有一种正直、热情的感觉？

师：那我们再来看看文中除了翠翠和傩送之间的朦胧情愫，还体现了哪些温暖的人情呢？

生：第16页第17段说"好让他也过河边去看看热闹"，可以看出老船夫对朋友特别关心。

生：我觉得第21页老船夫和过渡人的争执让人感觉很温暖，就是那种不是很熟的人也很友爱。

生：我找到的是翠翠和祖父。第22页第85到88段，翠翠很关心爷爷，爷爷不想让翠翠担心，还努力表现自己年轻有力，那种亲情让我觉得很感动。

师：谢谢同学们的分享，这样温暖的人情在《边城》中还有太多太多。有同学说"文中人物基本都给我一种正直、热情的感觉"，这种感觉很准，一个个正直、热情的人组成了边城社会，处处让人感受到人情温暖。那人情的温暖源于什么呢？

生（犹豫）：沈从文先生是不是想表达人们的善？

师：傩送与翠翠初遇，即使被误会也能从对方的角度去理解，给予陌生人包容；老船夫在热闹的时候能想到帮自己守船的朋友，怕他孤独；渡船人知道老船夫生活拮据，坚持要给钱，老船夫"狡猾"地只留单铜子却给出更多的东西……他们具有什么共同特点？

生：不自私、不小气，都知道替别人考虑。

师：是的，他们会从他人的角度思考，人人信守利他的道义（出示沈从文墓志铭：照我思索，能理解"我"；照我思索，可认识"人"），这也正是边城人的魅力，人情的温暖正是源于——

生：人性的善良。

师：人情的温暖，源于人性的善良。沈从文先生是要"为人类'爱'字作一度恰如其分的说明"。

（出示《〈从文小说习作选〉代序》节选，略。）

三、对比阅读

师：《边城》完成于1934年，它让我想到了1924年鲁迅先生的《祝福》。

（出示《祝福》《边城》对比文段，略。）

师：同样是描写旧中国社会，《祝福》和《边城》有何不同？请从人物、环境两方面分析。

生：鲁迅先生描写的人物都是比较薄情、麻木的，不是特别正面的形象，环境也比较萧瑟，比较阴暗，让人感到压抑；在沈从文先生笔下，我们看到的环境就很明朗，给人温馨的感觉，人物都是善良的。我觉得每个时代都会有好的和不好的，他们俩是从不同的角度去看这个社会，但他们的最终目的都是要传播真善美。

师：由人物、环境的比较入手，还思考了创作目的，非常棒。小说图景是作者心灵图景的再现。鲁镇是一个由麻木的人组成的冷漠的环境，就像一沟绝望的死水；而边城却是由善良的人组成的温情社会，就像一个美丽的传说。一个是悲惨世界，一个是世外桃源，鲁迅先生取批判的态度，把丑揭露出来引人警醒，而沈先生则取重建的态度，建构出美以让人向往、追寻。如果说鲁迅在新文化运动中推倒了传统文化绚丽堂皇的宫殿，留下一片废墟，那么沈从文便从中拾起若干完整的砖块，建起了一座庙宇，在那里供奉着爱与美的遐想。他们选择了不同的方式，却都是出于内心炽热的爱。

四、整本书阅读引导

（出示小说结尾，学生齐读。）

师：如此善良的人，如此温暖的人情，但作者讲述的却是一个悲剧，这是为什么呢？答案还得从原著中去寻找。

（四川省绵阳中学）

诊断意见

从总体上看，王老师的小说教学很有代表性：先在"预习检查"和"问题探讨"中，围绕"三要素"梳理了故事情节、分析了人物形象、探讨了作品主旨；接着在"对比阅读"中，比较《边城》和《祝福》两个"这一篇"小说的"三要素"；最后出示小说的结尾，引导学生阅读"整本书"。实录中的教学过程完整，不少环节的安排巧妙、自然，局部分析深入、精当，还综合运用了朗读、细读、比较等读法。不过，如果从课文的体式、形态及阅读教学的目标来看，还有需要完善的地方。

一、从小说体式来看，教学没有注意"这一类"与"这一篇"的结合

小说作为特殊的文学类别，可以"三要素"为抓手组织教学，这并无不当。因为从"三要素"入手就大致能获取一篇小说的基本信息。不过，这显然还不够。就好比观察一个人，从头部、躯干、四肢只能观察到一个人的轮廓，要说出这个人的特征，还需要观察其五官、表情及其与众不同之处。所以，还要注意"这一篇"小说的特色，完全可以通过"三要素"的比较看"这一篇"与其他小说在体式上的不同。比较的目的，不在掌握不同的"三要素"，而是通过"三要素"的比较来理解两者体式特征的不同。因为是学习小说阅读而不是小说写作，所以比较体式特征的最终目的是体会各自所产生的审美效果。《边城》与《祝福》等其他小说相比，明显带有"诗化小说"的特征。这在节选的第四至六节及其他部分中都有所体现。

一是场景意境化。就是选择与某种情感、情绪、情趣相关的景物，再将这些景物（意象）相联系一而生成富有意蕴的画面、场面（意境），最终在情景交融的意境中营造出一种诗的氛围。文中描绘的场景弥漫着一种静谧、自然、祥和的气息，富有诗意。如第三节写道："再过一会，对河那两只长船已泊到对河小溪里去不见了，看龙船的人也差不多全散了……河面已朦朦胧胧，看去好像只有一只白鸭在潭中浮着，也只剩一个人追着这只鸭子。"如果说前面赛龙船、抢鸭子的场面描写如"嘈嘈切切错杂弹，大珠小珠落玉盘"，那么此处的氛围则近于"东船西舫悄无言，唯见江心秋月白"。第十一、十三节所描写的景物还带有一点象征意味，如诗歌般蕴藉。如："雨后放晴的天气，日头炙到人肩上背上已有了点儿力量。溪边芦苇水杨柳，菜园中菜蔬，莫不繁荣滋茂，带着一分有野性的生气。"如第十三节中的"月光如银子，无处不可照及，山上篁竹在月光下皆成为黑色。身边草丛中虫声繁密如落雨。间或不知道从什么地方，忽然会有一只草莺'落落落落嘘！'啭着它的喉咙，不久之间，这小鸟儿又好像明白这是半夜，不应当那么吵闹，便仍然闭着那小小眼儿安睡了"。又如第二十节写爷爷死之前雷雨交加、白塔坍塌，写爷爷死之后一颗流星从天空划过。

二是背景散点化。《边城》写于1933—1934年，当时的中国因为日本侵略加剧而正处于"非常时期"。作者没有将茶峒描绘成世外桃源，而是以兵士在不同的时间、地点、事件中的反复出现来交代当时处在战争年代，读者也能隐约感觉到。只不过为了表现人性美，他并没有写战场上的厮杀与帷幄中的运筹以歌颂他们的智勇，而是通过写兵士的恋爱、经商、玩灯、比赛（参加端午抢鸭子的民俗活动）、治病、送葬等来赞美他们重情、慷慨、明理、正直、开朗、善良等。

三是人物写意化。不细致描绘人物的外貌，而是采用"画眼睛"的方式来表现其神采。如第二节写翠翠"在风日里长养着，把皮肤变得黑黑的，触目为青山绿水，一对眸子清明如水晶"。甚至根本不提及人物的外貌而只从他人的反应中呈现，让读者去想象。文中没写傩送的外貌，只是以别人为傩送取诨名"岳云"来"赞扬这种美丽"。

四是情节片段化。就是截取一个故事中一些片段，而不交代片段之间发生的事，以产生一种似断实连、忽实又虚的效果。例如，傩送是怎么让家里的伙计送翠翠的，伙计又是怎么找到翠翠的，傩送为什么要告诉伙计自己说过大鱼会吃翠翠的话，爷爷后来又为什么说"前年还更有趣，你一个人在河边等我，差点儿不知道回来，我还以为大鱼会吃掉你"，全文都不置一词。

"这一篇"的体式特征可以直接分析。不过，实录在围绕其"三要素"分析时并未揭示其"诗化"的特征。"这一篇"的体式特征也可以通过与其他文本比较得出。然而，实录引入《边城》的电影剧本和插画的目的并不是通过比较以突出原作的体式特征及其表达效果，而是为了帮助学生理解其内容；在将其与《祝福》比较时，虽然揭示了各自"三要素"的不同，但是并没有进一步探讨由此所显示的《边城》"这一篇"的特色及其表达效果。

二、从节选形态来看，教学没有处理好"整本书"与"这一课"的关系

节选的课文是整体中的部分，所以应从整体来认识部分，而不是相反。如果是整本书阅读教学，那么完全可以截取其中有代表性的章节作为样本，示范阅读方法，并激发学生阅读整本书的动机。然而，可能是没有弄清楚二者的主次关系，王老师在执教节选部分时不是联系《边城》整本书，从前后文来深入理解节选部分的内容，而是借梳理节选部分来引导整本书阅读，导致课文的教学成了课外阅读的引子，或者说节选部分的教读课成了整本书阅读的示范引导课。

节选部分教学应着眼"整本书"从"三要素"入手理解"这一篇"的特色。如果不顾及全篇，就很难确定教学的重点和难点，更不要说正确理解课文了。从全文看，《边城》是写翠翠与天保、傩送之间的爱情故事，其他与之相关的人、事、景都是为了突出主要人物、推动情节发展。在实录中，学生因为没有阅读全篇，所以理解出现偏差。如学生将第三节情节概括为"边城的人们紧锣密鼓地筹备着端午节的龙舟竞渡"，对第四节的情节也因此概括不出来。其实第三节是写傩送参加端午赛龙船、抢鸭子的预演，翠翠觉得"那点迷人的鼓声，把自己带到一个过去的节日里去"。第四节写两年前的端午翠翠看比赛后初遇傩送。因为没有阅读全篇，学生对人物的认识不够全面，甚至产生错误。如有学生说傩送"轻狂"。如果单看这几节的内容，那么说傩送"轻狂"并不为过，因为一个男孩和一个初次见面的女孩说这样的话，还让他去自己家，确实不妥。如果读过全篇，就能通过其他的事了解他的人品，也就不会将此举解作"轻狂"。傩送对翠翠说大鱼咬人，明显是把自己当成大人而把翠翠当成小孩。这种模拟吓唬小孩的行为，既反映出他的顽皮性格，又表达了试图与翠翠建立一种亲昵关系的意图。没有阅读全篇，导致对节选部分的主旨概括不准确。《边城》是赞扬"人性美"还是"人情美"？"人"具体指谁？"美"又表现在哪些方面？如果单从节选部分来看难以回答。作者在《题记》的开头写自己"对于农人与兵士，怀了不可言说的温爱"，这篇小说就是赞扬农人和兵士的。小说主要人物翠翠和天保、傩送的父亲、母亲均分别是军人和农人。整篇小说主要是写军人、农人及其下一代在爱情矛盾中彰显出的各种人性的美。如《题记》提及要歌颂农民的"质朴，勤俭，和平，正直"。这些美又体现在不同的人身上。如第二节用大量的笔墨直接交代天保和傩送："年纪较长的，如他们爸爸一样，豪放豁达，不拘常套小节。年幼的则气质近于那个白脸黑发的母亲，不爱说话，眼眉却秀拔出群，一望即知其为人聪明而又富于感情"，"两个人皆结实如老虎，却又和气亲人，不骄惰，不浮华，不倚势凌人"。第九节写他俩是"聪明，正直，勇敢，耐劳的年青人"。因为"人性美"自然就产生了"人情美"，所以教学要重点分析人性美，并由此带出人情美。这些"人性美""人情美"不仅要从节选部分的人物的不同言行及其复杂的关系中去分析，还要顾及全篇。又因为没有阅读全篇，一些重要的问题也没有关注。例如，从全篇看，第三节写翠翠等待爷爷几乎是后文翠翠等待傩送的预演，此处翠翠说的"他不会。他答应来，他就一定会来的"，也是后文中翠翠对傩送的期待。第五节写爷爷喜欢天保而翠翠喜欢傩送，这也是为后文写天保和傩送出走埋下了一个重要的伏笔。

　　因为没有顾及全篇，老师的教学也会出现不当。如没有意识到"鱼"在全篇中是一个并不特别重要的细节而将其作用放大。黄永玉为《边城》画大鱼插画，是他通过绘画来改写原作。如果说根据《边城》改编的电影剧本对翠翠和傩送初次相遇时的描写严重地违背了原作的表意，那么黄永玉的插画只不过用想落天外的方式、夸张的艺术手法放大了原作中的一个细节，并不能因为沈从文肯定他画得好，就说明大鱼在原作中特别重要。插图画了什么、画得怎样，并不重要，没有必要像实录这样大讲特讲。原文反复出现大鱼吃人这个话题（还有黄狗、鸭子、虎耳草、碾坊等），只不过是借此来勾连不同人物，并以不同人物对话题的不同反应来表现各自不同的性格及其间的亲疏关系，这才应该是教学的重点。实录在后半部分处理得不错。

三、从阅读教学目标来看，教学没有兼顾"赏课文"与"学读法"

一是读法的显与隐。传统语文教育多让学生暗中摸索，一味地强调积累、熏陶、感悟。现代语文教育强调师生明里探讨，重视教师讲解、提示的方法及学生讨论、归纳方法。实录中虽然也有表演、细读、比较等阅读行为，甚至可以说这种阅读行为本身就暗含着方法，可惜在这些阅读行为结束后并无明确的方法提示或总结。

二是读法的正与误。阅读教学的过程应该做到阅读过程、学习过程与教学过程三者基本一致。也就是说，教学环节的安排应该基于学生阅读过程的推进。实录的第一至第三步，基本上是按照梳理故事情节、分析人物形象、联系背景探讨主旨的顺序进行的。然而现实中的小说阅读多是从头读到尾，在阅读过程中读者会依次思考：写了什么人（人物）？其有哪些言行（情节）？又与其他人发生什么关系（情节）？这种言行是在什么情境下（环境）出于什么目的（主旨）而做出的？作者的目的是什么？如果说阅读教学的目的是培养学生走上社会之后的阅读能力，那么阅读教学过程就应该基于学生的自然阅读过程设计教学流程。同时，应根据文本特点确定读法。文学作品的读法有想象、诵读、批注、表演等。实录中的"分角色表演"实际上是"分角色朗读"。真正的"表演"是将其改编成课本剧让学生演出。文学作品适合也应该让学生朗读。说、写是通过语言表达对文本的理解，朗读是通过声音的高低、快慢、停连来表达。所以，理解是朗读的前提。从这一点看，不应该将"分角色朗读"放在"分析人物形象"之前而应该放在其后。这样可以让学生进一步用声音将语言无法表达的地方表达出来，并加深理解，才能真正做到读得声情并茂、恰如其分。

专家处方

医生开具处方只是治疗的一个环节，要治好病还得根据处方自己去抓药、煎熬、服用。处方也不宜复杂，因为在诊断病因时会交代治疗方法。如果找到病因，就好对症下药。下面，只针对节选小说的阅读教学，简单提三点建议。

首先，从文本体式来看，小说阅读教学的内容，应从"三要素"入手，探究"这一篇"的特色及表达效果。小说阅读教学的形式，应该根据"三要素"之间的有机联系设计教学过程，并根据"这一篇"的特色选择教学方法。

其次，从呈现形态来看，教学节选的课文，有些应让学生在课前研读，课堂教学要顾及全篇。从篇幅的长短和内容的复杂程度来看，不一定要让学生在课前阅读短篇小说，也很难让学生在课前阅读像《红楼梦》那样的长篇小说，像《边城》这样的中篇小说则应该让学生在课前阅读，并且在教读课文时让学生"瞻前顾后"，理解节选部分。

最后，从阅读教学目标来看，阅读教学既要让学生欣赏课文，又需让其掌握读法。学生既要遵循注重体式、顾及全篇等原则，更要掌握可操作的步骤和更具体的读法。可按照文学作品三级阅读法解读《边城》：审美感觉阅读（通过想象、联想，进入小说描绘的情境）、反思性阐释阅读（通过研读、比较，鉴赏小说的内容与形式）、历史的阅读（通过阅读有关《边城》和沈从文的论著，了解其他人的解读情况）。也可按照小说阅读过程模式阅读《边城》：首先，由解题入手，确定主要人物；其次，从人物分析入手，带动情节和环境分析；最后，通过分析作者的态度来探究课文的主题。在教学结束时，总结解读过程。具体的读法包括解读一般文学作品的想象、诵读、批注、表演法，以及解读"这一类""这一篇""这一段""这一句"的比较法等。当然，还有其他更多、更细的读法。

《红楼梦》整本书阅读教学：区分选文
功能与确定教学类型

近两三年，已有数百篇（部）整本书阅读教学论著和《红楼梦》整本书阅读教学案例发表。不过，对于《红楼梦》整本书阅读教学教什么与怎么教，还有很多争议。胡云信老师从章回体小说回目的功能和特点的角度，设计并组织了《红楼梦》整本书阅读教学，对整本书阅读教学作了有益的探索。

问诊案例

《红楼梦》整本书阅读教学实录

胡云信

师：古人有言："不能入得书，则不知古人用心处；不能出得书，则又死在言下。"我们阅读皇皇巨著《红楼梦》，既要"入得书"，又要"出得书"。之前，我曾做过调查，已经通读《红楼梦》的同学占三分之一，读了一半的近三分之一，其余的要么刚起步，要么没有读。有同学反映，《红楼梦》影射太多，深奥难懂；还有同学反映，《红楼梦》结构松散，感觉不到章法。所以这一节课，我们从《红楼梦》的回目入手，跳出《红楼梦》读《红楼梦》。因为"不识庐山真面目"——

生（齐）：只缘身在此山中。

师：阅读回目，有何发现？

生：首尾两回，起于贾雨村、冷子兴，结于贾雨村、冷子兴，起于神话终于神话。整体架构还是挺严谨的。

师：你说得不错。还有发现吗？

生：古典小说回目都是以对偶为主体，回目语言非常整齐。

生：我发现各个版本不一致。

师：你发现关键处了。可以这么说，没有哪部书的问世像《红楼梦》这样曲折。这部书曹雪芹还没写完，就被好友传抄，一抄二抄三抄，窜改舛误散佚，直到作者去世近三十年才有木刻活字印刷，于是出现了十多个不同的抄本和印本。我建议同学们以人民文学出版社的版本为准，因为这是经过一批红学家考证、考订从而确定下来的版本，不仅有注释，而且其他版本不同处在各回后都有说明。

生：回目未必能完全概括本回的情节。如第七回"送宫花贾琏戏熙凤"，小说根本就没写贾琏如何戏王熙凤。

师：确实回目所显示的未必都是本回的主体事件。

生：有很多回目运用了象征、借代、比喻手法。

师：你了不起，已经思考到这个深度了。关于回目中的各种手法，我们不作为今天讨论的重点，但我希望感兴趣的同学课后深入研究，以后再作交流。好不好？

生：好。

师：我们今天根据回目，重点完成以下任务：一是评选贾府十大事件，二是评出大观园十大青春诗意镜头，三是筛选《红楼梦》十个离别瞬间。这几个任务完成了，我们对《红楼梦》就有全面了解了。之前，我印发了《红楼梦》一百二十回回目资料。下面请交流你们的研究成果。

生（展示）：我列举了 17 件大事，供大家讨论。

生：林黛玉进贾府、宝玉神游太虚境，不能算小说的大事件，只是小说的开端。

师：小说前五回相当于序幕，也是全书的总纲。前五回以象征、隐喻或写实的方式，基本上交代了全书的主要情节和主要人物的命运，还交代了全书的背景、写作的意图等。第一回到第五回分别出现了甄士隐、冷子兴、林黛玉、门子、警幻仙子，他们好比几个"导游"，先引导读者对贾府有一个整体了解。

生：在前五回听了这几个"导游"的介绍，再走进《红楼梦》，我们就不会迷路了。

师：是的。我们评十件大事前，应先明确一下"大事"的标准。

生：我觉得应该是贾府兴衰过程中的标志性事件。

生：我觉得事件牵涉面要广，影响巨大。

生：作者所写的篇幅要长，描写要细。

师：你们说得很好。既要看篇幅，又要看影响，最好是故事关键节点。按照这个标准我们看以下事件如何？

生："风月宝鉴"不能算。这只是一个插曲，尽管有暗示主旨作用。

生：黛玉葬花、怡红夜宴也不能算。这只是一个人和一群人的日常生活，没有矛盾的冲突。

师：你们说得很有见地，我们继续来排一排大事件。

生：第一件大事应该是"秦可卿之死"。且不说秦可卿身世是个谜，也不说为什么判词与实际所写不一致，单是事件本身牵涉面很广，应该算。

生：秦可卿死了，贾珍比贾蓉还悲伤，很奇怪。

（生笑）

生：秦可卿托梦给王熙凤也大有讲究。

生：秦可卿之死连带出贾珍大办丧事，凤姐协理宁国府、弄权铁槛寺等情节。

师：所以是大事件，关联前后的太多事情。

生：第二件当属"元妃省亲"，这是贾府最盛大的事件。

生（齐）：同意。

生：第三件大事是"宝玉挨打"。

师：不错，宝玉挨打是一个标志性事件，前前后后关联了很多回。宝玉挨打的原因有哪些？

生：宝玉会见贾雨村时无精打采，令贾政很不满。

生：宝玉与琪官的交往激怒了忠顺王爷，给贾政招来麻烦。

生：贾环诬告宝玉逼死了金钏儿。

师：你们说得都对，但还有根本原因。

生：贾政痛恨宝玉鄙弃功名利禄，不爱读书，不走正道。

师："宝玉挨打"反映的是封建礼教的维护者对叛逆者的打击与镇压。宝玉挨打是作者浓墨重彩描写的事件，事件本身还牵涉到哪些方面？

生：除了贾母、王夫人外，还关涉到庶出的贾环，更关涉到王熙凤、薛宝钗和林黛玉，还有"三春"姐妹以及老婆子和丫鬟们。

生：薛宝钗与林黛玉的表现迥然不同，描写得很细。

师：是的。曹雪芹对这件事有浓墨重彩的描写，以后我们将仔细品味。

生：宝玉挨打之后，在房中养病，不再接受贾政的监督责罚，为以后成立诗社和刘姥姥进贾府腾出时间和空间。

师：说得太好了。从这里我们可以发现，曹雪芹叙事是极有章法的，这几件大事是有内在逻辑联系的，叙事时多头并进，多线交织，是"网状结构"。以后我们会专门研究《红楼梦》的叙事艺术。我们继续讨论大事件。

生：第四件大事是刘姥姥二进荣国府。这呼应着第一进，埋伏着第三、第四进。

生：刘姥姥是贾府兴衰的见证人，也将贾府与平民百姓联系在一起。

生：刘姥姥二进贾府，写了三四回，写到了贾府方方面面的奢侈腐败的生活，还借刘姥姥的眼光写了大观园姑娘们的房间和妙玉的栊翠庵。

师：是全景式近镜头描写贾府日常生活状态。

生：第五件大事是"探春理家"。王熙凤病了，王夫人安排探春、宝钗、李纨三人理家，比凤姐在时还厉害。

师：谁来说说理家的内容？

生：赵姨娘兄弟死了，探春公私分明，不为亲人多给银子，引得赵姨娘大怒。

生：之后削减众人月例钱，把园子包给众仆妇，引得众人交口称赞。

师："探春理家"实际上是贾探春、李纨和薛宝钗三个人共同管理荣国府。这是三驾马车执政，但是因为贾探春表现太抢眼了，所以大家习惯把它叫作"探春理家"。正因为抢眼，许多读者都忽略了薛宝钗的表现。我们今天来分析一下王夫人安排探春理家时，为什么又安排了宝钗。

生：王夫人想让宝钗做宝玉老婆，因为有金玉良缘之说。

生：薛宝钗与王夫人更亲，是一派的。

师：对。王夫人安排宝钗协理工作大有深意，借凤姐生病的空当让宝钗参与管理贾府大小事务，展现了管理能力。我们继续看大事件。

生：第六件大事是"抄检大观园"。这是贾府矛盾表面化的体现。小说写得很细，牵涉面也很广。

师：谁来具体介绍一下抄检的原因、过程和结果？

生：前因有三："绣春囊"事件（导火索），王善保家的挑唆（火上浇油），丫鬟晴雯惹王夫人生气（爆发）。

生：过程是：王善保家的、周瑞家的等众婆子领着凤姐等人进了大观园。她们先是在怡红院内搜查一番，结果引起了晴雯的反感，把一箱子东西都翻出来了，也没什么。在潇湘馆里，搜到的只是宝黛二人小时的手帕等玩物。蘅芜苑免检。在惜春大丫鬟入画箱子里搜出一包银子，惜春于是下了狠心，抛弃了入画。

生：迎春最软弱。她的大丫鬟司棋与表弟潘又安私通的香囊被搜出以后，司棋被撵走了。王善保家的本来一心想争功，没想到却拿住了自己的外孙女儿，真丢人。

生：表现最抢眼的是探春，她痛斥这次搜查，还狠狠地扇了王善保家的一巴掌。

生：搜查过后，晴雯、入画、司棋等丫鬟被悲惨地撵出园外，而芳官、蕊官等小丫鬟被迫到水月庵削发为尼。

生：第七件大事是"晴雯之死"。

生：晴雯是黛玉的影子。王夫人赶走晴雯，也是表达对林黛玉的不满。

生：晴雯本来是贾母的丫鬟，深得贾母喜欢。因为她聪明灵秀，长得好。赶走晴雯，也是王夫人对贾母的不满。

师：晴雯被逐，与之前很多事都有关联，从这里也可以看出《红楼梦》的叙事是很讲逻辑很有章法的。我们继续。

生：第八件大事是"贾府被抄家"。

师：何以见得？

生：首先，这是贾府衰落的标志性大事件。贾府干的坏事太多了，"多行不义必自毙"。

师：都有哪些坏事？

生：那就太多了。他们恃强凌弱，聚众赌博，强抢民女。金钏儿死了，晴雯死了，司棋死了，石呆子家破人亡了。

师：听你们这么一说，贾府真是恶贯满盈了。那第九件大事应该是什么？

生：第九件大事应该是"黛玉之死"。

生：黛玉之死不能算，这是高鹗续写的。（其他学生议论纷纷，倾向算。）不过黛玉一死，宝玉也就灰了心，铁了心要离家出走了。

生：第十件大事是"宝玉出家"。

…………

师：我们用了不少时间排列了百年贾府由盛到衰的十件大事。兴亡谁人定？盛衰岂无凭？读起来满沉重的。课后我们来评选十幅大观园诗意青春图和十大离别场面。

下课。

（南京市建邺高级中学）

诊断意见

影响整本书阅读教学内容的确定和教学形式的选择的因素很多，其中选文功能、文本体式和基本学情是最重要的。下面将从这三个方面来考察胡老师教学的得失。

一、选文功能

根据《红楼梦》在语文教学中所承担的功能来看，目前《红楼梦》整本书阅读教学大致有以下三种类型。

（一）作为单篇选文的阅读方法之一的与节选课文相关的《红楼梦》整本书阅读教学

中小学语文教科书常将长篇文本中有代表性的章节选作课文。这就像从一件衣服上裁下一块布，从一棵树上摘下一片叶。要真正认识这块布、这片叶，必须联系其所在的那件衣服、那棵树。近百年来，中小学语文教科书就从《红楼梦》十几个章回中节录过相对完整的片段作为课文，如《甄士隐梦幻识通灵》《葫芦僧判断葫芦案》《刘姥姥》《宝玉题园》《宝玉挨打》《诉肺腑》《林黛玉进贾府》《林黛玉的死》《王熙凤》《香菱学诗》《贾芸谋差》《抄检大观园》等。在教学这些单篇选文时，教师往往会引导学生阅读整本的《红楼梦》。联系整本书是阅读其节选部分的一种方法。这种类型的《红楼梦》整本书阅读教学经常采用两种方式：一是作为理解单篇选文的凭借。例如人民教育出版社 2002 年版《全日制普通高级中学教科书·语文》（试验修订本·必修）第 6 册中《抄检大观园》的练习，就要求学生针对文中探春关于大家族犹如"百足之虫，死而不僵"的论断，"试结合《红楼梦》全书谈谈你对这段话的认识和体会，并写一篇二三百字的短文"。一般教师会在教学课文前，提前布置学生阅读《红楼梦》，尤其是课文之前的相关内容，否则对节选部分所写的情节（来龙去脉）、人物（身份、地位、言行及其与其他人物的关系）及作者所要表达的旨意往往会不解甚至错解。例如，如果不读节选片段的前后内容甚至全书，仅读《林黛玉进贾府》《葫芦僧判断葫芦案》，会觉得贾宝玉初见林黛玉时的"好生奇怪，倒像在那里见过一般，何等眼熟到如此"的心理活动以及"可曾读书""可有字没有"的问话有点突兀[1]，会视贾雨村为一个趋炎附势、见风使舵、寡情、狠毒的小官僚，而不是一个原本仪容不俗、学识兼备、重情、知恩、正直的读书人在"劣胜优汰"的社会中退化成了"驯良的走狗和愚昧的绵羊"[2]，也不会意识到节选的两篇课文所在的章回在全书中所显示出的"总纲"性质。过去，一般语文教学参考书会交代与节选部分相关的内容，教学时常是由教师口头交代《红楼梦》整本书的概况，而很少让学生自己去阅读。虽然多数是因为学生没时间读而不得不这样，不过教学效果肯定不好，因为这顶多是教师而非学生在阅读整本书。二是作为单篇选文阅读的拓展与延伸。其目的可能是鼓励学生趁着由学习课文而引发的兴趣未减在课外继续阅读全书其他部分，扩大学生的阅读量；更主要的是将在学习课文中掌握的读法运用到课外全书其他部分的阅读中，以进行阅读方法的迁移训练。例如人民教育出版社2002年版《全日制普通高级中学教科书·语文》（试验修订本·必修）第6册，在单元导读中要求学生在学习完《诉肺腑》《宝玉挨打》《香菱学诗》和《抄检大观园》四篇课文后，"阅读《语文读本》中所选《红楼梦》的章节，最好课外阅读《红楼梦》全书，力求较好地欣赏这部伟大作品"。这种整本书阅读一般只是建议，不会有进一步的教学和检测。

（二）作为整本书阅读方法示范的与学习任务群相关的《红楼梦》整本书阅读教学

《普通高中语文课程标准（2017年版）》共设置了18个学习任务群，第一个就是"整本书阅读和研讨"。整本书阅读教学由此成为一项重要的课程内容。课程标准除了在此任务群的"学习目标与内容"中规定教学整本书阅读的一般方法（"综合运用精读、略读与浏览的方法"，"利用书中的目录、

---

[1] 张心科：《贾宝玉的男女平等意识》，载《中学语文教学》2000年第4期。
[2] 张心科：《被扭曲、被误解的贾雨村》，载《读写月报》2002年第2期。

序跋、注释等，学习检索作者信息、作品背景、相关评价等资料"等）外，还特意指出，"在指定范围内选择阅读一部长篇小说"，"在指定范围内选择阅读一部学术著作"[1]，就是以个案分别示范文学作品和学术著作的整本书阅读及其教学的方法。教育部组织编写、人民教育出版社 2019 年开始出版的《普通高中教科书·语文》（必修），将曹雪芹的《红楼梦》和费孝通的《乡土中国》作为长篇小说和学术著作的代表以教学单元的形式呈现出来。2020 年版的《普通高中教科书·语文》（必修下册）共八个单元，第七单元是"整本书阅读"（《红楼梦》），其他单元都是单篇选文阅读。和其他单篇选文的阅读教学目的一样，"整本书阅读"主要不是让学生读《红楼梦》，而是借读《红楼梦》来示范与单篇选文相对的整本书（尤其是长篇小说）的阅读方法，教学生读什么与怎么读。教科书编者在单元导语中根据课程标准的相关规定概括地介绍了《红楼梦》整本书阅读的方法："通读《红楼梦》全书，梳理小说主要情节，理清人物关系，理解和欣赏人物形象，探究人物的精神世界，整体把握小说的思想内容和艺术特点，建构阅读长篇小说的方法和经验。可以从最使自己感动的故事、人物、场景、语言等方面入手，反复阅读品味，获得审美感悟，丰富自己的精神世界。"编者又通过六项"阅读指导"（把握前五回的纲领作用、抓住情节主线、关注人物形象的塑造、品味日常生活细节的刻画、了解社会关系及生活习俗、鉴赏语言）和六项"学习任务"（把握《红楼梦》中的人物关系、体会人物性格的多样性和复杂性、品味日常生活描写所表现的丰富内涵、欣赏小说人物所创作的诗词、设想主要人物的命运或结局、体会《红楼梦》的主题）将读什么和怎么读具体化。与之配套的普通高中教科书《语文教师教学用书》（必修下册）在《〈红楼梦〉整本书阅读教学设计》之"阅读过程"中对上述各项学习任务作了更详细的规划，如将"把握《红楼梦》中的人物关系"任务又分成"通读全

---

[1] 中华人民共和国教育部制定：《普通高中语文课程标准（2017 年版）》，人民教育出版社 2018 年版，第 11—12 页。

书，绘制人物关系图"和"精读描写宝黛情感纠葛的细节，理解人物之间的关系"子任务，再将子任务分成小环节。

《普通高中教科书·语文》（必修下册）共八个单元，按一学期 24 周、每周 10 课时计算，除去假期及复习考试时间，平均每单元的教学时间是 2 周 20 课时。学生在 2 周之内读完《红楼梦》根本不可能，更不可能同时完成语文教科书中规定的"学习任务"。教师也不可能在 20 课时内完全按照语文教科书和教师教学用书中规定的教学任务和步骤实施教学。因此，语文教科书的编者提醒："以下任务供参考，可以选择其中一部分完成，也可以自行设计任务"；上述教师教学用书中的规划，只是"单元教学设计举例"。可见，作为学习任务群之一的示范整本书阅读方法的整本书阅读教学，其教学内容和方法是，编者在教科书中或者教师在课堂上呈现相对完备的阅读方法（阅读哪些内容、怎么去阅读）和教学任务，然后师生就其中的部分方法和任务展开教学。或者是让学生提前结合教科书中的"阅读指导"和"学习任务"阅读《红楼梦》并完成相关的任务，然后在集中实施"整本书阅读教学"的两周内在课堂上呈现学生的阅读成果、总结阅读方法。

（三）作为全面提高语文素养凭借的与选修课程、校本课程、研究性学习等相关的《红楼梦》整本书阅读教学

从 20 世纪 90 年代中期开始，为了提高学生的综合素养，一些重点中学就以有"百科全书"之誉的《红楼梦》为教材，开展课外研读活动。21 世纪初，借助选修课程、校本课程的开发、研究性学习以及带有教改性质的专题教学的开展，一些学校以《红楼梦》为对象在课内或课外开展《红楼梦》整本书阅读教学。因为没有必修的硬性规定，没有严格的课时限制，没有纳入考试的压力，师生们围绕《红楼梦》的方方面面，往往会花一两个学期的时间，用细读的方法，研读整本书。其间，师生们会阅读红学著作，讨论疑难问题，撰写文学评论，口头交流心得。其目的并不是学习整本书的阅读方法，而是借助整本书的阅读全面提高语文素养，包括语言建构与运用、思维发展与提升、审美鉴赏与创造、文化传承与理解。

二、文本体式

从文本体式来看，"整本书"至少有四种形态：与活页相对的"整本书"，是指装订成册的；与从长篇中节选的单篇相对的"整本书"，是指长篇单行本；由零散单篇构成的"整本书"，是指按某个作家、某个主题、某种体裁、某种语体、某个国别等中的一个或几个标准选辑并以一定的体系呈现的集子；与阅读对象只是书中部分内容相对的"整本书"，是指书的全部内容。不同体式的整本书的阅读教学（如读学术著作与读文学作品，读剧本与读小说，读长篇小说与读短篇小说集），其教学内容和形式必然不同。在从体式的角度确定《红楼梦》整本书阅读教学内容和形式时，还要依次考虑四个维度：一是长篇单行本，二是长篇小说，三是古代章回体小说，四是曹雪芹撰写的这一部具有知识丰富、诸体兼备、版本众多、多家评点等特征的经典小说。

三、基本学情

《红楼梦》整本书阅读教学还要考虑学生的学段差异与个体差异。例如，面对初一的学生和高一的学生、同一年级不同班级的学生，在实施《红楼梦》整本书阅读教学时，其教学内容和形式肯定有所区别。如果说学段差异可由语文课程专家在确定阶段课程目标和语文教科书编者在编写导语、介绍读法、设置任务时确定，那么个体差异就需要教师根据自己所教班级的学生的实际情况来判断，即根据学生的语文水平、《红楼梦》阅读情况，然后兼顾语文课程专家和语文教科书编者的预设，选择适合于学生的教学内容并采用相应的教学形式。

从选文功能来看，胡老师的这堂课属于上述作为学习任务群之一的《红楼梦》整本书阅读教学。胡老师引导学生从回目入手了解《红楼梦》所写的"贾府十大事件"及回目本身的艺术特征，不是说不可以这样自行设计任务，而是需要提醒学生在阅读《红楼梦》时还应读什么、怎么读，如至少做到关注了上述语文教科书中所呈现的六项"阅读指导"，完成了其所设置的六项"学习任务"，那样才算是长篇小书的"整本书阅读"。否则，像胡老师这样根据回目梳理故事情节极易给学生造成所谓"整本书阅读"就是蜻蜓点水、走马观花式地把一本书翻完并了解其概况的错误认知。即使再在课后根据回目"评选十幅大观园诗意青春图和十大离别场面",也不可能达到胡老师说的"这几个任务完成了,我们对《红楼梦》就有全面了解了"的目标,而只能算是"初步了解",而且后面将会分析,这也只是部分学生的"初步了解"。

从文本体式来看,阅读章回体小说从其回目入手了解其主要人物、情节和环境,只是章回体长篇小说"这一类"文本的读法之一。实录中没有针对《红楼梦》"这一部"小说的特殊读法。如果不从上述四个维度来确定整本书阅读教学的内容和形式,就很难开发出专门针对《红楼梦》整本书阅读教学的精要的内容与适宜的形式。

从基本学情来看,根据胡老师的调查,所教班级的学生已经通读全书、读了一半、刚开始读或根本没读的各占三分之一。他采用的这种根据回目梳理事件的方法只适合三分之一已经通读的学生,而对于读了一半、刚开始读或根本没读的学生来说,会是一头雾水。说得严重点,只针对或者只适合三分之一学生的教学,应该是"无效教学"。

专家处方

在学习完胡老师的教学实录后,再提两点不成熟的建议供大家参考。

一、落实编者的预设,适当结合文本体式等自行设计。作为整本书阅读方法示范的与学习任务群相关的《红楼梦》整本书阅读教学,不能完全抛开语文教科书中规定的"阅读指导"和"学习任务"而另起炉灶(完全自行设计),而要结合《红楼梦》的文本体式和所教学生的实际情况,对教科书规定的内容作出补充和调整。如既然围绕《红楼梦》有多种评点文字,出版了大量的红学论著,那么就可以将结合多种评点文字、红学论著阅读《红楼梦》作为"阅读指导"中的读法之一并在"学习任务"中设计相应的任务。

二、先让学生在课外结合任务自主阅读，再在课内结合学情集中教学。让学生结合教科书和教师提供的"阅读指导"和"学习任务"去自主阅读并完成学习任务。然后，在一段时间内根据学生的特点集中教学。此时的教学相当于检测和示范。首先，在观察学生呈现任务清单、讨论疑难问题、口头汇报心得的过程中检查其阅读成果，纠正其不当的读法和错误的认知，补充遗漏的教学内容。其次，在教学的过程中适时总结读了什么及怎么读的，以《红楼梦》整本书阅读为其他文学作品的整本书阅读提供示范。

被扭曲、被误解的贾雨村

《红楼梦》里的贾雨村给人的印象是一个趋炎附势、见风使舵、寡情、狠毒的小官僚。但从他身上可以看到一个原本正直的读书人被当时社会扭曲，以致被后世读者误解的悲剧人生。探讨这个典型形象带有一定的普遍意义。

他"也是诗书仕宦之族，因他生于末世，父母祖宗根基已尽，人口衰丧，只剩得他一身一口，在家乡无益"[1]。也就是说，出身地位决定了他只能是一介寒士，无祖荫袭职，无钱财捐官，只得走传统士子的儒家人生之路：修身（读书）、齐家（娶妻）、治国（做官）、平天下（为民）。从外表上看，他绝非猥琐小人，"弊巾旧服，虽是贫窭，然生得腰圆背厚，面阔口方，更兼剑眉星眼，直鼻权腮"[2]。从学识才能上看，他绝非冬烘学究，要不然不会得到甄士隐的青睐与周济，视为知己，也不会被江南两个贵族显宦林家、甄家延聘为林黛玉、甄宝玉的塾师；作诗，能口占一绝，应试即"中了进士"。"若论时尚之学，晚生也可去充数沽名"绝非妄词。他不信甄士隐的"黄道黑道"之说，而"以事理为要"。就志向抱负来说，他不愿作檐头低飞的燕雀，而要作搏击长空的鸿鹄，"玉在椟中求善价，钗于奁内待时飞"，"天上一轮才捧出，人间万姓仰头看"。为官时他"才干优长"，虽"有些贪酷"，但敢于"侮上"，叫人"侧目"。他被参革职，虽有一点暂

---

[1] [清]曹雪芹著，无名氏续，程伟元、高鹗整理：《红楼梦》，人民文学出版社2008年7月版，第11页。

[2] [清]曹雪芹著，无名氏续，程伟元、高鹗整理：《红楼梦》，人民文学出版社2008年7月版，第12页。

时的悔恨，最终还是"面上全无一点怨色，仍是嘻笑自若"，交代过公事，安排好家人，"自己担风袖月，游览天下胜迹"，可谓去留无意、宠辱不惊。他又是第一个高度评价贾宝玉的人。当冷子兴称宝玉为酒徒色鬼时，雨村罕然厉色忙止道："非也！可惜你们不知道这人来历。大约政老前辈也错以淫魔色鬼看待了。若非多读书识事，加以致知格物之功，悟道参玄之力，不能知也。"[1] 接着便以古圣先贤为证大加阐发。能这样看待宝玉，男人中只他一个，女人中只有黛玉等可数的人。所以，洪秋蕃评雨村曰："具见胸襟。"[2] 从为人处世上看，他是真情、知恩、正直的。虽然娇杏当年只是偶一回头，虽然自己今天是"新升的太爷"，他仍没忘情，而是先纳为妾，后扶正。这看似"侥幸"，却内存必然，即雨村重情。虽然当年甄士隐赠以"五十两白银，并两套冬衣"，但今天却赠封肃家"白金及锦缎等物事"。这里虽存有见娇杏的私心，但更是对当年接济的涌泉相报。虽然已有一次官场失意的教训，但听说薛蟠逍遥法外时，仍大怒，"发签差公人立刻将凶犯族中人拿来拷问"。

李劼认为王熙凤、贾探春是豹子式的人物，我认为贾雨村同属此类。但在英莲——自己的恩人（甄士隐）的女儿与薛蟠——自己的恩人（林如海、贾政）的亲戚中间，他犹豫了。因为面对的是四大家族炙手的权势，旧愁新痛一起涌向宦林中这只孤独的豹子。为了自己的生存，他不得不向权势低头，假捕薛蟠，充配门子，打发冯家仆人，丢弃弱女英莲。"凶猛的豹子虽然威武高贵，但它们生存的前提——森林却已经消失了。在此，所谓森林，象征着一种平民社会。"[3] 贾雨村这只豹子失去了梦中的森林，随之失去了攻击性，而退化（贾雨村，名化）成走狗和绵羊。因为他生存在一个走狗和绵羊的世界里，在这个世界里"豹的高贵精神必须被扭曲成走狗的逻辑和绵

[1][清]曹雪芹著，无名氏续，程伟元、高鹗整理：《红楼梦》，人民文学出版社2008年7月版，第28页。

[2]冯其庸纂校订定：《八家评批红楼梦》（上），文化艺术出版社1991年版，第56页。

[3]李劼：《历史文化的全息图像：〈论红楼梦〉》，东方出版中心1995年版，第6页。

羊的道德才能进入阅读"[1]，"劣胜优汰"的退化论原则使他变成驯良的走狗和愚昧的绵羊。他再也不会腾跃如飞（贾雨村，字时飞），只能对上俯首帖耳，对下作威作福。

鲁迅说："悲剧将人生的有价值的东西毁灭给人看。"[2]从贾雨村的人生悲剧中，我们看到人向权的屈从，儒向法的降服。贾雨村成了中国小官僚群像中独特的"这一个"。大某山民姚燮评其曰："然今日已成为通病矣。"[3]可见，分析这个人物仍有现实意义。

[1] 李劼：《历史文化的全息图像：〈论红楼梦〉》，东方出版中心1995年版，第16页。

[2]《鲁迅全集》（第一卷），人民文学出版社2005年版，第203页。

[3] 冯其庸纂校订定：《八家评批红楼梦》（上），文化艺术出版社1991年版，第24页。

贾宝玉的男女平等意识

《林黛玉进贾府》中贾宝玉的平等意识表现在两方面：一是不以"主子"自居，没有上下等级观念，能和小厮、丫鬟、戏子、尼姑等平等相处；二是不以"大男人"自居，没有男尊女卑的观念，能把女性当人，当成和自己平等的人。后一点尤为可贵，因为封建统治者倡"扶阳抑阴之说"，当时几乎没有一个男性不是夫权主义者、大男子主义者，"其待女子也，有二大端：一曰充服役，二曰供玩好"[1]。贾宝玉这种男女平等意识，通过和黛玉的对话表现得非常明显。

一、权利平等

在封建社会，读书几乎是男人的专利，在他们心目中"女子无才便是德"，富贵人家的小姐也只读读《孝经》《女诫》之类，以便将来更好地恪守"孝道""妇道"，或者像贾母说的"读的是什么书，不过是认得两个字，不是睁眼的瞎子罢了"。宝玉初见黛玉便问"妹妹可曾读书"，可见宝玉认为黛玉至少有受教育的可能。受的是什么样的教育呢？黛玉读的是把人变成"禄蠹利鬼"（十九回）的圣贤经传，还是像自己"喜好些杂书"（七十八回）？他通过向黛玉问字，为黛玉取字来试探。他说"除《四书》外，杜撰的太多"，这之外的当然包括其他儒家经典和八股时文。他说"西方有石名黛，可代画眉之墨"，出自《古今人物通考》。他说"妹妹眉尖若蹙"，取字"莫若'颦颦'二字极妙"。结合他所见黛玉"病若西子胜三分"，我

---

[1] 梁启超：《戒缠足会叙》，载《时务报》1896年第16期。

们会想到西施"捧心而颦"。而"东施效颦"典出《庄子》，即他常读的《南华经》。至第二十回，又有他俩共读《西厢》的情节，书中写莺莺"眉黛青颦"（卷二），"大都来一寸眉峰，怎当他许多颦皱"（卷五）。若取字于《西厢》，可能是贾宝玉无意而曹雪芹有心。然而以上所涉之书都可归入闲杂之类。可见，他想从黛玉的回答中了解她是否像自己无意于"子曰诗云"，而读至情至性之书，即接受真正的"人"的教育。

二、人格平等

在封建社会，一般只有男人有字。《礼记·曲礼上》："男子二十冠而字。"《仪礼·士冠礼》："冠而字之，敬其名也。"《礼记·檀弓上》疏云："人年二十，有为人父之道，朋友等类，不可复呼其名，故冠而加字。"女人是没有字的，有时连名也没有。父家姓张，夫家姓王，从夫叫王张氏。《红楼梦》里常见丈夫叫某某，妻子就叫"某某家的"。他问黛玉"表字"，是暗示她应该像男人那样有字。听说没有之后，便又是引典，又是解释，认真得不得了。

三、地位平等

《红楼梦》第一回，写一僧一道将无材补天之石，幻成一块美玉，就是贾宝玉出生时口中所衔的"通灵宝玉"，也是"宝玉"本人。"至贵者宝"，宝玉其人，是贾府未来的主子；宝玉其物被视为"罕物""命根子"，可见其地位的特殊。他问黛玉："可有字没有？"他认为"神仙似的妹妹"也应有。当听说没有后，他摔玉，他骂玉"不择高低"，其实是在鞭挞、诅咒自己这块"浊物"和这男人的世界。他料定，"天地间灵淑之气只钟于女子，男儿们不过是些渣滓浊沫而已"。因此把一切男子都看成浊物，可有可无。（二十回）他多么希望"心较比干多一窍"的黛玉，能从他被别人视为"似傻如狂"的举动中体会他渴望男女平等的心声。

中国几千年的黑沉沉的囚禁和虐杀女性的牢狱中，作者竟然第一次发出"我见了女儿便清爽，见了男子便觉浊臭迫人"这样的呼声，这是多么了不起！[1]"么么元元，雷龙底旋。"[2]虽说是开初，是微弱，却隐伏着电闪雷鸣、虎踞龙盘。一百多年后，他的呼声，在康梁变法、五四运动中得到强烈的回响。

[1]〔清〕曹雪芹、高鹗：《红楼梦》，岳麓书社1987年版，前言第2页。

[2]〔北周〕卫元嵩等撰，〔清〕孙冯翼辑：《淮南万毕术　淮南万毕术附补遗再补遗　出行宝镜　元包经传　元包数总义》，商务印书馆1939年版，第104页。

后　记

　　这本书集中呈现了我对文本细读的看法及对教学解读的探索，还收录了我近 20 多年来撰写的文本解读文章。

　　2000 年之后的几年，我主要受文本细读论及提倡读者意识的接受美学的影响（在 2002 年撰写的硕士论文题目是《接受美学与高中文学阅读教学的理论和实验研究》），所以有几篇解读文字注重词句且是一味地求新求异的解读，如《平淡的绚丽：读茨威格的〈世间最美的坟墓〉》《祥林嫂为什么不回娘家》《被扭曲、被误解的贾雨村》等。2010 年博士毕业后，因为对敲打词语式的文本细读的不满，我开始从文本的体式特点入手按照"这一类""这一亚类""这一篇"的思路来解读，如《最崇高的人性是党性——统编教材六年级上册〈桥〉的解读》《〈昆明的雨〉：作为画家和小说家的散文》等。我还开始有意识地从运用解读方法入手来解读，如参与讨论和指导修改的《悲秋还是赏秋：〈故都的秋〉主旨再探》等。2018 年，因为不满阅读教学中解读与教学的割裂以及随后出现的所谓的"教学解读"并没有解决这个问题，我在《语文有效阅读教学：精要的内容与适宜的形式》中建构了"阅读""解读""教学"三合一的不同文体、语体的阅读教学模型。其中《〈背影〉创作动机：父子之间的逞强与示弱》就是按照写人叙事散文中的回忆性散文的阅读教学模型，从"昔日之我、人、事"与"今日之我、人、事"两大方面（两大步骤）来解读的；从《〈《拿来主义》"逻辑"诊断〉的逻辑诊断》的三个小标题（"应是不当的批评""可做适当的批评""开展适度的讨论"）可以看出，是根据解读理论探讨部分提到的"五要素—三大步"议论文教学模型来解读的。当然，这三个发展阶段并非截然分开的。如早在 2002 年写成的《从孙犁的〈荷花淀〉看其诗化小说的特征》就已按照文本的体式特点来解读了，而迟至 2021、2023 年写成的《散文的真实性与文学性：怎样读鲁迅的〈阿长与山海经〉》《依体而读 因文而教：〈大雁归来〉的解读与教学》等则明显地兼有第二、第三阶段的特点。

综上可见，我对文本解读的认识和实践，经历了一个持续的、逐步的反思和建构的过程：由反思"作者生平、时代背景、解题、朗读全文、解释生字词、划分段落、总结段意、分析情节和人物、归纳主题思想、概括写作特色、朗读全文、布置练习"这种"红领巾教学法"将文本与作者、社会机械地联结又脱离具体的文本而只贴标签的解读，而转向关注文本、读者，进而迷信敲打词语式的文本细读以及接受美学所提倡的创造性解读；由反思敲打词语式的文本细读往往或细抠词句而把文本弄得支离破碎或因单凭直觉导致解读结果让人匪夷所思，以及受接受美学理论影响的解读者往往只强调读者的主体性而不考虑其知识结构和经验范围、只强调解读结果的创造性而不顾文本的规定性，到注重从文本体式特征、示范解读方法的角度来解读；由反思注重从文本体式特征的角度解读没有将其与教学关联，从示范解读方法的角度来解读没有注意特殊文体（包括语体）的解读方法、学生这个特殊群体在解读不同文本时的认知过程，而且同样与教学的联系不太紧密，到建构八种不同文体、语体的阅读教学模型，试图将阅读、解读、教学融为一体，实施真正意义上的"教学解读"。所以，我把书名确定为《从文本细读到教学解读》。

另外，我的《近代文学与语文教育互动》《经典名篇多重解读》《经典翻译文学与中小学语文教育》等几本接受史著作，在对历史上单篇文本的解读结果的选择和评述时都有我的考量，这在某种意义上也可视为一种解读；而《语文有效阅读教学：精要的内容与适宜的形式》中的《不称心的强盗》《过故人庄》《爸爸教我读中国诗》等八篇课外选文的教学设计和教学实录则完整地呈现了我对这些作品的解读。不过，限于体例，也避免重复，除了《近代文学与语文教育互动》中的《〈背影〉与白话散文的教学功能》（选入本书时题目改为《〈背影〉接受：民国期间的阐释》）因为可与 2023 年发表的《〈背影〉论争：1950 年代初期的一个"课程事件"》一起为讨论《背影》的解读提供参照且都有我基于历史的相关解读而收入本书外，其他的解读文字都暂不收录，大家可参阅。

大概是在 2021 年，山东教育出版社周红心编审在向我约写其他书稿时建议我写一本文本解读的书，可能是因为他见到我平时转发给师友的一些名篇解读写得有些想法也挺有意思。2023 年 7 月，我在提交《语文教材新论》书稿时，他再次提起这事，还建议我把这些年写的有关语文教材经典课文赏读的文字汇集成书，供大家参考。他认为，得体、到位、精准地解读文本是一个语文老师的基本功，然而，目前语文界实施多年的文本细读做得不够好，近几年所提出的"教学解读"也比较笼统。他希望我能在书中做到兼具指导性、实用性和创新性，即所提出的观点要有前瞻性，所建构的读法要有操作性，所解读的结果要有创新性。我担心其实也肯定会达不到他的要求，所以有些犹豫。不过，我并没有拒绝，因为我也想借此机会梳理一下 20 多年来自己关于文本解读的认识和实践的发展过程，尤其是谈谈对"教学解读"的新认识并呈现这几年所做过的一些实践探索。此外，还要感谢曾编发书中部分文章的期刊编辑，尤其是《语文建设》的责编张兰老师、《中学语文教学》的责编韩振老师、《语文教学通讯》的责编王建锋老师和《福建基础教育研究》的责编刘火苟老师。最后，要感谢每一位读者，我会虚心接受大家的批评，更欢迎大家来商榷。

本书可以作为我主持的国家级一流本科课程"语文阅读教学设计"的教材使用。特此说明。

张心科

2024 年 3 月